U0549092

第 42 辑
（2020年·秋）

中文社会科学引文索引（CSSCI）来源集刊

文化研究

广州大学人文学院　　　　　　主　办
南京大学人文社会科学高级研究院

陶东风（执行）　周　宪　主　编
胡疆锋　　　　　周计武　副主编
　　　　　　　　陈国战　编　辑

社会科学文献出版社
SOCIAL SCIENCES ACADEMIC PRESS (CHINA)

《文化研究》编委会

主　编

　　周　宪（执行）　南京大学人文社会科学高级研究院

　　陶东风　　　　　广州大学人文学院

编　委

国内学者

　　王　宁　清华大学

　　王逢振　中国社会科学院

　　王德胜　首都师范大学

　　乐黛云　北京大学

　　邱运华　首都师范大学

　　陈晓明　北京大学

　　金元浦　中国人民大学

　　赵　斌　北京大学

　　高丙中　北京大学

　　曹卫东　北京师范大学

　　戴锦华　北京大学

海外学者

　　洪恩美　澳大利亚西悉尼大学

　　托尼·本尼特　英国开放大学

　　大卫·伯奇　澳大利亚迪金大学

　　阿里夫·德里克　美国杜克大学

　　西蒙·杜林　美国约翰·霍普金斯大学

　　约翰·哈特莱　澳大利亚昆士兰科技大学

　　刘　康　美国杜克大学

　　鲁晓鹏　美国戴维斯加州大学

　　格雷厄姆·默多克　英国拉夫堡大学

　　约翰·斯道雷　英国桑德兰大学

　　沃尔夫冈·威尔什　德国耶拿席勒大学

　　徐　贲　美国加州圣玛丽学院

　　张旭东　美国纽约大学

　　张英进　美国圣迭戈加州大学

· Editors-in-chief

Zhou Xian (Execute)　Institute of Advanced Studies in Humanities and Social Sciences, Nanjing University

Tao Dongfeng　School of Humanities, Guangzhou University

· Editorial Board

Domestic scholars

Wang Ning　Tsinghua University

Wang Fengzhen　Chinese Academy of Social Sciences

Wang Desheng　Capital Normal University

Yue Daiyun　Peking University

Qiu Yunhua　Capital Normal University

Chen Xiaoming　Peking University

Jin Yuanpu　Renmin University of China

Zhao Bin　Peking University

Gao Bingzhong　Peking University

Cao Weidong　Beijing Normal University

Dai Jinhua　Peking University

Overseas scholars

Ang, Ien　University of Western Sydney, Australia

Bennett, Tony　Open University, UK

Birch, David　Deakin University, Australia

Dirlik, Arif　Duke University, USA

During, Simon　The Johns Hopkins University, USA

Hartley, John　Queensland University of Technology, Australia

Liu Kang　Duke University, USA

Lu Xiaopeng　University of California, Davis, USA

Murdock, Graham　Loughborough University, UK

Storey, John　University of Sunderland, UK

Welsch, Wolfgang　Friedrich-Schiller-University Jena, Germany

Xu Ben　St. Mary's College of California, USA

Zhang Xudong　New York University, USA

Zhang Yingjin　University of California, San Diego, USA

主编的话

又到了给《文化研究》集刊写"主编的话"的时刻，这既是我非常期待的，也是我有些畏惧的。期待的原因不必解释，畏惧又是为何？

按照一般惯例，"主编的话"应该对本辑所有文章做一个简要但又全面的介绍性评述，最好不要有遗漏，特别是不要有大的遗漏。我一开始也努力向这个目标看齐，但是越到后来就越觉得力不从心。时间不够，不是主要的原因，最主要的原因是学力不逮。由于每期《文化研究》的文章都涉及不同的学科，主题也极为分散，因此要对所有文章做出全面的、有质量的评述几乎是不可能的。无奈之下，我计划选择专题进行介绍性评论，并努力顾及所有专题。但现在觉得即使只作专题述评也很难，因为专题和专题的差异极大。《文化研究》做过的专题加起来肯定超过了10个。于是就有了本辑"主编的话"的书写策略：只介绍一个专题。

这次我选择的是第一个专题：创伤与记忆。

20世纪人类历史的特点是发生了多次骇人听闻的群体性伤害事件。它们有些发生在不同的种族或国家之间，有些发生在同一种族或国家内部。伤害，特别是基于意识形态偏见、种族或宗教偏见的群体性伤害（比如，纳粹大屠杀、西方殖民主义），造成了迄今仍没有完全弥合，在有些地方甚至更加严重的裂痕与对抗，给被伤害的一方和伤害的一方都留下了深重的创伤记忆。德国、南非等国家的历史证明：道歉是弥合这个裂痕的重要的甚至关键性的环节，它在20世纪的国际政治中起到了不可小觑的作用。正如艾伦·拉扎尔指出的："道歉与接受道歉，都是意义深远的人际沟通行为。道歉可以让冒犯他人的一方不再那么恐惧会遭到报复，减轻内心挥之不去的内疚感、羞辱感，不让它们成为紧箍心灵的桎梏；接受道歉则可以化解被冒犯一方的屈辱与怨恨，打消其报复的念头，进而给对方宽恕。道歉的理想结果,是修复破裂的关系。"① 可见,道歉和接受道歉意味着施害者和受害者的共同解脱。这就使得道歉——这里主要指政府道歉、政治道歉——成为一个重要的话题。

赵静蓉的《道歉的机制和力量》在这方面做出了有益的探索。文章指出,道歉的意义绝不止于对过去的清算。无论对道歉者还是对接受道歉者而言,现实需求与未来导向都是他们必须面对的现实情况,也是他们道歉和接受道歉的根本动力。从这个意义上来说,道歉是一种关涉如何对待过去的记忆政治,暗含了道歉者对过去的选择性利用。文章通过对德国总理魏茨泽克讲话的解读指出,道歉是由选择性的记忆所决定的话语建构(记忆修辞)。道歉者希望记住哪些历史、忘记哪些历史,或关注哪些历史、回避哪些历史,这决定了道歉者以怎样的立场、方式和基调来道歉。魏茨泽克讲话取得的成功印证了记忆修辞的力量。作者特别提醒:记忆修辞之所以能够获得成功,最根本的原因还在于民主力量的增长以及民主政治的推动。在民主国家或民主政治环境中,道歉(尤其是政治道歉或政府道歉)最可能发生,魏茨泽克的成功道歉是与德国的民主转型紧密相关的。在大屠杀发生之后不短的时间内,类似的道歉在德国没有发生,这就从反面证实了道歉的政治维度。

刘亚秋的《记忆的幽灵及其挖掘》探索的是创伤记忆的一个类型——记忆的幽灵或幽灵性记忆。弗洛伊德在《精神分析引论》(1917)中给"创伤"下过这样一个定义:"一种经验如果在一个很短暂的时期内,使心灵受到一种最高度的刺激,以致不能用正常的方法谋求适应,从而使心灵的有效能力的分配受到永久的扰乱,我们便称这种经验为创伤的。"② 这个定义强调了创伤是一种突发的、人在意识层面无法适应的经验,并强调了它的持久性。在1920年出版的《超越唯乐原则》中,弗洛伊德把创伤与梦联系起来,指出创伤对于意识而言是一段缺失的无法言说的经验,人们常常在不知不觉间重复伤害自己或他人。这是一种"重复强制"行为。弗洛伊德写道:"在创伤性神经症患者的梦中,患者反复被带回到曾遭受的灾难情境下。""经历过的创伤即使在患者梦中也会向他施予压迫,这个事实证明了这种创伤力量的强大,并且患者自己的精神已经把它固着了。"③

---

① 〔美〕艾伦·拉扎尔:《道歉的力量》,林凯雄、叶织茵译,北京联合出版公司,2017,第1页。
② 〔奥〕弗洛伊德:《精神分析引论》,高觉敷译,商务印书馆,1984,第216页。
③ 〔奥〕弗洛伊德:《超越唯乐原则》,《自我与本我》,周珺译,百花文艺出版社,2019,第8页。

耶鲁大学教授肖珊娜·费尔曼（Shoshana Felman）和多丽·劳布（Dori Laub）在其出版于1992年的《证词：文学、历史与精神分析中的见证危机》中把创伤理论引入"见证文学"（literature of testimony）研究中，并将见证与创伤之间的关系界定如下："作为与事件的一种关系，证词似乎是由零碎的记忆构成，这些记忆被既没有得到理解，也没有被记住的（灾难）事件突然淹没，被既不能建构为知识，也不能被充分认识的行为突然淹没，被超出了我们的（认知）参考框架的事件突然淹没。"① 创伤源于某些突发事件，这些事件的发生不但超出了人的理解，而且没能被完整、清晰地记住，只是作为一些记忆碎片留在无意识领域内。

刘亚秋的文章似乎就是沿着这个思路往下写的。她从创伤经验的上述特点出发提出了"记忆幽灵"的概念。作者将"幽灵"界定为记忆中被隐藏、被埋葬或被压抑的部分，并就探索这类记忆的重要性和方法进行了探讨。文章指出：对创伤事件的遗忘，事实上都是假遗忘，它只是被隐藏而从未真正离去，并化作难以磨灭的烙印，成为我们的梦魇——记忆的幽灵。探索、发现幽灵记忆的意义在于：如果关键记忆被压抑、被隐藏，于个人而言，可能会呈现一种精神疾病的状态；于政治而言，可能就是一种不成熟、有缺陷的政治。抒发被压抑的记忆，是个人和社会精神健全之路。就发现幽灵记忆的方法而言，作者认为，弗洛伊德的"心灵考古学"、本雅明的"无名牺牲者"、瓦尔堡的"死后余生"等概念都将给我们以有益的启示。

扬·阿斯曼和阿莱达·阿斯曼是文化记忆理论的奠基者和主要阐释者。本辑发表的阿莱达·阿斯曼的《个体记忆、社会记忆、集体记忆与文化记忆》编译自其《创伤的阴影：战后身份的记忆与政治》②。文章信息量大，几乎浓缩了阿斯曼夫妇在其著述中关于文化记忆的主要观点，但又有所扩展。在我看来，这篇文章的主要启示在于，把"集体记忆""文化记忆""社会记忆"等概念分辨得更加清晰了。

正如作者指出的，从哈布瓦赫提出"集体记忆"概念的20世纪20年代开始，对这个概念的质疑、误解和怀疑就一直不断。比如，在《关于他者的痛苦》（*Regarding the Pain of Others*）中，桑塔格就断然写道："严格地

---

① Shoshana Felman & Dori Laub, *Testimony: Crises of Witnessing in Literature, Psychology and History*, Routledge Chapman and Hall, Inc, 1992, p.5.
② Aleida Assmann, *Shadows of Trauma: Memory and the Politics of Postwar Identity*, Translated by Sarah Clift, Fordham University Press, 2016. pp.9-44；标题为编译者所加。

说，不存在集体记忆这样的东西，所有记忆都是个体的，不可复制的——随个体而死亡（没有个体就没有记忆）。"她和其他怀疑"集体记忆"概念的人一样，不能想象记忆可以没有器官基础，或者可以独立于个体本人的经验，当然更不能想象社会或集体可以没有器官而能记忆。桑塔格认为，"集体记忆"的更准确表述不过是"意识形态"而已，即影响和操纵人的信念、情感和意见的一套"煽动性的意象"。

大概就是针对这些质疑，阿莱达·阿斯曼提出了记忆的三个维度说：神经维度、社会维度和文化维度。她认为，从记忆的这三个维度的相互联系角度看，上面的争议可以得到解决。神经的维度即生物学的维度（因此可以称之为"生物记忆"），记忆确实离不开大脑中枢神经系统。但是这个神经基础却不是自治的：它需要一个"互动的场域"才能得到稳定和维持。作者更把这"互动场域"分为两个：一个是社会互动与交流场域，与之对应的是社会记忆；另一个是由媒介和符号支撑的文化互动场域，包括文本、符号、纪念活动、表征实践、仪式等，与之对应的是文化记忆。神经网络与这两个场域都保持着持续的互动，因此可以认为：没有任何记忆是完全生理性的或单纯只依赖神经器官的。"正如生物记忆是在与他人的交往中得到形构和拓展的，它也是在与文化制品和文化活动的互动中得到建构和拓展的。"记忆的神经结构、社会互动和符号媒介是不可分离的，尽管为了分析的需要可以强调其中的某一个方面。

阿斯曼用"社会记忆"概念代替了"集体记忆"这个概念，因为后者含义太过模糊。但"社会记忆"的内涵与哈布瓦赫的"集体记忆"实际上非常接近，主要是指记忆的社会交往维度。从社会交往角度看，记忆主要是一个交流网络，人际的交谈与互动通过它而得到建立和维护。当然，社会记忆离开了个体的神经系统（生物记忆）和语词、图像等符号（文化记忆）是无法存在和运作的，因此它也不是自治的。"文化记忆"概念强调的重点是作为记忆载体的符号媒介。文中关于社会记忆的论述主要集中于代际记忆，并强调"社会记忆的时间阈不能被扩展到活生生的交流之外——最多延续到四代"。[①] 从这点看，社会记忆实际上是指存在于社会或群体的交往中的记忆，离开了交流也就没有了社会记忆；而文化记忆则不同，文化记忆强调的是记忆的媒介，因此，一经符号化为物质符号，它就可以长久保存。

---

① 以上引文均参见本辑阿莱达·阿斯曼的《个体记忆、社会记忆、集体记忆与文化记忆》。

我以为上述辨析是对哈布瓦赫"集体记忆"概念研究的一个重要推进,有助于澄清集体到底有没有记忆的问题。我认为,当"记忆"(to remember)或"回忆"(to recall)用作动词时,它就意指一种行为。由于集体没有记忆,或回忆的生物器官是大脑,因此也就不可能是记忆或回忆的行为主体。这个主体只能是个体。集体也没有讲述记忆、书写记忆("讲述"和"书写"也都是动词)的器官,即嘴和手,因此,也不能成为记忆书写的主体。这些器官都只能是个体才拥有的。

然而哈布瓦赫在这个问题上的表述,却并不十分清楚甚至前后矛盾。有时候,哈布瓦赫说:"尽管集体记忆是在一个由人们构成的聚合体中存续着,并且从其基础中汲取力量,但也只是作为群体成员的个体才能进行记忆。"① 在这里,"作为群体成员的个体"仍然是个体而不是集体。或者当他说"人们通常正是在社会之中才获得了他们的记忆的。也正是在社会中,他们才能进行回忆、识别和对记忆加以定位"的时候,② 这里的"人们"同样是诸个体。科瑟对此的解释是:"进行记忆的是个体,而不是群体或机构,但是,这些植根在特定群体情境中的个体,也是利用这个情境去记忆或再现过去的。"③ 记忆行为的主体尽管是个体,但这是"特定群体情境中的个体",而不是与环境隔绝的真空中的个体。这样,他/她的记忆必然具有集体的社会文化维度,受到记忆的集体框架的制约。这个框架或维度不仅影响记忆能否被唤起和书写,以及如何被唤起和书写,而且很大程度上制约了记忆的内容。这才是"集体记忆"概念的准确意思。扬·阿斯曼也曾指出:"虽然只有个人才能拥有记忆,因为人具有相应的神经组织,但这并不能改变个人记忆对社会'框架'的依赖。"④

但必须指出,哈布瓦赫在这个问题上并不总是前后观点一致的,也并不总是表述清晰的。比如,在《论集体记忆》一书的第五章"家庭的集体记忆"中,他写道:"既然我们已经理解了个体在记忆方面一如其在许多其他方面一样,都依赖于社会,那么,我们也就可以很自然地认为,群体自身也具有记

---

① 引自科瑟给《论集体记忆》写的"导言",见〔法〕莫里斯·哈布瓦赫《论集体记忆》,毕然等译,上海人民出版社,2002,第40页。
② 〔法〕莫里斯·哈布瓦赫:《论集体记忆》,毕然等译,第68~69页。
③ 科瑟给《论集体记忆》写的"导言",见〔法〕莫里斯·哈布瓦赫《论集体记忆》,毕然等译,第40页。
④ 〔德〕扬·阿斯曼:《文化记忆:早期高级文化中的文字、回忆和政治身份》,金寿福、黄晓晨译,北京大学出版社,2015,第38页。

忆的能力，比如说家庭以及其他任何集体群体，都是有记忆的。"① 说群体"有记忆的能力"，这样的表述给人一种群体也是记忆行为的主体的感觉。

阿斯曼夫妇正是在这点上做出了必要的更加清晰的澄清。除了前面我们介绍过的阿莱达·阿斯曼记忆的三个维度说外，扬·阿斯曼也曾有过类似批评。一方面，他肯定了"集体记忆"概念的价值："集体记忆是从个体在社会框架中的参与的角度来定义，而非从本体论和形而上学的角度（像赫尔德的'民族精神'或十九世纪的'时代精神'）。这就使得这个概念不再是一个伪概念，而成为一个引领全新研究领域的开创性概念，这一点在这个术语产生之后的六七十年后已经得到了证明。尽管我们对集体这个概念所具有的神秘性还存疑，在种族主义和民族主义话语体系中对这类概念还存在政治上的滥用，但是我们不能忘记，每个人不仅以第一人称'我'的单数形式存在，还同样以不同的'我们'的复数形式存在。"② 但另一方面，他批评哈布瓦赫"完全抛弃了记忆的身体（也就是神经的和大脑的）基础，而强调其社会参照框架，如果没有这种框架，我们就不能形成和保存个人记忆"。③ 在扬·阿斯曼看来，记忆的主体是人，但是，"人在其社会化的过程中才形成记忆"。"尽管拥有记忆的仍然是个人，但这种记忆是受集体影响的，所以'集体记忆'的说法并非一个比喻。虽然集体不能'拥有'记忆，但它决定了其成员的记忆，即使是最个人的回忆也只能产生于社会团体内部的交流和互动。"④ 集体的框架构成并组织、巩固记忆。尽管哈布瓦赫在谈到"民族的记忆""群体的记忆"等概念时说这些都是"比喻性的概念"，但扬·阿斯曼仍然认为，即使在比喻意义上也不应该把集体当成记忆的主体："在这一点上，我们不必跟随哈布瓦赫走这么远，我们认为，记忆和回忆的主体仍然是单个的人。"⑤

该专题中，杨磊、林倩翼的《文化记忆：语言与情感启蒙》试图清理

---

① 〔法〕莫里斯·哈布瓦赫：《论集体记忆》，毕然等译，第95页。
② 〔德〕扬·阿斯曼：《集体记忆与文化身份》，陶东风译，《文化研究》第11辑，社会科学文献出版社，2011。
③ 〔德〕扬·阿斯曼：《文化记忆：早期高级文化中的文字、回忆和政治身份》，金寿福、黄晓晨译，第28页。
④ 〔德〕扬·阿斯曼：《文化记忆：早期高级文化中的文字、回忆和政治身份》，金寿福、黄晓晨译，第28页。
⑤ 〔德〕扬·阿斯曼：《文化记忆：早期高级文化中的文字、回忆和政治身份》，金寿福、黄晓晨译，第29页。

启蒙主义的语言理论、情感理论与阿斯曼夫妇的文化记忆理论的关系，认为后者对前者既有继承也有扬弃，甚至还有误读。就我所阅读的范围而言，这个问题是首次得到讨论。无论如何，这样的努力是有意义的。

最后，我必须在这里对没有提及的文章的作者道歉。我相信读者一定会和我有一样的阅读感受：这些也都是非常优秀的文章，我没有提及实在是因为时间和能力所限。

陶东风

2020 年 11 月 18 日

目 录

专题一　创伤与记忆

主持人语 ··· 赵静蓉 / 3
道歉的机制和力量 ································· 赵静蓉 / 4
记忆的幽灵及其挖掘 ···························· 刘亚秋 / 21
文化记忆：语言与情感启蒙 ············ 杨　磊　林倩翼 / 37
个体记忆、社会记忆、集体记忆与文化记忆
　　················ 〔德〕阿莱达·阿斯曼 著　陶东风 编译 / 48
创伤：记忆的探索 ········ 〔美〕凯茜·卡鲁斯 著　陶东风 编译 / 66

专题二　跨文化形象学

主持人语 ··· 周云龙 / 77
艾菲尔的凝视：《卢济塔尼亚人之歌》中的性、帝国与亚洲形象
　　·· 周云龙 / 79
当代中国科幻电影中的外国人形象 ··············· 陈国战 / 94
技术与灵学之间的日常空间
　　——以近代上海催眠文化的传播现象为个案 ······· 席艺洋 / 105

专题三　疾病叙事研究

主持人语 ·· 张堂会 / 123
当代文学艾滋叙事中的身体表征 ·································· 张堂会 / 125
中国艾滋病题材影视作品的文化观照 ···························· 李一男 / 140
论《失明症漫记》的看见与看不见 ······························· 沈喜阳 / 150
《流感》：戏剧化灾难叙事中的人性救赎 ····················· 宫爱玲 / 165

其他论文

作为未来诗学的生产者诗学
　　——本雅明、鲁迅的对照阅读 ······························ 李茂增 / 175
伪命题还是真问题？
　　——关于中国语境中"理论之后"讨论的思考 ·········· 和　磊 / 193
中国科幻新名片与后人类时代的中国故事
　　——以《流浪地球》的电影改编为中心 ···················· 刘昕亭 / 207
当代中国健身运动的身体经验生成及其潜能 ··················· 丁文俊 / 219
"创伤"的情感体验与文学表达
　　——双雪涛地域文化小说论 ································· 喻　超 / 233

《文化研究》稿约 ·· / 249

Contents

Trauma and Memory

A Brief Introduction   *Zhao Jingrong* / 3

The Mechanism and Power of Apology   *Zhao Jingrong* / 4

A Deep Digging on Ghost of Memory   *Liu Yaqiu* / 21

Cultural Memory: The Enlightenment of Language and Emotion

     Yang Lei, Lin Qianyi / 37

IndividualMemory, Social Memory, Collective Memory and Cultural Memory

     Aleida Assmann, Tao Dongfeng / 48

Trauma: Explorations in Memory   *Cathy Caruth, Tao Dongfeng* / 66

Cross-culturalImagology

A Brief Introduction   *Zhou Yunlong* / 77

Ephyre's Gaze: The Sexuality, Empire, and Images of Asia in *The Lusíads*

     Zhou Yunlong / 79

The Image of Foreigners in Contemporary Chinese Science Fiction Films

     Chen Guozhan / 94

Everyday Life between Technology and Psychics: The Spread and Evolution
of Hypnotic Culture in Modern Shanghai   *Xi Yiyang* / 105

Disease Narrative Studies

A Brief Introduction   *Zhang Tanghui* / 123

The body representation of AIDS narration in contemporary literature

Zhang Tanghui / 125

Cultural Perspective of Chinese AIDS-themed film and television works

Li Yinan / 140

On "Insight" and "Invisible" in *The Blindness*   *Shen Xiyang* / 150

Flu: Humanity Redemption in dramatic disaster narration   *Gong Ailing* / 165

Other studies

The Producer Poetics as a Future Poetics Genre: A Comparative Interpretation of Walter Benjamin and Lu Xun   *Li Maozeng* / 175

FalseProposition or Real Problem: Reflections on the Discussion of *After theory* in Chinese Context   *He Lei* / 193

ChineseScience Fiction as a New Name Card and Chinese Story in Post-human Era: Centered on the Film Adaptation of *Wandering Earth*   *Liu Xinting* / 207

The Becoming of the Experience from the Body and its Potential in Contemporary Chinese Fitness   *Ding Wenjun* / 219

Emotional Experience and Literary Expression of "Trauma": Regional Cultural Novels of Shuang Xuetao   *Yu Chao* / 233

Notice to Contributors   / 249

专题一

创伤与记忆

主持人语

赵静蓉[*]

记忆是一个永恒的话题，但在这个世界的未来尚不可测的当下去思考记忆，至少对我而言，还是一种不可言明的体验。

这个栏目的论文集中讨论了创伤和记忆的问题。显而易见的是，近年来，"创伤"再度成了一个热点议题，社会学、文学、历史学、哲学，尤其是新闻传播学，都不仅把创伤视为一个传播事件，而且还将创伤视为这一事件中的媒介，它推动生成了特殊时期新的媒介记忆。

创伤需要修复，道歉的力量不可忽视，幽灵性的记忆也亟待被挖掘、被克服。同时，我们也需要继续完成记忆对我们的情感启蒙。本栏目的文章都试图从各自不同的角度探讨记忆的复杂性，因文章既各自独立又都呈现出记忆思考的多重面相，我们就以此来真实地展示特殊时期的记忆吧。

---

[*] 赵静蓉，暨南大学中文系教授。

道歉的机制和力量

赵静蓉*

摘　要　道歉表达了道歉者对历史的态度，暗含了道歉者对过去的选择性利用，是一种记忆的修辞术。道歉本身没有什么情感力量，但它却通过情感对道歉者与接受道歉者双方的"协同治理"来达到和解的目的，这决定了使道歉产生效果、发挥作用的因素是情感叙事。对于创伤性历史的现实表征及其修复而言，道歉的意义是至关重要的，它必须同时借助施害者和受害者双方的努力。而施害者的正向介入最核心的体现形式就是道歉。道歉不是事件的终点而是起点，是多种可能性的开端。

关键词：　道歉　记忆修辞　情感叙事　创伤复原

Abstract　Apology shows the attitudes of apologist for history, alludes to utilizing the past intentionallyis kind of rhetoric of memory. Apology is not emotional. However, it tends to reconcile through co-cooperation with the apologists and ones accepting apologies. So that apology in nature is the narrative of emotion. Besides, apology is very important to represent traumatic history and repair the trauma. But the most important is that reconciliation depends on the effectiveness of their co-working. Apology from the apologists is the key pattern for the repair of historic traumas and reconciliation. We conclude that apology is the starting point but not the end and opens the door of various possibilities.

Key Words　apology; the rhetoric of memory; emotional narrative; repair the trauma

---

* 本文为2015年度国家社科基金项目"国家记忆与文化表征研究"的阶段性成果。

道歉真的重要和有效吗？作为一种姿态而非具体措施，道歉究竟是怎样发挥其作用的？作为"常人"而非直接当事人的民众，又对道歉寄予了什么希望呢？道歉也有成功的道歉与失败的道歉，或者真诚的道歉与虚伪的道歉之区分吗？我们是根据什么来判断道歉的真假、虚实呢？道歉最终可以解决问题吗？如果是真诚的或成功的道歉，是否必然能够治愈创伤、修复道歉双方的关系呢？我们可否据此将道歉视为创伤事件的结束？对于创伤事件而言，道歉的本质、目的及意义究竟是什么呢？

　　正是基于对这些问题的甄别与思考，笔者才将道歉重新放回到记忆的框架中，根据记忆的运行机制来整理道歉的内涵与价值。因为道歉的背景就是过去发生的事情，就是一段被错置的历史和记忆。本文将从记忆修辞、情感叙事和文化创伤的结构性构成三个方面来阐释道歉的机制与力量，最终试图解答的问题是为什么道歉是必须的，以及道歉在创伤与复原中的建构性力量是什么。

一　记忆修辞

　　因为道歉总是在错误和伤害之后，所以可以认为道歉是一种针对过去和历史的态度，是一种表述记忆的行为。这里面主要有两种因素。其一，道歉者和接受道歉的人都是历史事件的当事人，双方的共享记忆也是亲历者记忆。其二，道歉者和接受道歉的人都是当事人的后代或历史遗产的继承者，双方对历史的认知主要基于想象性记忆。不管是哪一种因素，道歉的意义都绝不止于对过去的清算，尤其对道歉者来说，现实需求甚或未来导向才是道歉的根本动力。从这个意义上来说，道歉也是一种记忆政治，暗含了道歉者对过去的选择性利用。

　　美国社会学家高夫曼认为，"道歉是一种用于建立和维持'公共秩序'的言语行为"[①]，作为一种记忆政治，道歉正是通过言语的表达来实施其功能及影响的。这是一套关于过去的修辞术，道歉者需要"谨慎地"叙述错误或伤害实施的源起、过程及后果，需要"正确地"界定错误或伤害的实质，还需要"真诚地"表达歉意及悔恨。道歉的言说方式是否合适，关系

[①] Erving Goffman, *Relations in Public: Microstudies of the Public Order*, London: Penguin Books, 1971, p. 40.

到反思记忆和历史的方式是否恰当,也直接决定了道歉是否有效,即是否能够借助言语唤起接受道歉之人的理解、同情甚至宽恕,修复或重建道歉双方的关系。大概正是因此,美国学者 M. 莱恩·布鲁纳才将道歉修辞界定为"记忆的战略",并且认定"针对国家认同存在着永不止息并在政治上具有重要影响的修辞斗争"[①]。

在这方面,最成功的案例之一是联邦德国前总统冯·魏茨泽克（Richard Freiherr von Weizsäcke）于1985年5月8日向德国议会发表的反思性演讲。布鲁纳认为,这是"1985年至1988年间,西德最为成功的纪念性演讲"[②];时至今日,这篇演讲也确实是德国政界反思纳粹历史的经典文献。演讲一开始,魏茨泽克就明确了德国既内在于欧洲又独立于欧洲的特殊位置——1945年5月8日对整个欧洲都具有决定性的历史意义,但德国人必须"独自纪念这个日子","必须独自找到评判的尺度";德国人需要回忆整个人类所遭受过的苦难,同时也要思考德国历史的进程。借助这样的"放"与"收",魏茨泽克巧妙地把德国政界对纳粹历史的反思融汇到了欧洲对"二战"的反思中,从而将纳粹的主导性罪行与战争的普遍罪行混同在一起,这在客观上起到将德国罪行"最小化"的效果。

演讲的第二部分是演讲的核心,即通过界定、悼念受害者承认施害者的罪行。这一部分没有华丽或煽情的辞藻,魏茨泽克对"二战"中所有的受害者都进行了朴素而纯粹的悼念,这份朴素言辞也为魏茨泽克的演讲赢得了巨大的影响。聚焦于受害者,也意味着对施害者罪行的刻意回避,这本身就是一种"狡黠的"话语策略,因为这样的"揭示"和"遮蔽"使魏茨泽克"成功地避免了关于为由德国人民造成的苦难承担责任的任何重要讨论（减少了对希特勒和'少数人'所犯罪行担负的责任）,而是将德国人'引起的'苦难与他们所忍受的作为国家社会主义后果的苦难混为一谈"[③]。不仅如此,魏茨泽克还在一种宽泛的意义上最大化地扩展了受害者的范围,使其从万众关注的犹太人扩大到了"二战"中所有的受害者——不仅包括"在德国集中营里被杀害的六百万犹太人",而且还包括"所有在战争中遭受苦难的民族,尤其是那些难以计数的在战争中丧生的苏联和波兰公民"

---

① 〔美〕M. 莱恩·布鲁纳：《记忆的战略：国家认同建构中的修辞维度》,蓝胤淇译,商务印书馆,2016,第7页。
② 〔美〕M. 莱恩·布鲁纳：《记忆的战略：国家认同建构中的修辞维度》,蓝胤淇译,第28页。
③ 〔美〕M. 莱恩·布鲁纳：《记忆的战略：国家认同建构中的修辞维度》,蓝胤淇译,第30页。

"在盟军的空袭中、在监狱中、在被驱逐的过程中丧生的同胞""被屠杀的吉普(卜)赛人""被杀害的同性恋者""被杀戮的精神病人""因坚持自己的宗教和政治信念而被杀害的人们""被枪杀的人质""在我们占领国里反抗占领的牺牲者""为抵抗纳粹而牺牲的德国人""资产阶级的、军队的、工人阶级和工会的以及共产党人抵抗运动的牺牲者""虽然没有进行积极反抗,但宁死也不扭曲其良知的人们""各民族的女性",以及那些承受了伤痛、残疾、强制绝育、夜间空袭、逃亡、被驱逐、被强奸和劫掠、强迫劳动、不公正和被迫害、饥饿和困窘等痛苦的人。①

扩大并重新确认受害者的身份,其潜在的意图之一必然是要重新认识施害者。演讲的第三部分、第四部分就是魏茨泽克对战争本身的反思,以及代表施害者向受害者的道歉和忏悔。从第三部分开篇即谈到希特勒的罪行我们就可以看到,魏茨泽克在扩大受害者范围的同时,实际上也缩小了施害者的范围,他把第三帝国的"国家社会主义""简化为大屠杀",把大屠杀的实施者"简化为希特勒和'少数几个人'",从而推导出"其他人在国家社会主义的罪行中只是犯了一个被动而非主动角色的罪",并最终"将德国人们确定为战争的最终受害者"。② 如其所言,"战争期间,法西斯政府使很多民族饱受苦难,蒙受屈辱。到最后,遭受痛苦、被奴役、受屈辱的只有一个民族,那就是我们德意志民族。……其他民族首先成为了由德国发动的战争的受害者,而后我们自己沦落为我们自己的战争的牺牲品"③。魏茨泽克的目的是"寻求和解",为此他必须接受历史、记住历史,借助对历史的记忆通达救赎之途。然而,从他的演讲表述来看,他实际上是以记忆之名开启了德国人的遗忘之旅:忘记法西斯主义的国家社会主义起因及连续性,忘记由德国人民引起并推动的反人类罪行,忘记文化/种族民族主义对正义和人性的践踏,选择性地建构德国的国家统一和认同。魏茨泽克

---

① 〔德〕理查德·冯·魏茨泽克:《一个解放的日子:联邦德国总统理查德·冯·魏茨泽克为纪念欧洲战争及纳粹统治结束40周年于1985年5月8日在德国议会全会上的演讲》,王乾坤译,北京大学德国研究中心《北大德国研究》第一卷,北京大学出版社,2005,第244~245页。
② 〔美〕M.莱恩·布鲁纳:《记忆的战略:国家认同建构中的修辞维度》,蓝胤淇译,第30~31页。
③ 〔德〕理查德·冯·魏茨泽克:《一个解放的日子:联邦德国总统理查德·冯·魏茨泽克为纪念欧洲战争及纳粹统治结束40周年于1985年5月8日在德国议会全会上的演讲》,王乾坤译,北京大学德国研究中心《北大德国研究》第一卷,第247页。

的演讲是完美的记忆修辞，因为他通过重新框定记忆的边界，调和了不同身份的人对历史记忆的差异化基调，把最敏感的"罪"的问题转换成了"罚"的问题，使人们关注"罚"的后果远远多于关注"罪"的本质，从而使最根本的纳粹罪行被模糊化、对"人性罪"的深刻反思被中性的记忆所取代了。这样一来，他的道歉显得既真诚又优雅，但缺乏在这种情境中赋予道歉所本应具有的沉重的痛感。简而言之，道歉是由选择性记忆所决定的话语建构的，道歉者希望记住哪些历史、忘记哪些历史，或关注哪些历史、回避哪些历史，就决定了道歉者以怎样的立场、方式和基调来道歉，也决定了道歉者是否能够在国家意识的层面上引起集体认同，从而使道歉成为巩固国家政治稳定的力量，而不是刺激施害者使其加重耻辱感的导线。

就像政治家塞涅卡在回答"道歉有什么好处"时说的那样："道歉既不伤害道歉者，也不伤害接受道歉的人。"① 魏茨泽克的讲话因其在语言修辞方面极其圆滑、周到，令人心生怀疑，似乎他的讲话未必是真诚和深刻的，他的道歉更多可能是一种象征性的姿态，更具有表演性。但不能否认的是，魏茨泽克的讲话取得了全面的成功，这恰恰印证了记忆修辞拥有巨大的力量。更重要的是，记忆修辞之所以能够获得成功，换句话说，道歉者以未来为导向，对过去进行选择性的利用之所以能够切实奏效，最根本的不是源于"记忆的修辞"，而是民主力量的日益增长以及民主政治的推动。学者马敏在分析道歉时就认为，"所有的道歉都发生在民主国家或正向其迈进的国家里，而在集权或权威政体中却不曾出现任何形式的政治道歉"。② 只有在民主国家或民主政治环境中，道歉（尤其是政治道歉或政府道歉）才可能发生，即使像魏茨泽克这样的看起来完美得像是"回避或开脱"罪行的道歉，它也反映了与集权政体推卸责任的截然不同的政治观念和道德观念，二者显然是不能同日而语的。

比如，南非长期以来实行种族隔离政策，无数黑人为此承受了巨大的痛苦和屈辱。1993年、1996年、1997年，南非总统德·克拉克数次为过去的种族隔离政策道歉；2001年，德国外长约施卡·菲舍尔在南非德班举行的联合国第三届反对种族主义世界大会上发表讲话，表示他愿意代表德国向那些承受奴隶制度和殖民剥削的受害者及其后代道歉，并认为只有承认

---

① 转引自汝绪华《论政府道歉》，序，中国社会科学出版社，2016，第1页。
② 马敏：《政治道歉：言语政治中的话语权斗争》，《理论月刊》2004年第11期。

罪过才能恢复受害者"曾被剥夺的尊严"。德国也因此成为第一个公开向非洲国家道歉的欧洲国家。

而与之截然相反的是，日本在第二次世界大战期间对中国人民犯下了非人道、反人性的罪行，但迄今为止，在历届日本政府的书面文件中，却从未有过向中国人民正式道歉的内容。中日关系史上一个很重要的关节点是《村山谈话》，即1995年8月15日，时任日本首相的村山富市就历史问题发表正式讲话，对日本的殖民统治和侵略表示"深刻的反省和由衷的歉意"。即便如此，《村山谈话》也并非一篇令中国人民满意的道歉。《村山谈话》首先从战败后的日本谈起，先行把日本确立为一个同样遭受战争创伤的受害者，由此突出了日本战后的复苏和重建具有不可替代的意义。继之，村山明确表示日本未来发展必须仰赖同近邻各国"建立基于深刻理解与相互依赖的关系"，以及"同近邻各国人民携起手来，进一步巩固亚太地区乃至世界的和平"。正是建构这一"深刻理解与相互依赖的关系"的需求，促使日本不得不去思考如何有效处理战后遗留问题。基于这样的历史与现实背景，村山提出的"深刻反省"与其说是日本政府对战争的反思，毋宁说它是日本国家发展的战略考虑。现实需求与未来导向是反思和道歉的根本驱动力，而当真正涉及战争罪行的判定与责任的承担时，村山又含糊地把受害者笼统归为"许多国家，特别是亚洲各国人民"，以及"在这段历史中受到灾难的所有国内外人士"，并在表示反省、歉意和哀悼之后，将谈话的重点再次转向日本在国际社会中的理想形象（"负责任的国际社会成员"）及其战争创伤（"经历过原子弹轰炸的唯一国家"），[①] 通过对日本是受害者的强调来淡化日本是施害者的史实，从而使真正严肃和重要的战争追责被轻描淡写地一笔带过，但同时又保留和突出了讲话者反省的意图、道歉的诚意与将历史翻页、"向前看"的信念。

显而易见，与魏茨泽克的道歉一样，《村山谈话》中的道歉也是对过去的选择性利用，也是通过对受害者身份的有意"泛用"来掩盖施害者的真实罪行，也是巧妙利用了修辞的力量完美地规避了道歉者本应切实反思的战争责任问题。借助记忆修辞对现实进行文饰在此暴露无遗。然而，尽管如此，《村山谈话》仍然获得了包括中国在内的亚洲国家的称赞，村山本人

---

① 《村山谈话》（全文），新浪微博，2015年5月19日发布，https://www.weibo.com/p/1001603844209374328781? from = page_100505_ profile&wvr = 6&mod = wenzhangmod；最后浏览时间：2020年7月5日。

也因此被誉为中国人民的"好朋友"。这充分说明了道歉在国际事务中具有举重若轻的作用，正如汝绪华所言："若要推动建立以合作共赢为核心的新型国际关系，施害者与受害者在历史性非正义问题上达成和解，适当的政府道歉无疑是最值得考虑的捷径。"①

二 情感叙事

作为一种记忆的修辞术，道歉对过去的利用是必然的。更确切地说，道歉是有目的地选择过去的内容对之进行话语表述。因此，基于现实的需求，记忆有正确的记忆与错误的记忆之差别，道歉也有正确的道歉与错误的道歉之不同。正确的道歉往往就是成功的道歉，而错误的道歉则是失败的。成功与失败是指道歉效果而言的，而正确与错误则是道歉的风格。

从本质上来说，道歉的风格就是道歉者的言语表达，能否激发起接受者的情感共鸣及认同。一方面，正确的道歉一定能引起道歉对象的情感认同，即道歉者对伤害或错误的承认及忏悔必须是客观的、真诚的、彻底的，从而使歉意得以顺畅地传达给道歉对象并被后者所接受；另一方面，正确的道歉也必须能够被道歉者所在的相关群体所接纳，即道歉者对过去内容的援引和评价要符合这一群体成员对历史的"集体无意识"，承认错误的尺度与承担责任的分量要平衡，这样才能罪责分明、有罪共认。

正如美国学者艾伦·拉扎尔（Aaron Lazare）所说的，"'道歉'本身没有什么情感力量"，不同语言中"道歉"的词义也有很大差别，比如，英语中"道歉"一词的希腊文词源是"辩护和捍卫"的意思，西班牙语中"道歉"一词的词源有"责备或罪过"的意思，德语中"道歉"一词的核心意义是"罪责"，而日语中的"道歉"则更多含有自谦和屈从的意思。② 但是不管哪种语言，只要是正确的和成功的道歉，就一定要能够激发情感甚至生产情感，就一定能够"唤醒"隐匿在接受者内心深处的、对道歉者的"同情"和"接纳"。也就是说，道歉本是一种理性行为，但需要借助情感的参与来完成。因此，道歉实际上就体现为一种情感叙事，它是通过情感叙事来发挥其作用的。

2008年2月，成功当选澳大利亚总理的陆克文在议会上发表讲话，代

---

① 汝绪华：《论政府道歉》，第14页。
② 〔美〕艾伦·拉扎尔：《道歉的力量》，林凯雄、叶织茵译，北京联合出版公司，2017，第27~28页。

表政府向澳大利亚的土著居民尤其是"被偷走的一代"正式道歉。他的道歉句式多为短句，简短有力，丝毫没有拖泥带水或敷衍塞责的痕迹。在表达歉意和给出政治承诺时，都套用了相同的句法结构，造成一种稳定和强大的语法气势，极具震撼效果。比如，在正式道歉部分，陆克文的表述是最直接、最明确的主谓宾结构：

> 我们就历届澳大利亚政府和议会通过的给我们那些澳大利亚同胞们造成深重痛苦、苦难的法律和政策致歉。
> 我们尤其对强迫土著儿童与他们的家人、社区和地区分离致歉。
> 对那些被偷走一代，他们的后人和家人所承受的痛苦、苦难，我们说对不起。
> 对他们的父母、兄弟姐妹、被拆散的家庭和社区，我们说对不起。
> 对于强加给这一自豪民族和自豪文化的屈辱和衰落，我们说对不起。①

"被偷走的一代"是澳大利亚"白澳政策"的牺牲品，给澳大利亚社会和人民带来了严重的历史创伤。但澳大利亚多届政府都拒绝正式向土著居民道歉，前总理霍华德更是宣称他作为后来者的澳大利亚政府代表人，不会替以前政府所犯的错误买单。② 相形之下，陆克文政府的道歉就显得更为真诚。从"被偷走的一代"到家庭、社区、社会和国家，从"被偷走的一代"到他们的后人、现在的土著和澳大利亚人，这份道歉所面向的可谓整个澳大利亚的历史和现实。陆克文的道歉既没有辩驳也没有罪责，只有对历史错误的质朴承认，以及对受害者及其相关群体的确切明晰的歉意。不可否认，正是这种质朴而明晰的姿态抚慰了受害者的心理创伤，使他们感受到被承认、被尊重，并使其得以重新获得对澳大利亚的精神认同。不仅如此，他们的心理抗议程度也因此被降低，对制定及实施"白澳政策"的历届政府的怨恨意识有可能被对陆克文政府的感动和期待所缓解、淡化，对精神文化归属感的需求，也将压抑对非正义政策的讨伐。因此可以说，

---

① 陆克文：《澳大利亚总理陆克文道歉英文全文中英对照》，新浪博客，2008年2月17日发布，http://blog.sina.com.cn/s/blog_66c5048f0100m554.html；最后浏览时间：2020年7月5日。
② 刘邦春、叶浩生：《从"白澳政策"到"政治道歉"——论澳大利亚社会和平心理模式重建》，《广州大学学报》（社会科学版）2016年第6期。

陆克文政府的道歉是通过"情感共鸣"(道歉者对受害者的创伤及苦难感同身受)缓解了道歉双方的矛盾,重建了澳大利亚社会和平心理的同一性,为澳大利亚在未来的发展带来了希望。

不过,如果换个角度来看,我们又会发现这样一个事实:因为道歉总是对已经过去的事情的道歉,因此道歉者往往并不是具体的施害者,甚至接受道歉的人也不是具体的受害者。道歉双方都不是当事人,没有实际参与错误或可怕的历史事件,而是历史错误或历史创伤的"继承人",由此双方其实并没有真正陷入"施害之罪"与"受害之痛"的现实语境中。这样一来,道歉事实上就变得不那么艰难了,因为它成了一个可以在话语层面上"被改进"的行为。相应地,道歉者的"情感唤起"也变得相对容易一些。道歉对象的情感反应几乎是可以被准确预料到的,道歉者完全有条件以目的需求为导向,依据"预想的情感反应"或"期待的情感反应"来调整或润色道歉之言语,使之更具诚意或更有利于解决问题、化解矛盾。

这一点在政府道歉或政治道歉中尤其突出。1970 年 12 月 7 日,正在访问波兰的联邦德国总理勃兰特在华沙犹太隔离区,向犹太人死难者纪念碑献上花圈并突然下跪。勃兰特的"华沙之跪"被称为"欧洲约一千年来最强烈的谢罪表现",不仅感动了曾被纳粹残酷迫害、对德国心怀敌意和警惕的波兰人,而且也令全世界为之动容,它从根本上改善了德国的外交形象,成为第二次世界大战之后德国与东欧各国改善关系(新东欧政策)的重要里程碑,勃兰特也因此获得了 1971 年的诺贝尔和平奖。勃兰特是一个坚定的反法西斯主义战士,他从 14 岁起就"用文字和拳头"反对希特勒,即使被纳粹分子追捕,他在逃亡途中也继续坚持斗争。因此,就像波兰历史学家波罗地日基所说的那样,这是一个"完全不用下跪的人",但他"代替那些应该下跪的人下跪了"。[①] 勃兰特后来谈到"华沙之跪"时也说:

> 我下跪并不是因为我认罪,而是因为我想和我国人民在一起,也就是说和这样的人民在一起,他们当中也出现过犯有骇人听闻的罪行的人。那个举动不仅是针对波兰人的,而且也是针对德国人的。认为我那个举动只是针对纳粹主义的受害者和他们的家属是不对的。我也

[①] 《惊天一跪:勃兰特向二战期间遭遇屠杀的犹太人,下跪谢罪》,好看视频,2019 年 9 月 16 日发布,https://haokan.baidu.com/v?vid=663914845546163528&pd=bjh&fr=bjhauthor&type=video;最后浏览时间:2020 年 7 月 5 日。

是，首先是针对本国人民的。因为许多人，甚至太多的人需要排除孤独感，需要共同承担这个重责。

我明确区分罪过和责任。我问心无愧，而且我认为把罪过归咎于我国人民和我这一代人是不公平的，也是不对的。罪过只能由某个人去承担，绝不能让人民或一代人去承担。责任就不同了。尽管我很早就离开了德国，尽管我从来没有支持过希特勒，但……不能排除我应负一定的责任，或者称为连带责任。①

勃兰特的下跪因其特殊的身份、他所处身的特殊情境以及二者之间直接尖锐的对应关系而变得异常重要，相比常规的语言道歉（包括口头道歉和书面道歉），身体的行动更具有符号的象征意义。它的最大力量其实就是集体情感的生产力，也就是说，如果我们可以把勃兰特的身体视为一个符号的话，下跪就是符号的展现，在由角色（"无罪的"施害者代表）、情境（波兰犹太人的苦难史）以及二者之间的特殊关系（历史压抑下的现实与期待修复关系的未来）所构造的文化结构中，下跪行为使得受害者的痛苦得以释放，被压制的历史苦难得到理解和宽慰，被践踏的尊严得以恢复，从而道歉者与接受道歉的群体之间才有可能展开坦诚的对话，公众对政府的"道德审视"才有可能发展成一种积极的社会权力，对生活意义的建构以及新的道德共同体的建立产生正面影响。

道德与正义的问题是"二战"之后备受关注的全球性问题，伊拉扎尔·巴坎（Elazar Barkan）认为："道德与正义问题作为一个政治问题，在第二次世界大战结束后开始凸显，在冷战结束后蓬勃发展，如今已经受到越来越多的关注。这么一来，赔偿过去的受害者，就成了国家政策与国际外交的主要部分。"而对于民主制度而言，"承认历史非正义的罪过并负起责任"已经成为"巩固国家政治的稳定与力量，而非耻辱"的标志。② 作为一种道德反思，道歉就是对错误的历史行为及其后果的愧疚、悔恨和忏悔，是对连续的自我（个人道歉）和统一的共同体（代表集体道歉）的质疑甚至否定。无论在道歉或忏悔中"被释放出来的是怎样的情感力量，它都要求获得双方的承认"，只有这样，道歉才能成功，"才能为未来的公民话语与真

---

① 〔意〕奥里亚娜·法拉奇：《风云人物采访记》，嵇书佩等译，新华出版社，1988，第375~376页。
② 转引自〔美〕艾伦·拉扎尔《道歉的力量》，林凯雄、叶织茵译，第12页。

正的辩论争鸣提供先例"。① 就像勃兰特的"华沙之跪",勃兰特自觉地以个体的身份代国家承担责任,他的真诚道歉就不仅淡化了波兰人民的愤恨和痛苦,也为德国重返欧洲与世界的政治秩序铺平了道路;他的一跪不仅使笼罩在战争罪行阴影中的德国获得救赎,也为波兰犹太人乃至全世界的犹太人创造了安全感和尊严感。所以说,道歉还是一种情感叙事,通过对道歉者与接受道歉者双方情感的"协同治理"来达到和解的目的,形成面向未来创建与发展新积极关系的希望。

也许正是因此,或者更进一步说,正是由于情感的切身性,脱离直接利益干系的道歉才更容易做到正确和真诚,从而也就更容易趋向成功。它不仅以"明确的道歉词汇和道歉意义"满足了"听众要求心理补偿的需求",而且也"创造了新的政治参与者","曾经是历史上遭人鄙视、无足轻重的'牺牲品'在新的道歉语境中被重新界定为值得同情和尊重的'受害者'角色。来自权势人物的道歉提升了它们的道德价值和政治地位"。② 情感叙事的理想效果就是"打动"受害者、"感动"旁观者,使道歉双方达成和解。就此而言,道歉行为可谓确切无疑的"情感政治",它通过控制语言来"控制意义的生成",并进而控制权力,最终实现道歉者控制现实和未来的目的。

当然,历史地看,道歉的情感力量并不仅仅是由人类的情感本能或心理机制所产生,它从根本上源于民主政治的发展,以及人们对普遍人权的争取,特别是政府道歉或政治道歉,其情感意义更可以如此考虑。托克维尔在《论美国民主》中提到,"在民主制度中,有一种隐秘的趋势在不断引导人们纠正错误与缺点之中走向普遍繁荣"③;汝绪华也认为,"民主政治为政府道歉准备了制度条件与舆论基础","民主政治极大提升了公众对公共利益与公共道德的关注度"。④ 正是在民主社会中,普遍人权才可能得到基本的保障,人的价值才能得以充分彰显,我们才不仅能在法学层面也能在哲学层面上讨论人类的责任伦理。换句话说,只有民主政治的发展才能为正确而成功的道歉创造一种氛围,推动受害者向错误的历史吁求修正,为

---

① Jeffrey K. Olick, *The Politics of Regret*: *On Collective Memory and Historical Responsibility*, New York and London: Routledge, 2007, p. 149.
② 马敏:《政治道歉:言语政治中的话语权斗争》,《理论月刊》2004年第11期。
③ 〔法〕托克维尔:《论美国民主》上卷,董果良译,商务印书馆,1988,第265页。
④ 汝绪华:《论政府道歉》,第79~80页。

争取自身生命安全、获取自身社会尊严、享受自身政治平等而努力；也只有民主政治的发展才能为有效而真诚的道歉规定方向与内容，激励施害者反思自身的罪行和过错，为建立正常的社会关系迈出关键的第一步。正是在这个意义上，我们或可套用玛莎·努斯鲍姆的概念来理解道歉的情感价值，即它是一种"诗性正义"。

三　创伤复原的结构性构成

道歉的本质是一种记忆的修辞，这决定了使道歉产生效果、发挥作用的实施机制是情感叙事。对于一个创伤性历史事件的现实表征及创伤修复而言，道歉的意义是至关重要的，也是无可替代的。因为毋庸置疑的是，要想修复创伤，就必须先建构一个由角色、情境及相互关系共同组成的、完整的创伤复原结构，这必须同时依赖施害者和受害者双方的努力。对于最终达成有效、根本的创伤复原，二者是缺一不可的。但不尽如人意的现实状况是，当我们谈论创伤及其复原时，我们的话语焦点往往单方面地聚集在受害者一方，关注受害者的情感状态与心理安全，着力于重建受害者正常的创伤叙事能力及其与社会生活的正常联系。[1] 换句话说，受害者能否从创伤中复原，主要依靠的还是受害者自身的力量，而施害者作为造成创伤的根本原因，则被笼统地与社会、制度及历史等情境性因素归为一谈。因此之故，创伤常常很容易被简化为伤害或苦难，创伤复原也常被狭隘化为受害者单方面的心理疗愈。这个看法的合理性当然是不容否认的，但它的局限性也显而易见，即忽略了施害者的正向介入对受害者创伤复原的重大影响，使创伤复原成了一种只有"果"没有"因"的单线逻辑。

笔者认为，施害者的正向介入最核心的体现形式就是道歉。正如艾伦·拉扎尔所说的："在道歉的过程中，一个重要问题是如何修复破裂的关系。"[2] 道歉可以通过满足受害者的心理需求疗愈创伤，道歉也"是促进致歉人与受歉者和解的必要条件"[3]。道歉最理想的结果就是宽恕，艾伦·拉扎

---

[1] 〔美〕朱迪思·赫尔曼：《创伤与复原》，施宏达、陈文琪译，机械工业出版社，2005，第145页。

[2] 〔美〕艾伦·拉扎尔：《道歉的力量》，林凯雄、叶织茵译，第37页。

[3] 唐斌：《责任政府的逻辑——政府道歉的伦理内涵及其效用保障》，中国社会科学出版社，2017，第76页。

尔把道歉与宽恕的关系分为四类,即:(1)没有道歉,仍然宽恕;(2)无论道歉与否,都拒绝宽恕;(3)先宽恕,后道歉;(4)先道歉,后宽恕。①这四种方式中,第四种是世俗生活中最常见的形态,也体现了最真实的人性。南非大主教德斯蒙德·图图是坚信宽恕力量的代表,对于在南非土地上有着三百多年历史的种族隔离制度,图图主张"没有宽恕就没有未来"。但即便如此,他仍然积极宣扬道歉对于宽恕的绝对意义。他这么说:

> 当某种关系受到损害或可能崩溃时,罪犯应该承认真相,准备并愿意道歉。这大大有助于宽恕与和解的过程。
>
> 没有人愿意暴露自己脆弱或罪恶的一面。但是,如果要进行宽恕与复原的进程并取得成功,罪犯的认罪是必不可少的。承认真相,承认错待了他人,是触及犯罪根源的重要条件。
>
> 只要条件允许,坦白、宽恕和赔偿应该是一个整体的组成部分。②

图图领导的"真相与和解委员会"促成了南非的转型与种族间的和解,在此过程中,道歉揭开了真相,宽恕导向了和解。对于承受了三百多年苦难历史的南非有色人种(主要是南非黑人)而言,道歉成了疗愈他们历史创伤这一漫长过程的起点,道歉也与此过程一起构成了南非有色人种的复原史。可以说,不仅仅是受害者及其自愈的努力,还包括施害者及其道歉,都是这一创伤复原的结构性构成。离开以道歉为核心的施害者的正向参与,受害者的创伤复原恐怕难以真正完成。

在整体性的创伤复原结构中,就施害者和受害者之间的直接关联来看,还存在一个如上所述的由图图所构想的亚结构,它包括三个环节,即受害者索取赔偿(物质性赔偿和精神性赔偿),施害者的赔偿、坦白、忏悔和道歉(给予物质性赔偿和精神性赔偿),受害者的宽恕(接受物质性赔偿和精神性赔偿)。这里面的索赔和赔偿既有法律、政治的意义,也有伦理、情感的意义;既是契约精神的体现,也是道德义务的表征。这个亚结构的成立关系到两个至关重要也非常微妙的过程:其一,施害者是如何忏悔的,又是哪些因素促成了施害者迈出转折性的一步;道歉是如何开始,又以什么

---

① 〔美〕艾伦·拉扎尔:《道歉的力量》,林凯雄、叶织茵译,第198页。
② 〔南非〕德斯蒙德·图图:《没有宽恕就没有未来》,江红译,广西师范大学出版社,2015,第221~225页。

作为结束的？其二，受害者接受道歉的动机和力量是什么，需要克服的是什么，道歉是否必然导向被宽恕？从道歉到接受道歉，在现实生活中可能会在瞬间发生，比如勃兰特的下跪就打动了现场众多的波兰人的心，一名波兰大学生甚至说，因为那个双膝跪地，波兰人已经默默接受了德国的忏悔和认罪，他们不再恨德国。① 但是，如果从理论语境来观照的话，我们就会发现，从道歉到接受道歉其实是一个极其复杂和漫长的过程。

我们还以德国为例。雅斯贝斯（Karl Jaspers）在思考德国的罪责问题时，把罪分成了刑事罪、政治罪、道德罪和形而上罪四种类型。刑事罪是指违反法律、根据客观证据被法庭裁定的罪。政治罪是指一个国家的所有公民必须为国家行为所承担的罪，它由历史的胜利者及其权力和意愿所审定，它是生活在现代国家中的每个人必须承担的政治责任。道德罪是指每个个体必须为自己的行为负责，它的裁决是由自我依据良心而自行裁定的。形而上罪是指一种协同担责，亦即每个人都对世界上的任何一种错误和不公正负有责任。一个人，尽管他没有作恶，但因为他没能阻止恶，或者在恶发生后仍然苟活于世，那这个人就犯了形而上罪。此罪的判决依据的是上帝的法庭而非法律或良心。② 在雅斯贝斯看来，谈论德国的罪责问题必须要在一个集体的层面上来谈，因为每个德国人都与其他德国人同时分享着德国的精神和灵魂，所有的人都共享着一种德国的命运。对于现代民族国家而言，罪往往不是在一个实际发生、真实可感的层面上被讨论的，而是在一个类推的意义上被讨论的，所以悔罪必须是具有公共意义的集体悔罪，而担责也必须是以集体形式共同担责。德国人不仅共享着德国的现在，也共同对德国的过去负责。③ 这既是个体对道德罪的反思，也是集体对政治罪之后果的承担。对于现实中的德国来说，政治罪和道德罪及其二者间的关联无疑是异常重要的，而对它们的反思也直接关系到德国的未来和发展。

根据雅斯贝斯的观点再来看勃兰特的"华沙之跪"，我们也许能更加明确忏悔与道歉在创伤复原中的重大价值。勃兰特的下跪是一种远远超越语言的巨大力量，它将一个民族和国家从罪孽深重的历史中拯救出来，代替所有的德国人，有罪的和无罪的、逝去的和幸存的、在场的和缺席的，完

---

① 转引自汝绪华《论政府道歉》，第10页。
② Karl Jaspers, *The Question of German Guilt*, translated by E. B. Ashton, New York: Fordham University Press, 2000, pp. 25 – 26.
③ Karl Jaspers, *The Question of German Guilt*, translated by E. B. Ashton, p. 73.

成了对罪的悔过。我们当然可以猜测勃兰特的下跪也许只是他一时感慨万千且难以自禁的结果,也许他的下跪原本纯粹是一个普通老人的情绪宣泄,但在那样一个特殊的时间和空间中,基于那样一种特殊的情境,勃兰特的个体反思及其行为实际上已被赋予了超个体的、集体性的、公开化的意义。一方面,他无须承担没有犯下的道德罪,但他绝不回避和畏惧担负政治罪,而恰恰因为他作为个体在道德上的无辜和政治上的清白,反而加重了他为政治罪担责的分量;另一方面,那些真正无法面对良心谴责的、在纳粹的恶面前保持冷漠和沉默的,或者是作恶后依然苟活于世的"道德罪人",他们的存在也更加映射出勃兰特以一己之力来代众人受过的可贵性。所以勃兰特的举动甚至可以用"无罪的耶稣代有罪的众生接受惩罚"这一宗教意象来类比。

勃兰特的下跪之所以能深入人心,扭转德国在世界政治格局中的地位,获得大多数波兰民众的宽恕,主要原因就在于勃兰特非常坚决和真诚地将自身放置在人类的责任共同体中,当罪发生时,他没有像魏茨泽克的道歉和《村山谈话》那样回避真实完整的历史来为自己的国家开脱,没有利用语言修辞为自己辩解。与之截然相反,他在面对德国的整个过去和历史时,代表所有的德国人悔罪。正是因此,波兰民众从他的举动里获得了充分的尊严感和意想不到的心理满足。波兰民众对过去的残酷记忆有多深,对德国纳粹的仇恨有多深,勃兰特的下跪对他们的伤口的抚慰就有多奏效,两者之间的反差最终推动了道歉被接受、罪行被宽恕。

当然,道歉并不必然会被宽恕,如果说道歉是一个艰难的过程,那宽恕就无疑是一个难上加难的过程。因为宽恕意味着受害者要从整个事件的道德制高点上走下来,经历与施害者相同的情感斗争,并在理性层面上发生转变,对施害者以及创伤经历产生新的认知。诺洛克(Kathryn J. Norlock)就认为,从道德心理学的语境中来看宽恕,宽恕主要"是一种承诺",而不是一种"情绪状态"。[①] 阿伦特更是从政治责任的高度界定了宽恕,认为宽恕体现了行动本身的潜能,只有宽恕才能"把行动从它所开启的过程的不可逆性和不可预见性中解救出来","让我们摆脱我们所做事情的后果",[②] 帮

[①] Kathryn J. Norlock, "Introduction: The Challenges of Forgiveness in Context," in Kathryn J. Norlock, ed., *The Moral Psychology of Forgiveness*, London: Rowman & Littlefield International Ltd, 2017, p. IX.

[②] 〔美〕汉娜·阿伦特:《人的境况》,王寅丽译,上海人民出版社,2009,第184页。

助我们从不确定性中脱身出来。道歉未必一定能使受害者的创伤复原，但受害者能够宽恕则意味着创伤正在复原，甚至已经在某种程度上得到疗愈。所以说，道歉依然是创伤复原不可或缺的重要组成。道歉不是"廉价的口头表白（cheap talk）"，[①] 而是一扇关乎人类历史和良知，开启了寻求和谐、重建秩序和社会规范的大门，它生成了修复未来的多种可能。

道歉"也许是世界上最难的事——在几乎每一种语言中，最难启齿的都是'我很抱歉'"[②]。就像人很难解放自己一样，人也很难否定自己。尽管如此，道歉的重要性却是不言而喻的。朝小说，道歉是人类日常生活中最普通不过的事情之一；往大说，道歉又关系到国家形象的塑造、国民身份的归属，以及我们对过去的重新认识和对未来的期待。对于后者，需要特别提出的是，在所有正式或非正式的道歉中，政府道歉是最值得我们深入研究的。因为政府道歉在本质上是建构和表征国家记忆的一种特殊方式。虽然道歉本身并不构成国家记忆，但道歉关乎政府对待历史的态度及其现实立场，它代表的是一个国家的整体意识，是国家对权责问题在公开的、公共的、官方的层面上的表态。它常常涉及一个国家在国际秩序和世界政治格局中的角色形象，或者是一个国家内部由执政党所宣告并体现的、属于主流意识形态的国家形象。所以说，道歉往往会与它所关联的重要历史事件及人物一起，形成为国家层面的价值观念、精神信仰或责任意识，因而也是构成为民族传统和国家历史的一部分。

汝绪华在其著作《论政府道歉》中这样界定政府道歉：政府道歉指的是政府就所有涉及公共权力应担责问题进行的道歉，以及出于礼仪进行的道歉。一般来说，依据时间顺序，政府道歉可以分为两大类：一是历史性非正义的政府道歉，即因历史非正义、转型正义、溯源正义问题向受害方及其后代进行的道歉；二是当代政治实践的政府道歉，即因处理当代国际关系、应对政府治理失败而进行的道歉。[③] 政府道歉之所以在国家政治生活中举足轻重，"不仅在于其是一种观念，还在于它是一种制度安排"[④]，它

[①] Melissa Nobles, *The Politics of Official Apologies*, New York: Cambridge University Press, 2008, p.139.
[②] 〔南非〕德斯蒙德·图图：《没有宽恕就没有未来》，江红译，第221页。
[③] 汝绪华：《论政府道歉》，第35页。汝绪华在其著作中对政府做了广义与狭义的区分，广义的政府泛指一切国家政权机关，狭义的政府专指一个国家的中央和地方的行政机关。本文所言政府道歉采用的是广义的政府概念。详见汝绪华《论政府道歉》，第39~40页。
[④] 汝绪华：《论政府道歉》，第91页。

"并非一种纯粹的智力上的构想；其自身内部即蕴涵着一种动态的力量，激发个体和民族，驱使个体和民族去实现目标并建构目标中所蕴涵的社会制度"①。或许可以说，政府道歉促成了制度性记忆的完善，它使国家对修正非正义的历史记忆具有了制度上的形式和框架，也因此加强了国家民主治理的能力，使社会更具包容异己的品格。

徐贲曾提出："道歉是道德政治的一部分，因为它要求纠正国家权力的历史性不公正。"② 这个断言充分说明了道歉对于人类社会的重要价值。作为言语政治的绝佳代表，在当下国际关系如此微妙且复杂的现实语境中，我们对道歉的理解，比如道歉与否、怎样道歉、以个人身份道歉还是公开道歉等，有可能直接关系到个体乃至社会群体的安全感与认同感。因而，道歉不是事件的终点而是起点，是多种可能性的开端。但我们对道歉的认识显然还很肤浅，道歉的力量还远远未被我们充分领会到，对道歉的研究还任重道远。

---

① 〔英〕约翰·伯瑞：《进步的观念》，引言，范祥涛译，上海三联书店，2005，第1页。
② 徐贲：《道歉：一切政治不可或缺的部分》，爱思想，2019年10月19日发布，http://www.aisixiang.com/data/118633.html；最后浏览日期：2020年7月5日。

记忆的幽灵及其挖掘

刘亚秋[*]

摘 要 记忆的幽灵具有在生与死、可见与不可见之间以及不可简约性、哀悼/债务等诸多特征;它不仅意味着德里达提到的死者形象,还包括生者记忆中那部分被隐藏、被埋葬或被压抑的记忆。因此,记忆的幽灵就是一种有待发掘的潜伏着的记忆,它需要一个由死到生的运动。通过探究记忆的幽灵,不仅可以更明确幽灵的时间意涵,还可以观察它的运动及其过程。如果关键记忆被压抑或被隐藏,于个人而言,可能会呈现一种精神疾病的状态;于政治而言,可能就是一种不成熟、有缺陷的政治。因此,释放被压抑的记忆,是个人和社会精神健全之路。可以说,记忆的幽灵内在于我们自身,同时也是文明/文化的一个镜像。

关键词: 幽灵 记忆的幽灵 不可见 创伤记忆

Abstract The ghost of memory has many characteristics, such as between "live and death", "visible and invisible", " irreducible", mourning/debt; it not only means the image of the dead mentioned by Jacques Derrida, but also including the hidden, buried or suppressed memory of the living. Therefore, the ghost of memory is a hidden memory to be discovered, which requires a movement from death to live. By characterizing the ghost of memory, not only we can indicate the timeliness of the "ghost", but also we can observe its movement and process. If the key memory is suppressed or

---

[*] 刘亚秋,中国社会科学院社会发展战略研究院副编审。

hidden, for individual, it may present a state of mental illness; for politics, it may be an immature and defective politics. Therefore, the release of suppressed memories is the way to improve the spirit of individuals and society. It can be said that the ghost of memory lies within us, and it is also a mirror image of civilization / culture.

Key Words　ghost; the ghost of memory; invisibility; traumatic memory

"写吧!"那个声音说。

先知回答:"为谁?"

那个声音说:"为死者写吧! 为那些在生前你喜爱的人。"

"他们会读我的东西吗?"

"会的! 因为他们会回来,作为后世。"

——赫尔德:《关于促进人性的通信》[1]

引　论

对于记忆研究,德国学者埃尔(Astrid Erll)认为,没有哪一个主题能够像它那样具有统领作用:完全不同的社会话题、文化象征体系和学科分支等都涉及记忆问题。回忆行为及对回忆的思考在20世纪末和21世纪初成为一个整体文化的、跨学科和跨国的现象,埃尔认为记忆在全球风行有三大原因:世界形势的转变("二战"和集中营亲历者的消失)、媒体等新手段的运用、历史终结理论的兴起。相应地,印芝虹认为,记忆研究在中国的兴起也源自三方面的原因:战争和各种运动参与者的相继离世、改革开放的推动、网络和微博等新媒体的兴起。[2]

其中,埃尔和印芝虹都提及的第一个原因可以归为创伤记忆问题。在创伤记忆中,是记忆而不是遗忘占据了主角地位,一些研究表明,对创伤记忆的遗忘事实上都是假遗忘,它被隐藏但从未离去,化作难以磨灭的烙

---

[1]　转自〔美〕阿莱达·阿斯曼《回忆空间:文化记忆的形式和变迁》,潘璐译,北京大学出版社,2016,第199页。

[2]　印芝虹:《悖之痛——高墙下的集体记忆》,《国外文学研究》2011年第4期。

印成为我们的梦魇。创伤记忆中一个非常值得讨论的类型是记忆的幽灵,即幽灵性记忆。在本文中,我们将"幽灵"初步界定为一种凝结的苦痛,它并不随着往事的逝去而飘散,而是顽固地久驻人心,如影随形,影响着人们的各种行为,这些行为甚至具有不可言说性、不可翻译性。它们就是记忆的幽灵或幽灵性记忆。

有关创伤和创伤记忆,心理学、文学等研究者做过很多深入的讨论。心理学研究者认为,创伤记忆就是一种事件发生后的严重精神伤害,它引发个体心理、情绪甚至生理的不正常状态,例如歇斯底里、假遗忘、禁闭畏缩、自我防御系统瓦解、双重自我,等等。[1] 文学研究者一般认为创伤记忆是一种文化表征,身体、精神及社会层面的创伤可深化为文化创伤。[2] 陶东风指出,见证文学作为一种具有道德担当的创伤记忆书写,不仅能保存真相,还能修复灾后的人类世界。而有勇气的见证行为虽然是个人性的,但具有公共意义。因此,见证文学的更为重要的意义在于把创伤记忆转化为文化记忆,修复被人道灾难败坏的公共世界和精神世界。[3] 阿莱达·阿斯曼也曾对创伤记忆做过深入讨论。她指出:一方面,记住有关受难、耻辱的创伤经验是极度困难的,因为它不能被整合到积极的个体或集体的自我形象中。通常的情况是:创伤经验的表征和社会承认被一再延缓或推迟达几十年甚至几个世纪之久,只有那个时候,它才变成了集体记忆或文化记忆的组成部分。而且,它还可以通过代际记忆进行传递。[4] 另一方面,历史的创伤经常通过这样或那样的方式被否定、遗忘、篡改,因为加害者想抹去历史痕迹,通过否定(事实)或闪烁其词甚至推诿逃避等策略,来对抗对自己的指控。[5]

阿维夏伊·玛格利特以其犹太人父母对"二战"经历的不同记忆态度为例,说明对创伤记忆的记住或遗忘的伦理。其母认为,犹太人被彻底毁灭了,作为犹太人应该永远怀念逝者;其父则认为,如果活着只是为了纪念逝者,那将是可怕的景象,好的记忆共同体应该着眼于当下和未来,而

---

[1] 参见〔美〕朱迪思·赫尔曼《创伤与复原》,施宏达、陈文琪译,机械工业出版社,2015。
[2] 赵静蓉:《创伤记忆:心理事实与文化表征》,《文艺理论研究》2015年第2期。
[3] 陶东风:《文化创伤与见证文学》,《当代文坛》2011年第5期。
[4] 〔德〕阿莱达·阿斯曼:《创伤,受害者,见证》(上),陶东风编译,《当代文坛》2018年第1期。
[5] 〔德〕阿莱达·阿斯曼:《创伤,受害者,见证》(下),陶东风编译,《当代文坛》2018年第4期

不是过去。① 陈国战通过对苏童的小说《黄雀记》的研究，提出了与记忆伦理相关的精神创伤的代际传递问题：在当代社会平静的表象之下，人们对历史的创伤记忆是否已经消失？不同代际对它持有怎样的态度？面对它的扰乱，该如何安顿记忆的幽灵？陈国战使用"幽灵"概念来指涉创伤的弥散式存在状态，它"无处不在，无时不在，像幽灵一样纠缠着后代人的生活"②。在类型上，创伤记忆可初步分为创伤性个体记忆和创伤性社会记忆。创伤性个体记忆是指事件发生后给个人带来的精神冲击；创伤性社会记忆则是指事件引发的损伤表现出结构性特征。从社会学角度来说，从来不存在纯粹个体性创伤，它的根源是社会性的。杰弗里·亚历山大进一步认为，文化创伤是被社会文化建构的，一个事件只能在特定的文化网络和意义解释系统中才能被经验、解释，并建构为创伤。③ 因创伤记忆可从不同角度被分为不同类别，因此对创伤记忆的描画和解释向来都是跨学科的。本文探索创伤记忆的一个类型——记忆的幽灵即幽灵性记忆，试图进一步描摹创伤记忆的存在样态，探寻挖掘幽灵性记忆的方法，以便努力找回我们自己。

一 记忆的幽灵及其特征

我们将记忆的幽灵作为创伤记忆的一个类型，那么，记忆的幽灵到底是怎样的？其中，"幽灵"是一个关键词，根据已有文献的讨论，本文进一步归纳出幽灵④的如下五个特征。

1. 从时间维度上说，它处于生与死之间

德里达指出，"学会生活"中的"生活"二字，按照定义，不能向自己学，也不能向生活本身学，或者说不能由生活本身来教会生活；因此，只

---

① 〔以〕阿维夏伊·玛格利特：《记忆的伦理》，前言，贺海仁译，清华大学出版社，2015，第1~2页。
② 陈国战：《〈黄雀记〉：如何捆缚住记忆的幽灵》，《文化研究》第30辑，社会科学文献出版社，2017，第166、168页。
③ 陶东风：《文化创伤与见证文学》，《当代文坛》2011年第5期。
④ 德里达在《马克思的幽灵》一书中，对"幽灵"做了较多的讨论，这有助于我们了解记忆的幽灵状态。德里达文本中的"幽灵"，首先指不同版本的马克思主义，即马克思主义的继承者，这些幽灵是对马克思主义的具体化和重写，相对于资本主义，它的存在本身就是精神创伤。参见〔法〕德里达《马克思的幽灵：债务国家、哀悼活动和新国际》，译者序，何一译，中国人民大学出版社，2016。本文在这部分的讨论多处借鉴了德里达的说法，但已经溢出了德里达的意涵。

有向另一个人而且是通过死亡来学。这是一种在生和死之间的异常教学法，即学会与鬼魂一起生活。① 德里达在谈《哈姆雷特》时，就是从一个"鬼魂"开始的：

> 我是你父亲的亡魂，
> 因为生前孽障未尽，
> 被判在晚间游行地上，
> 白昼忍受火焰的烧灼，
> 必须经过相当的时期，
> 等生前的过失被火焰净化后，
> 方才可以脱罪。
> 若不是因为我不能违反禁令，
> 泄露我的狱中的秘密，
> 我可以告诉你一桩事……
> ——《哈姆雷特》第一幕第五场②

可以看到，哈姆雷特正是在生与死之间的鬼魂处看到了被隐藏的不正义，这激发了他的行动。哈姆雷特悲剧的起点是幽灵（鬼魂）告知哈姆雷特老国王死亡的真相，由此他展开了"惩罚、复仇、实施正义"等一系列惩戒行动。

在生与死之间的鬼魂是幽灵的一种。德里达在一系列二元论思想中对它给予了定义："既非实体，又非本质，亦非存在的东西。"哈姆雷特的匡扶正义之举说明，若谈论幽灵，还要以正义之名。面对幽灵的显现，哈姆雷特承担起复仇、惩罚的使命。其中的正义是"纠正时弊"：当时代变得颠倒、混乱、脱节、失调、不和谐、紊乱或不公正时，就必须修正那个时代以恢复正义。而这一使命来自哈姆雷特的"出身"创伤——他是去世的国王的儿子，即幽灵的儿子。在德里达看来，这是"一个无止境的创伤，是一个不可挽回的悲剧"③，也是一种"生来如此"的命运式的创伤。在更广泛的意义上，德里达认为，人一生下来就不得不承担责任，这一责任的必

---

① 〔法〕德里达：《马克思的幽灵：债务国家、哀悼活动和新国际》，何一译，第1~2页。
② 〔英〕莎士比亚：《哈姆雷特》，朱生豪译，长江文艺出版社，2004，第94页。
③ 〔法〕德里达：《马克思的幽灵：债务国家、哀悼活动和新国际》，何一译，第23页。

然性在于：在没有人认罪的那一刻，由他去弥补罪过。① 因此，处于生死之间、为幽灵复仇就成为哈姆雷特的命运。

2. 从空间上看，它处于可见与不可见之间

幽灵在德里达的二元论思想中，存在于"在场与不在场、实在性与非实在性、生命与非生命性之间"②，但它的本质还是不在或不可见。

> 幽灵，正如它的名字所表明的，是具有某种频率的可见性，但又是不可见的可见性。并且（这一）可见性在其本质上是看不见的，这就是为什么它一直存在于现象或存在之外。那幽灵也是人们所想象出来的东西，是人们认为他看得见并投射出来的东西——投射在一个现象的屏幕上，在那里看不见任何的东西，有时甚至没有屏幕……③

随着某人的逝去，他/她总会消失于一个实在的生活背景和生活结构中。可以说，这一消逝（从可见到不可见）在世界上比比皆是。夏多布里昂在《墓畔回忆录》中较为形象地描述了一个个社交圈的建立和消逝，从中可以看到人类关系之永恒延续的不可能性，即我们的身后存在无法避免的遗忘，我们的家庭中也存在一些无法挽救的沉默和不可见。

> （外婆家）是我一生当中接触的头一个社交圈子，也是头一个在我眼前消逝的社交圈子。我看见死亡走进这个宁静的、上天赐予的家庭，使它逐渐变得冷清，将房间的门一扇接着一扇永远地关上。我看见我外婆因为没有人陪伴，不得不放弃玩纸牌；我看见这些经常聚会的朋友人数越来越少，一直到我外婆自己也最后倒下的那天……我可能是这些人存在过的唯一见证。从那个时候开始，我无数次观察到同样的事情；无数个社交圈子在我周围形成和解散。④

夏多布里昂的记录让这些不可见变得可见。他作为那些人存在过的唯一见证人，承担了一种拯救的工作。而世界上尚存在更多的沉默和归于尘

---

① 〔法〕德里达：《马克思的幽灵：债务国家、哀悼活动和新国际》，何一译，第22页。
② 〔法〕德里达：《马克思的幽灵：债务国家、哀悼活动和新国际》，何一译，第14页。
③ 〔法〕德里达：《马克思的幽灵：债务国家、哀悼活动和新国际》，何一译，第103页。
④ 〔法〕夏多布里昂：《墓畔回忆录》上卷，程依荣译，东方出版社，2005，第18页。

土的遗憾，有些沉默带着极大的不义，例如，哈姆雷特的亡父之灵。因此，让不可见变成可见，尚需我们寻找到更多的方法，但前提是，我们必须更清晰地认识幽灵及其存在的条件。

3. 幽灵具有难以描画性以及不可简约性

哈姆雷特的父王或夏多布里昂的外婆的社交圈子的消失，都是某种无法愈合/弥补的创伤，这两个事件也给出了创伤记忆的另一个重要特征，即难以描画和不可简约性。

通常的简约性做法是，对所描述之物给出一个清晰的界定，类似于办案过程中所需要的证据。而幽灵的不可见特征使得我们难以在实证主义和操作层面上来证明它的可见性。幽灵的不可见性，正如同人们所说的"正义在我心中"一样，此时这个"正义"的物证往往不足，即我们心中都知道那个事情发生过，那个东西是真实的，但是当律师或法庭向我们要证据时，我们感到了无力甚至绝望。而对证据的具象化要求，也是那些看不见的东西遭受忽视的一个原因。在某种程度上，这让人们形成了一种偏见——"我们得有证据"，就如同科学范式的基本要求一样，它需要证据去证明一个东西；当这套东西做到极致时，对证据的要求就变成了一种八股和教条形式，从而阻碍了真实的表达。如果人们已经意识到这一问题，但还是坚持原来的做法，由此形成的固执就会加深对我们自身的伤害，从而形成创伤记忆。德里达指出，正义的问题常常超出法律范围①，但它又常常被简约为法律-道德原则，以及规范或表征。② 在这个意义上，简约化的做法就是一种暴政。

可以说，难以描画和不能简约的幽灵有赖于一种弥散性思维，如此，幽灵才能得到部分表达。这种弥散化的描画适用于一切不能简约的东西，如既不能简约为一种结构，也不能简约为一种学说的林奕含式的创伤，③ 这种表征为个人性创伤，就是一种不可见也不容易描画的幽灵，它有时来自人们内心所发生的战斗。如果林奕含不写下这么一本书，我们又怎能去理解她的境遇和她的创伤？这一不可见的部分需要一种书写和一种诉说，但这种书写和诉说又经常在现实中被扼杀。人们惯常使用的扼杀手段是对受害者的污名化处理，这导致这部分不可见被第二次、第三次乃至第 N 次强

---

① 〔法〕德里达：《马克思的幽灵：债务国家、哀悼活动和新国际》，何一译，第 27 页。
② 〔法〕德里达：《马克思的幽灵：债务国家、哀悼活动和新国际》，何一译，第 29 页。
③ 林奕含：《房思琪的初恋乐园》，北京联合出版公司，2018。

暴。对于林奕含式的创伤,如果以"贞操观"去理解,就是一种简约化的处理方式,因为创伤存在着某种"不可简约的异质性,一种在某个方面的不可翻译性"①;德里达指出,只有异质性才能为理解打开前景。

　　法国文学批评家莫里斯·布朗肖指出,"对未定的或不确定的问题,有赖于今天或昨天的读者按照他们的观点对发生的事给予不同的说明,由此可以填补那些日益被挖空的空白"②,这就如同在"二战"尾声中的奥斯维辛,作为战犯的德国士兵、历史学家科泽勒克面对原集中营的波兰男子举起的那个要摔下来的小板凳时,其内心所受到的震撼及理解一样。在那一刻,科泽勒克相信了这样一个事实:德国人确实用毒气杀害了数百万关押在集中营的囚徒。事情的经过是这样的:科泽勒克被苏联士兵俘获,并被关押在奥斯维辛集中营,起初很多德国士兵认为用毒气杀人不过是苏联方面的宣传谎言。作为囚犯的科泽勒克被一个原集中营的波兰籍男子催促干活。有一次,这名看守抄起一个小板凳,把它举到空中,但在他就要把这个板凳朝科泽勒克砸下去的时候,却突然停住了,说:"我砸你的脑袋有什么用,你们曾经用毒气杀人,杀了好几百万!"然后把板凳朝屋角扔去,板凳被摔得粉碎。在这一刻,科泽勒克顿悟般知道了真相:"我一下子全明白了,他说的是实话:用毒气杀人,杀了好几百万,这不可能是捏造。"③

　　这一记忆被科泽勒克描述为久驻身体内部的"像炽热的岩浆一样凝结的经历"。他的"确信"没有经过各种可用于"呈堂证供"的资料证实,仅凭科泽勒克的身体感受,便洞悉了"真相"。这看起来就像一种神秘的身体体验,却是我们现实生活中普遍存在的真实。很多事件的"真实",是无法找到"证据"来证实的,但是有些人可以凭借一些特殊的身体经验,加上现场情境等因素的激发而感受到它们:"在这些经历中,有许多都不能转换成真实可信的回忆;可是一旦转换了,那它们就是基于自己的感性存在的:气味、味道、声响、感觉和周围可见的环境……"④ 在科泽勒克的故事中,这种"神秘"的身体体验来自差点砸到他头上的那个小板凳所拥有的"万

---

① 〔法〕德里达:《马克思的幽灵:债务国家、哀悼活动和新国际》,何一译,第34页。
② 转自〔法〕德里达《马克思的幽灵:债务国家、哀悼活动和新国际》,何一译,第31页。
③ 〔德〕阿莱达·阿斯曼:《回忆有多真实?》,〔德〕哈拉尔德·韦尔策编《社会记忆:历史、回忆、传承》,季斌等译,北京大学出版社,2007,第59页。
④ 〔法〕阿莱达·阿斯曼:《回忆有多真实?》,〔德〕哈拉尔德·韦尔策编《社会记忆:历史、回忆、传承》,季斌等译,第59页。

钩之力"①。在这一案例中，我们找不到证据，但真实性就在这一体验中，所谓"公道自在人心"大体就是这一意涵。

4. 幽灵是一种哀悼，同时也意味一种债务

对于人世间普遍发生的生与死，作为后代的我们对逝去亲人/前辈的追悼，往往也是一种良心上的亏欠和债务感的体现。例如《追忆似水年华》中的普鲁斯特第二次来到巴尔贝克后，他对去世一年多的外祖母有无限的怀念和愧疚。

> 我拉下蓝色窗帘，只透进一线阳光。转瞬间，我又看到了外祖母，她还是那副模样，坐在我们离开巴黎去往巴尔贝克的那列火车上，当时，她见我喝起啤酒，很是生气，实在看不下去，索性闭上眼睛，假装睡觉。过去，外祖父饮白兰地酒，我外祖母就很痛心，我看了都于心不忍，可此刻，我自己却让她为我痛心，不仅当着她的面，接受他人邀请，喝起她认为对我致命的饮料来，而且还硬要她让我喝个痛快；更有甚者，我还借酒发火，借胸闷发作，非要她为我助兴不可，非让她为我劝酒不可，她那副无奈屈从的形象历历在目，只见她默不作声，悲观绝望，目不忍睹。②

普鲁斯特的这种悔意是在亲人过世后最容易发生在我们身上的一种情感，却也是人世间最无力去弥补和交流解释的愧疚。斯人已逝，生者唯有因良心不安而引发哀悼而已。

说它是一项需要偿还的债务，是因为我们绕不开它：它在注视着我们，而我们必须经受这一目光的洗礼，就如同哈姆雷特面对父亲亡灵发出的指令一样——"你要是对这件事不采取行动，那就比遗忘川夹岸臭烂的莠草更要迟钝了"③。

> 所有的亡灵在这里好像都来自地下并且还要回到地下，来自地下

---

① 〔法〕阿莱达·阿斯曼：《回忆有多真实？》，〔德〕哈拉尔德·韦尔策编《社会记忆：历史、回忆、传承》，季斌等译，第60页。
② 〔法〕马塞尔·普鲁斯特：《索多姆和戈摩尔》，《追忆似水年华》第4卷，许钧、杨松河译，译林出版社，2012，第176页。
③ 〔英〕莎士比亚，《哈姆雷特》，朱生豪译，第1幕。

犹如来自一个被埋葬的隐蔽处（腐殖土和软泥，坟墓和秘密监狱），回到地下犹如回到最低的、卑贱的、潮湿和丢人的地方。我们必须经过这里，我们也要经过这里……即便它既在那里又不在那里，你也会感到，那幽灵，正在观看……它在监视、观察、凝视那些旁观者和盲目的预言家，但你看不见它在注视，它隐在其带面甲的盔甲下……①

这个哀悼还不能无限沉浸于忧伤，它还需要还债的行动，而还债的前提是"解锁"，即了解幽灵的秘密。如哈姆雷特的亡父之灵"已经掌握了某种的秘密"，这个鬼魂一直催促活着的人尽最大可能去思考和行动。

5. 幽灵的作用与驱魔

德里达指出，传统的学者不愿意相信鬼魂的存在，也不愿相信可称作幽灵的虚幻空间的所有一切。但鬼魂力量之强大就好像它不是一个真实的错觉或幻影，它比人们轻率地称作活生生的在场的东西要更为真实。②

幽灵有以下作用：第一，哀悼，试图使遗骸本体化，使它出场，并且首先是通过辨认遗体和确定死者的墓地；第二，哀悼的过程会导致一些精神的生成；第三，幽灵的运作也就是某种变革的力量。③

但是，现实中有人拒绝或试图消弭这种力量，其中驱魔就是一种。驱魔以一种念咒的模式反复说那死者的确已死去。但是，驱魔常常是无效的，因为死者/幽灵更为强大。"灵验的驱魔法故作姿态地宣告那死亡仅仅只是为了造成死亡……但没有什么比期望死者的确死了这件事还要不可靠……死者常常比生者更为强大。"④

二 记忆幽灵的挖掘方法

幽灵不仅意味着死者的形象，如哈姆雷特的父亲，还包括生者的记忆中那部分被隐藏、被埋葬或被压抑的记忆。本文所言的记忆的幽灵指记忆的被压抑和被隐藏，而探索这类记忆，就要探索挖掘它的方法。

那么，记忆是怎样具有幽灵性的，记忆与幽灵间的关系如何？

---

① 〔法〕德里达：《马克思的幽灵：债务国家、哀悼活动和新国际》，何一译，第94、102页。
② 〔法〕德里达：《马克思的幽灵：债务国家、哀悼活动和新国际》，何一译，第13~14页。
③ 参见〔法〕德里达《马克思的幽灵：债务国家、哀悼活动和新国际》，何一译，第11页。
④ 〔法〕德里达：《马克思的幽灵：债务国家、哀悼活动和新国际》，何一译，第48~49页。

其一，幽灵与阿莱达·阿斯曼提及的"潜伏的记忆"①密切相关，它是某种残片，还没有被意义的光线照亮，但也没有被遗忘和压抑完全排挤掉。阿莱达·阿斯曼在"存储记忆"的概念下，对这一状态做了比较充分的讨论。她指出，有一类作家如德·昆西、弗洛伊德和普鲁斯特等都坚信，那些在心理上被埋葬的东西是可以起死回生的，而只是需要等待一个生与死之间的决定性时刻。

这些记忆如同幽灵一样，不仅保持了一种神秘性或曰不可简约性，还保持记忆本身的"不可通达性和不可支配性"②，例如，普鲁斯特对小玛德莱娜点心的记忆模式，对于这类潜藏在身体中的记忆的起死回生，理性的力量往往是无用的代名词。对于往事，"我们想方设法追忆，总是枉费心机，绞尽脑汁都无济于事"，而我们是否碰到它，也全凭偶然，"说不定我们到死都碰不到"③。对小玛德莱娜点心的记忆的"起死回生"，来自对相似的"气味和滋味"的唤起。

> 即使物毁人亡，久远的往事了无痕迹，唯独气味和滋味虽说脆弱却更有生命力；虽说虚幻却更经久不散，更忠贞不贰，它们仍然对依稀往事寄托着回忆、期待和希望，它们以几乎无从辨认的蛛丝马迹，坚强不屈地支撑起整座回忆的巨厦。④

其二，记忆的幽灵与招魂之间存在密切关系。招魂也是一种起死回生术，即通过越过时间的深渊，新的唤醒旧的，活着的人唤醒死者。⑤怎样才能使过去的时代起死回生？这正需要一个工程，推倒的纪念碑里仍然住着旧时的幽灵，等待着被解放，就如同哈姆雷特亡父的灵魂一样，这是一种"没有得到满足的遗忘"，即不得安息的死者，他们或者被谋杀因没有得到埋葬，最终借尸还魂，或者以鬼魂的形象返回。⑥如果后人处理不妥的话，

---

① 〔德〕阿莱达·阿斯曼：《回忆空间：文化记忆的形式和变迁》，潘璐译，第178~179页。
② 〔德〕阿莱达·阿斯曼：《回忆空间：文化记忆的形式和变迁》，潘璐译，第179页。
③ 〔法〕马塞尔·普鲁斯特：《在斯万家那边》，《追忆似水年华》第1卷，李恒基、徐继曾译，第47页。
④ 〔法〕马塞尔·普鲁斯特：《在斯万家那边》，《追忆似水年华》第1卷，李恒基、徐继曾译，第49~50页。
⑤ 〔德〕阿莱达·阿斯曼：《回忆空间：文化记忆的形式和变迁》，潘璐译，第191页。
⑥ 〔德〕阿莱达·阿斯曼：《回忆空间：文化记忆的形式和变迁》，潘璐译，第194页。

它就可能成为一股破坏的力量。

综上,通过对幽灵与记忆间交互关系的进一步描述,不仅可以更明确幽灵的时间意涵,还可以观察它的运动和过程(即如何从死到生)。

如果关键记忆被压抑、被隐藏,于个人而言,就可能会呈现一种精神疾病的状态;于政治而言,就可能就是一种不成熟、有缺陷的政治。一般的看法是,抒发被压抑的记忆,是个人和社会精神健全之路。这是来自心理分析学派的启示。弗洛伊德精神治疗法中,受压抑的自我呈现为一种病态,治疗的方法是让患者释放自我,然后找回自我认同,把残缺的那部分弥补回来。例如,在实施让退役军人重新回归社会的项目时,人们会发现他们的心理障碍表现为失忆、失眠、失明、失聪以及丧失方向感等症状,而这些身体上的综合征都可以在被压抑的情感中找到原因。在战争中受创伤的人都受到某些回忆的压迫,而且回忆的分裂导致过去变成"不可通达"。通过催眠等方法将恐惧场景重现,就可以释放出这种记忆,消除强烈反应,让这些士兵"重拾男子气概"。①

在社会层面,人们普遍认为,被压抑的群体状态不利于社会重建。譬如,耶尔恩·吕森对"二战"后德国社会心态做过讨论,他提及的三代人对战争的记忆状态,就是从压抑逐渐过渡到释放压抑的过程。② 第一代人是亲历战争和重建家园的一代人,他们的记忆特点是典型的压抑记忆,对过去采取"心照不宣"策略——不予讨论,甚至有人对纳粹大屠杀做出了否定性记忆,而这事实上会导致一种根本上的认同危机,因为塑造德国人自我认同的那部分传统文化资源被纳粹拿去用掉了,随着第三帝国的覆灭,人们难以再遵照传统的方式塑造自我认同和社会认同。这一时期人们的认同必然是一种对破碎和拼接的认同。政治上的不予讨论在政策上或许是成功的,但在文化方面则要付出巨大代价。在政治上不讨论过去,不等于这个过去就不存在,在人们的感情层面,过去是抹不掉的。这种处理方式造成的沉重负担影响了战后的第二代人,他们必须在批判父辈的过程中重新建构自我认同,于是,他们形成了与大屠杀受害者一样的自我认同。战后的第二代人把自己定位于与纳粹历史无关系的位置,他们也铲断了自身存有的德国历史的特殊性根基;同时,这段历史也就失去了约束作用及其在

---

① 〔德〕阿莱达·阿斯曼:《回忆空间:文化记忆的形式和变迁》,潘璐译,第 319~320 页。
② 〔德〕耶尔恩·吕森:《纳粹大屠杀、回忆、认同——代际回忆实践的三种形式》,〔德〕哈拉尔德·韦尔策编《社会记忆:历史、回忆、传统》,季斌等译,第 179~189 页。

传统中的地位。这是一种脆弱的认同,因为它没有释放被压抑的德国历史特性。

耶尔恩·吕森认为,第三代人是自我释放的一代人,其特征是坦诚接纳与犯罪者的亲密关系,复原整体的德国历史文化,甚至有德国人提出把纳粹大屠杀纳入德国人自我认同的历史范畴,例如,一些第三代人把大屠杀说成是"我们的罪行":"我们德国人组织和实施了大屠杀",这个罪行也是我们个人的耻辱,而不仅是抽象国家的罪恶。他们认真而诚恳地理解自己身为德国人的真实处境;同时,不同代际开始和解。如此,过去的错误——这个幽灵性记忆,不再被压抑和被隐藏,而是成为德国人建构身份认同的一节链条,一个发挥作用的重要因素。有人意识到,不能扯断过去,而应该恢复全部的过去,从而从认同的不稳定状态走向认同的稳定结构。这也是与自己和解、与民族和解的手段,如此代际关系才会正常化。释放过去的"恶"的幽灵和正确对待、处理它,也要认同这样的观念,那就是一个正常的社会是一个有着悲伤回忆的社会,是一个不仅重视当下和未来还正视过去的社会。

如上所述,理论家们认定,"那些长眠在尘埃中的东西有重生的可能性"[1],而且关键记忆也有重生的必要性,它对于建构人类的身份认同是重要的。那么如何去辨明那些未能显现的幽灵性记忆,或如何去接近记忆的幽灵?阿莱达·阿斯曼说,"心灵考古学"是我们搜索不受重视的记忆的一个概念和方法论,如同弗洛伊德所说:"即使那些好像完全忘记的东西,也以某种方式在某处存在着,只是被埋没了,并且不受个人支配了。"[2] 通过某种方式,这些过去还可以再现。

弗洛伊德将心理分析师的工作类比为考古学,它们都是通过补充和拼接保存的残迹而重构过去:考古学能够从残留的墙基构建出墙体,可以从地上的坑洼确定柱子的数量和位置,可以从瓦砾中找到的残片重建当时墙壁的装饰和壁画,分析者也是这样,他可以从分析对象的记忆碎片、联想与表达中得出结论。[3]

在找寻幽灵性记忆中,挖掘方法与本雅明的"无名牺牲者"和瓦尔堡

---

[1] 德·昆西语;转自〔德〕阿莱达·阿斯曼《回忆空间:文化记忆的形式和变迁》,潘璐译,第179页。
[2] 〔德〕阿莱达·阿斯曼:《回忆空间:文化记忆的形式和变迁》,潘璐译,第179页。
[3] 〔德〕阿莱达·阿斯曼:《回忆空间:文化记忆的形式和变迁》,潘璐译,第178页。

的"死后余生"(after life/nachleben)相呼应。"无名牺牲者""死后余生"的目的是对逝者的诉求或对他们声音的追索。[1] 面对"时间把痛苦深深地掩埋",总有人期盼有一束光去重新照亮过往(如本雅明等人),从而去寻找幽灵性记忆,"唤醒被时间遗忘的东西",找出"记忆的窃贼",追问是谁"隐藏了它",阻止单一性时代的到来,因为对逝者的回应就是要承担起这份责任。[2] 其中"挖掘"也是本雅明的一个关键性概念,它是考古现实、揭露历史文化教条的一种有效方法。本雅明认为,一些过去没能在宏大的历史叙述中得以保存,但它们在"历史想象"(historical imagination)的遗迹的边角料中得以存在,如碑文、"小物件"(novelties)、街灯、建筑等,这些蛛丝马迹是今天追溯亡灵的线索。瓦尔堡的"图像学"(iconography)对一些特别的细节、神秘之物格外关注,"历史废弃物"(refuse of history)因此也有了新用途。[3]

瓦尔堡的"死后余生"概念也是探寻幽灵轨迹的一种方法。在此,本雅明的挖掘思想有了更加具体的含义,即"在'现在'发现'过去'的来生"。瓦尔堡认为,在文化表相的微小细节中,我们能够看到过去的结晶,即过去的今生在当下得以呈现。不过,图像在从过去到现在的历史转换中,并没有一个清晰的轨迹,但有着多样性的转换轨迹,后者改变了原始图像的价值。这也是"图片记忆学"(pictorial memory)的特征。[4]

如何去接近记忆的幽灵/幽灵性记忆?其实阿莱达·阿斯曼有一种更便捷的方法,那就是去垃圾场,那里充满了被抛弃、被贬抑的生命。这个理念来自阿莱达·阿斯曼对记忆的分类:存储记忆和功能记忆。显然垃圾是一种存储记忆,垃圾之所以被抛弃,就因为看不出它的实际用途。正如阿莱达·阿斯曼指出的,现在看不出它的用处,不等于它一直毫无用处。一些在过去或现在是垃圾的信息,在未来没准就是宝物,这种情形并不少见。

---

[1] 〔加〕弗莱切:《记忆的承诺:马克思、本雅明、德里达的历史与政治》,绪论,田明译,华东师范大学出版社,2009,第1页。

[2] 〔加〕弗莱切:《记忆的承诺:马克思、本雅明、德里达的历史与政治》,绪论,田明译,第2~3页。

[3] 详见 Christian J. Emden, "'Nachleben': Cultural Memory in Aby Warburg and Walter Benjamin," *Cutural Memory Essays on European Literature and History*, by Ediric Caldicott, Anne Fuchs, eds., Oxford: Peter Lang, 2003, pp. 209-224。

[4] 详见 Christian J. Emden, "'Nachleben': Cultural Memory in Aby Warburg and Walter Benjamin," *Cutural Memory Essays on European Literature and History*, by Ediric Caldicott, Anne Fuchs, eds., pp. 209-224。

阿莱达·阿斯曼提到一部小说，在该小说中，一名饱受战争创伤折磨的士兵寻求治疗之方法。① 治疗师是一位印第安老人，他使用的治疗工具就是废弃之物，这些被肆意抛弃的废弃之物意味着过去，包含着一个个活生生的故事，呈现过去和现在之间的张力，过去无法和现在接续导致人们发生精神障碍，而克服精神障碍的一个方法便是找回过去，这些过去不仅是弗洛伊德所说的被压抑的过去，还是被现行制度和体制抛弃、视为垃圾的过去，这些过去富含着人们自我认同的资源。这就是我们关注存储记忆和垃圾的意义。

拾荒者的形象暗示了人类苦难，对这个问题的思考关涉"人类的苦难该如何表述"的问题。阿莱达·阿斯曼认为，波德莱尔明确了档案和垃圾的相似性，把拾荒者归为收藏者的类型中。② 拾荒者故事的隐喻是，世界已经破成了碎块，拾荒者的任务就是重新把它拼在一起。西方的创世纪故事认为，人本身就是一个堕落的创造物，在摔下的过程中，没人能把它再拼在一起。拾荒者的工作包含了这一努力，尽管被触碰到的垃圾仅为一小部分，"少数东西后来被尖嘴锄、发掘者的毛刷和拾荒者的铲子碰到，它们是组成诗歌的材料"③。尽管过去创伤完全治愈是不可能的，但拾荒者的隐喻给了我们希望。

陶东风讨论了见证文学作为创伤记忆的挖掘方式问题。④ 他认为，那些勇于正视过去和书写过去的见证者，由此获得了反思社会危机的能力，认识到了造成社会危机的根源，之后才有了我们思考这些社会危机的意义。按照杰弗瑞·亚历山大的文化创伤理论，经过反思的创伤记忆才能被建构成文化创伤。通过见证，社会危机被当作集体创伤加以再现和传播，见证者本人也具有了传播正义的榜样力量，例如，巴金的"文革"书写就是在解剖自己，弄清"浩劫"的来龙去脉，这便有助于改正错误、防止错误再次发生，不让子孙后代再次蒙受类似灾难。

见证文学的挖掘过程，也是创伤的再建构过程。在这个意义上，挖掘的行为也是创伤的文化记忆再建构的过程。通过这种见证行为，一方面保存了过去的伤痛的真相，另一方面打破了亲历者的孤独和封闭，并与他人

---

① 〔德〕阿莱达·阿斯曼：《回忆空间：文化记忆的形式和变迁》，潘璐译，第447页。
② 〔德〕阿莱达·阿斯曼：《回忆空间：文化记忆的形式和变迁》，潘璐译，第446～449页。
③ 〔德〕阿莱达·阿斯曼：《回忆空间：文化记忆的形式和变迁》，潘璐译，第472页。
④ 陶东风：《文化创伤与见证文学》，《当代文坛》2011年第5期。

建立联系，从而获得拯救（即意义修复）的机会。

创伤记忆可以被多种载体呈现，除见证文学外，还有纪念碑、纪念馆，甚至博物馆。当然，也有人认为，后者是一种封存创伤记忆的行为，而不是挖掘的行为；挖掘在某种意义上，是让被隐藏的过去（细节）大白于天下的过程。广义上的创伤记忆的挖掘行为，在很大程度上，就是记忆的再建构行为，这也是见证文学挖掘的创伤记忆带给我们的启发。

小　结

幽灵和记忆之间的关系十分密切。可以认为，幽灵就是一种创伤记忆，它具有在生与死、可见与不可见之间以及不可简约性、哀悼/债务等诸多特征。记忆的幽灵不仅意味有德里达提到的死者形象，如哈姆雷特的父亲，还包括生者的记忆中那部分被隐藏、被埋葬或被压抑的记忆。因此，记忆的幽灵就是一种有待发掘的潜伏着的记忆，它需要一个由死到生的契机。通过探讨记忆与幽灵之间的关系，不仅可以更明确幽灵的时间意涵，还可以观察它的运动和过程。如果记忆的幽灵被压抑、被隐藏，于个人而言，可能会呈现一种精神疾病的状态；于政治而言，可能就是一种不成熟、有缺陷的政治。因此，释放被压抑的记忆，是个人和社会的健全精神、完善政治之路。为了这一目的，我们需要去接近和辨明幽灵性记忆，让它有倾诉的渠道。在弗洛伊德精神治疗法下，这种方法就是"心灵考古学"，具体的手段是挖掘，它又与本雅明的"无名牺牲者"和瓦尔堡的"死后余生"相呼应。在很大程度上，探讨记忆的幽灵，就是关注那些被遗失的痕迹。而如何找寻失去之物的遗迹呢？垃圾场是一个十分形象的隐喻，它意味着重新抚慰那些被抛弃的、被贬抑的生命存在。见证文学也是一个找寻创伤过去的途径，它同时也是一个文化记忆再建构的过程，这里面暗示了人类自我拯救的方法。可以说，幽灵性的记忆或记忆的幽灵内在于我们自身，同时也是文明/文化的一个镜像，在它们之中也包含了人类的自我救赎之道。

文化记忆：语言与情感启蒙

杨 磊 林倩翼[*]

摘 要 文化记忆理论对功能记忆和存储记忆的区分，接续了启蒙哲人在宗教改革后对欧洲的重建。更为准确地说，文化记忆理论是对情感启蒙的重写，这同样源于启蒙时代。不过，文化记忆理论误读了启蒙哲人对语言（文字）的观点，没有意识到在某种程度上，自启蒙时代以来，语言启蒙和情感启蒙是同构的，这可以归结于民众对民族语言，也就是"我们的语言"的形式的爱。

关键词： 文化记忆 情感启蒙 语言

Abstract The distinction of functional memory and stored memory in the theory of cultual memory, continues the rebuilding of Europ by the enlightenment philosophiers. More precisely, theory of cultural memory is a rewriting of the enlightenment of emotion, which also originated in the age of enlightenment. But, theory of cultural memory has misread the view of enlightenment philosophiers on language (written language), and failed to realize that, to some extent, the fact that the enlightenment of language and emotion has been isomorphic over time. This can be attribute to the people's love for the form of the national language, that is, our language.

Key Words cultural memory; the enlightenment of emotion; language

文化记忆理论着力探讨了媒介之于文化记忆的作用："一个时代与过去的

---

[*] 杨磊，云南大学文学院副教授；林倩翼，昆明理工大学马克思主义学院硕士研究生。

关系在相当程度上取决于它们和文化记忆的媒介的关系。"① 在诸种媒介中，别具一格的语言（包括文字）这种媒介则具有相当的重要性："在字母上附着的想象、希望和失望对于近代文化记忆的结构转型是一个重要的索引。"② 这意味着语言所具有的独特性质，或隐或显地影响了后人对过往的回忆及其方式，也改变了回忆的人身处其中的文化与世界。简单地说，是语言构造了人和他所处的世界。这正是启蒙哲人共同接受的一个观点：习得语言的人才能成为政治动物。文化记忆理论扬弃了这个观点，对功能记忆和存储记忆的区分，使文化记忆理论更关注个体和记忆之间的情感联系，而不是二者之间的普遍联系。这或许意味着文化记忆理论实质上是对情感启蒙的继承和重述。

一

扬·阿斯曼讨论了语言这种重要的媒介，他援引亚里士多德的经典理论来界定人这种政治动物：

> 人类与其他群居动物的区别在于，人还会使用语言。人是 "zoon logon echon"，即拥有语言的动物。亚里士多德对人的这两个定义之间存在紧密联系：对于建构集体来说，语言是最重要的工具。集体是建立在一些社会交往形式上的，而语言使这些方式成为可能。③

他认为，亚里士多德把语言当作人类群体得以形成的最初的媒介。④ 这表明，他其实隐晦地改变了亚里士多德的观点，后者明确认为，人是天生的政治（城邦）动物。⑤ 扬·阿斯曼的这种观点是现代的，它大概始于霍布斯。霍布斯修改了对人的自然本性的看法，⑥ 并在18世纪启蒙哲人那里得到响应，形成了得到普遍认同的观念：语言是人之为人的自然本性，只有习得语言，人才能成为政治动物。

---

① 〔德〕阿莱达·阿斯曼：《回忆空间：文化记忆的形式和变迁》，潘璐译，北京大学出版社，2019，第229页。
② 〔德〕阿莱达·阿斯曼：《回忆空间：文化记忆的形式和变迁》，潘璐译，第201页。
③ 〔德〕扬·阿斯曼：《文化记忆》，金寿福、黄晓晨译，北京大学出版社，2015，第144页。
④ 〔德〕扬·阿斯曼：《文化记忆》，金寿福、黄晓晨译，第154页。
⑤ 〔古希腊〕亚里士多德：《政治学》，吴寿彭译，商务印书馆，1965，第7页。
⑥ 〔英〕霍布斯：《利维坦》，黎思复、黎廷弼译，商务印书馆，2011，第18页。

启蒙哲人之所以谈论语言，是因为他们面临着重构欧洲的重任。最迟从宗教改革开始，天主教所主导的欧洲就四分五裂了。17世纪末，因《南特敕令》的废除流亡荷兰的宗教改革派试图建立新教的"罗马教廷"，但徒劳无功。究其原因，就是新教有一种反抗外在力量干预信仰、争取个体权利的意识。这为重构一个统一的欧洲带来了极大的困难，但也孕育了一种依靠个体来重构欧洲的方式，它将在漫长的18世纪落地、成熟，按照沃格林的说法，这是以民族的神秘体取代了基督的神秘体。[1] 这个替代过程的实现，所仰赖的正是上文所说的语言。

更具体地讲，这包含了两个方面的问题。第一，什么样的社会才是好的政治社会？第二，如何才能抵达这一社会？扬·阿斯曼显然领悟了这一点：

> 所有民族主义的复苏运动都要先唤醒一段有关过去的回忆，这个过去与当下存在着显著差异、代表着真正值得被重新恢复的状态、是一个拥有自由和自决权的时代；要重新回到这个过去，就要打破"外族统治的桎梏"。[2]

他所强调的"值得被重新恢复的状态"，是维柯、卢梭和赫尔德理论意义上的自然状态。启蒙哲人几乎都探讨过自然状态，在他们看来，只有洞悉了自然状态的奥秘，才能获悉何为好的政治社会以及到达的途径。启蒙哲人对自然状态的理解不尽相同，但有一点是可以肯定的，那就是他们都认为原始先民的生活是值得效仿和追寻的美好生活。维柯和赫尔德进一步将之发挥为源自本民族传统的政治生活，才是自由的、美好的生活。他们认为，诗性语言是抵达这一状态的最佳选择。

沃格林认为，维柯的"《新科学》是一次旨在恢复精神秩序的尝试"[3]，这首先体现在维柯对诗性智慧的阐释中。上文提到，语言是人之所以为人的自然本性已经成为共识。基于此，在尝试理解人类的自然本性和是什么将他区别于动物时，语言的起源问题也就成立基本问题。[4] 在《新科学》

---

[1] 〔美〕沃格林：《政治观念史稿》第六卷，谢华育译，华东师范大学出版社，2019，第81页。
[2] 〔德〕扬·阿斯曼：《文化记忆》，金寿福、黄晓晨译，第80页。
[3] 〔美〕沃格林：《政治观念史稿》第六卷，谢华育译，第108页。
[4] H. Aarsleff, "An Outline of Language-Origins Theory Since the Renaissance," in *Annals of the New York Academy of Sciences*, 1970, No.1, p.4.

中,维柯把原初的语言命名为"诗性语言","各种语言和文字的起源有一个原则:原始的诸异教民族,由于一种已经证实过的本性上的必然,都是些用诗性文字来说话的诗人"。它的来源有二:"一是语言的贫乏,另一是旁人了解自己的需要"。① 维柯笔下的"诗性语言"有别于今人的理解。诗性智慧是一种创造性智慧,是原始人面对最初的世界时表现出来的全部的能力(包括想象力)和完整的状态。诗性语言因而既是原始人的所有表达方式,也是他们创造世界和事物的所有方式。

赫尔德也讨论了语言的起源。目前不能确定赫尔德是否阅读过维柯的著作,但他已经处在维柯开创的精神传统之中。另一位探讨过语言起源问题的是卢梭,尽管他同样认为最初的语言是诗人的语言,但他的观点遭到了赫尔德的驳斥。赫尔德指责卢梭把人当成动物。② 赫尔德认为,自然把人构造为语言的使用者,③ 语言起源于人的悟性这种自然禀赋。在起源状态中,语言是不完善的,但这是语言充满生机的重要动因。这种生机被赫尔德总结为"倒置"(inversion),它既是一种原始语言的技艺,由原始人的生活所孕育,也反映并构造了原始人的生活。④ 这里尤其要注意的是赫尔德对语言形式的强调。他认为"语言乃是我们人类种属外在的区分特征,正如理性是人类的内在区分特征一样"⑤,这要归功于语言的形式,表达形式"能训练我们的母语,是我们的逻辑的第一位教师"⑥。

对上述观点,阿斯曼夫妇或许只会同意一半。扬·阿斯曼区别了语言和文字,语言常常被理解为口头表达并致力于传承,⑦ 文字却不仅会形成旧与新之争,还会引发遗忘。⑧ 这说明,他并不在意语言/文字的形式以及它自身具备的意义。阿莱达·阿斯曼注意到了文字的形式,也看到人文主义者对此的肯定,但仍忽略这种媒介自赫尔德以来被赋予的本体属性,它的

---

① 〔意〕维柯:《新科学》,朱光潜译,人民文学出版社,1986,第 28~29 页。
② 〔德〕赫尔德:《论语言的起源》,姚小平译,商务印书馆,2014,第 20 页。
③ J. G. Herder, *Outlines of a Philosophy of the History of Man*, trans. T. Churchill, London: British Library, Historical Print Editions, 2010, p. 89.
④ J. G. Herder, *Selected Early Works, 1764 – 1767*, ed. by E. A. Menze & K. Menges, trans. E. A. Menze & M. Palma, Pennsylvania: The Pennsylvania State University Press, 1992, p. 132.
⑤ 〔德〕赫尔德:《论语言的起源》,姚小平译,第 42~43 页。
⑥ J. G. Herder, *Selected Early Works, 1764 – 1767*, eds. E. A. Menze & K. Menges, trans. E. A. Menze & M. Palma, p. 102.
⑦ 〔德〕扬·阿斯曼:《文化记忆》,金寿福、黄晓晨译,第 96 页。
⑧ 〔德〕扬·阿斯曼:《文化记忆》,金寿福、黄晓晨译,第 99~101 页。

形式自身就是思想。对于语言民族主义和寻求语言自治的族群来说，语言形式十分必要。这里的关键并非表达什么样的思想，而是用什么语言来表达。本文援引了扬·阿斯曼关于民族主义者对"自由和自决权"的追求，使用"自己的"民族语言正是对此的表征。基于此，大多数民族国家撰写、出版了正字法方面的著作，就是要使国民正确地使用（书写）自己的语言。

在印刷时代，这还有另一层含义。在此有必要先了解一下印刷术和印刷语言在民族国家形成中发挥的作用。很多研究者都把印刷术当作了中世纪分裂的重要原因，"倘若没有印刷技术的帮助，路德的改革希望很可能化为泡影，……当时已通用40年的古登堡活版印刷术成了分裂西方的物质工具"①。路德甚至为收到从南德意志流传回来的《九十五条论纲》的印刷本而不安，这完全超出了他的"初心"。但正是印刷语言为民族国家成员提供了"想象"的依据。安德森认为，印刷语言"在拉丁文之下，口语方言之上创造了统一的交流与传播的领域。……这些被印刷品所联结的'读者同胞们'，在其世俗的、特殊的和'可见之不可见'当中，形成了民族的想象的共同体的胚胎"，"通过印刷语言，他们确实逐渐能在心中想象出数以千计和他们一样的人"。② 扬·阿斯曼明确肯定"呈现为文字形式的作品本身包含被遗忘、自动消失、过时和被尘封的危险"③，然而我们却看到文字形式的相反面相：一方面它能联结不同空间中的人；另一方面它能跨越时间的限制，为回溯历史提供了物质材料。

二

印刷语言为民族国家提供了想象过去的依据，但在进一步讨论对过去的想象之前，我们需要先看看维柯等人为什么选择诗性语言，毕竟，在诗性语言观之前盛行的是机械论的语言观。这就要回溯到17世纪的欧洲。彼时，欧洲人从既定的秩序中脱离出来，远游（或者游学、流浪，也包括新教徒被放逐，等等）成为这一秩序败坏的显著表征。它带来了双重后果。一方面，远游为欧洲带来了"高贵的野蛮人"，这一想象在17世纪、18世

---

① 〔美〕雅克·巴尔赞：《从黎明到衰落》（上），林华译，中信出版社，2013，第4页。
② 〔美〕安德森：《想象的共同体：民族主义的起源与散布》，吴叡人译，上海人民出版社，2005，第43、74页。
③ 〔德〕扬·阿斯曼：《文化记忆》，金寿福、黄晓晨译，第101页。

纪之交成熟、定型；① 18 世纪初，在改宗新教的圣埃弗尔蒙的著作中，日渐清晰地体现出对各个民族独特文化、习俗和价值的承认，② 这已经是一种成熟的相对主义。另一方面，机械论世界图景也日益稳固。受其影响，诸多游记中，游子归来之后更加狂热地信奉笛卡尔主义，他们认为，包括语言在内的所有事物都应该是理性而非经验的产物。③ 法语自然而然成了这种理性化语言的代表，它是规则和语法的奴隶，不能提供任何自由。④

1708 年，维柯在开学演讲中谴责笛卡尔的独断论，他认为，几何学无法解决人文科学的问题，它应当退回到它自己的领域。他甚至看到，培育出笛卡尔这样哲人的法语，僵硬、精细、贫乏，缺乏强劲动力，这种语言适合分析而不是诗歌创作；⑤ 无独有偶，赫尔德也如出一辙地攻击法语，"法语的组织（construction）特质就是它的形而上的语序本身"⑥，"整个法语便是健康理性的散文，一开始就几乎没有诗人所特有的诗化语词"⑦。维柯声称笛卡尔式语言观诱使人们无心学习自己的语言，使相关的文化蒙受了巨大的损失。⑧ 所谓的相关文化，正是诸民族自己的文化。维柯和赫尔德用相似的方法抨击法语，目的也是相似的，都是要为自己的文化找到最初的、自然的基础。维柯因而称赞了意大利语，不同于法语的抽象和理性，意大利语是一种"永远激起形象的语言"，它哺育了诸如希罗多德、李维、薄伽丘、彼特拉克等伟大的诗人，使意大利人和他们的艺术能屹立于世界民族之林。⑨

这是把诗性语言当作了民族的自然基础，其中暗藏着这样的观点："人

---

① 〔法〕阿扎尔：《欧洲思想的危机（1680—1715）》，方颂华译，商务印书馆，2019，第 14 ~ 15 页。
② 〔法〕阿扎尔：《欧洲思想的危机（1680—1715）》，方颂华译，第 131 页。
③ 〔法〕阿扎尔：《欧洲思想的危机（1680—1715）》，方颂华译，第 27 页。
④ 〔法〕布瓦耶：《加图传》，序言；转引自〔法〕阿扎尔《欧洲思想的危机（1680—1715）》，方颂华译，第 69 页。
⑤ 〔意〕维柯：《论我们时代的研究方法》，《大学开学典礼演讲集》，张小勇译，上海人民出版社，2019，第 134 ~ 135 页。
⑥ J. G. Herder, *Selected Early Works, 1764 - 1767*, ed. by E. A. Menze & K. Menges, trans. E. A. Menze & M. Palma, p. 131.
⑦ 〔德〕赫尔德：《论语言的起源》，姚小平译，第 67 页。
⑧ 〔意〕维柯：《加姆巴蒂斯达·维柯先生的第二个答复》，《论意大利最古老的智慧》，张小勇译，上海人民出版社，2019，第 146 ~ 152 页。
⑨ 〔意〕维柯：《论我们时代的研究方法》，《大学开学典礼演讲集》，张小勇译，第 134 ~ 136 页。

类最能卓有成效地认识的领域不是物质的自然,因为正是神创造了物质的自然,也只有神才能充分地认识它。人最能认识的是历史,是人创造的'民族的世界'"。① 梅尼克继而指出,尽管后来者(如尼采)激烈批评历史主义,但历史主义仍然是西方思想中最伟大的革命精神之一,其最大的贡献就是"把崭新的生命原则应用于历史世界","用个体化的观察来代替对历史——人类力量的普遍化的观察"。② 这要求人们放弃自然科学那样的外部观察,转而从内部来理解自我和民族。但这不是说人们只需要去理解民族及其历史的演变,而是还需要去理解这个演变以及它所依赖的那个自然基础。

希尔斯将自然基础的范围扩展至"过去的伟大事件和整个时代之理想"。几乎所有的民族主义运动都依赖过去的特定境况,并把这种境况视为后人赖以建立秩序的中心。③ 虽然希尔斯认为这样的信仰发生的原因难以解释,但毫无疑问,他自己已经给出了答案:确定的过去"使生活得以沿着既定的方式进行,并根据过去的经验作出预测,从而巧妙地将预测到的事物变成不可避免的,而将不可避免的事物变成可以接受的"。④ 这也迫使人们去寻找、发掘乃至发明自己的传统——正如布莱宁在讨论浪漫主义传统时所指出的:"古代民间史诗的发掘、复兴成为一个民族必需的工作,必要的话,编造也是可以的。"⑤ 这也意味着传统有应对复杂局面的能力。在现代社会中,现代性和全球化最鲜明的症候之一就是,伴随着提高社会的理性化程度、赋予外来传统明显的优越性,以及推崇反传统的创造性等诸多举措的实施,被视为中心的自然基础遭到的损伤面也日益加大。但希尔斯认为:"中心发展了它自己的高雅文化,随着它的威力、权威和影响力的扩大,它便力图将自身的文化不同程度地强加给社会的其余部分。"⑥ 这确保了民族国家在经历变迁之时,仍能延续它那独特的、可区别于其他民族的特质。但这也带来了消极后果,如在多民族国家内,一些弱势民族并不愿意过多融合到强势民族中,他们竭力按照自己的传统来生活。这有导致民

---

① 〔德〕梅尼克:《历史主义的兴起》,陆月宏译,译林出版社,2009,第43页。
② 〔德〕梅尼克:《历史主义的兴起》,前言,陆月宏译,第2页。
③ 详见〔美〕希尔斯《论传统》,傅铿、吕乐译,上海人民出版社,2014,第224~226页。
④ 〔美〕希尔斯:《论传统》,傅铿、吕乐译,第211页。
⑤ 〔英〕布莱宁:《浪漫主义革命:缔造现代世界的人文运动》,袁子奇译,中信出版社,2017,第171。
⑥ 〔美〕希尔斯:《论传统》,傅铿、吕乐译,第271页。

族国家进一步分裂的可能。不过,希尔斯更多的是用"传统"而非"历史"一词,他或许有意区别二者。他认为,传统并非一个固定不变的整体,"它的每一个成分都要经过接受、修改或抵制这样一个过程"[1]。他令人信服地说明人们之所以保存传统,是因为人们试图并能够将之改造为符合自己愿望的东西。为了达到这一点,人们有时不惜抛弃某些传统。[2] 这暗示了希尔斯更趋向于认为历史是不可更改的。

文化记忆理论是对历史主义的扬弃。和希尔斯对历史和传统的隐秘区别相似,阿莱达·阿斯曼以为"重要的不是有据可查的历史,而是被回忆的历史"[3],她把前者称为储存记忆,把后者称为功能记忆,前者是"无人栖居"的,是"所有记忆的记忆",后者"有人栖居"的,其最重要的特点是"群体性关联、有选择性、价值联系和面向未来"。[4] 文化记忆是一种功能记忆,它是身份认同的基础。[5] 这要求一个群体必须拥有共同的过去——无论神话还是有据可查的信史,"它在时间结构上具有绝对性,往往可以一直回溯到远古,而不受一般局限于三四代之内的世代记忆的限制"[6]。文化记忆因而必然回溯到民族起源,回溯到最初的诗和诗人。但扬·阿斯曼改造了维柯的思想,在他这里,诗不再是初民的所有智慧以及它们的表象,而只是一种记忆的方式,诗人也只是保留群体记忆的人。[7] 这把启蒙哲人构造的内在于世俗的神圣彻底世俗化了。

三

认同不是自然而然的,扬·阿斯曼认为,个体和集体或文化间有两种关系,一种是归属感,一种是成员式的同属感;后者才是文化记忆关注的我们的认同。[8] 这种认同,是通过使用同一种语言——更准确地说,是语言

---

[1] 〔美〕希尔斯:《论传统》,傅铿、吕乐译,第48页。
[2] 〔美〕希尔斯:《论传统》,傅铿、吕乐译,第228页。
[3] 转引自〔德〕扬·阿斯曼:《文化记忆》,金寿福、黄晓晨译,第46页。
[4]
[5] 〔德〕阿莱达·阿斯曼:《回忆空间:文化记忆的形式和变迁》,潘璐译,第151页。
[6] 王霄冰:《文字、仪式与文化记忆》,《江西社会科学》2007年第2期。
[7] 〔德〕扬·阿斯曼:《文化记忆》,金寿福、黄晓晨译,第48、52页。
[8] 〔德〕扬·阿斯曼:《文化记忆》,金寿福、黄晓晨译,第138页。

的象征层面——来实现的。① 这种象征可以理解为一个社会的凝聚性结构得以确立的基础，是一种独特的意义。在无文字社会中，通过仪式的反复操演，"原原本本地把曾经有过的秩序加以重现"，这种意义借助"仪式一致性"确保了"文化的一致性"。这正是古代文明（如古埃及文明、古中国文明等）所注重的。② 但文字的出现破坏了这种一致性——上文曾经提到，阿斯曼夫妇认为文字的特点是造就断裂，因而当意义的传承诉诸文字以及文字所形成的文本之时，文化一致性就不复存在了。扬·阿斯曼提出的解决方法是确保文本的一致性，"文本一致性顾名思义就是架起一座桥梁，目的是克服作品在转化为文字形式以后可能引发的断裂"③。这要求文化记忆反复注释、模仿、批评奠基性文本，但这不能避免文本一致性带来的差异，因为差异和断裂是文字的原罪。从这个意义上讲，文字的有无不仅是文本一致性和仪式一致性的差别所在，还是以文本和仪式的一致性为基础的两种社会形态的分野。但扬·阿斯曼没有意识到单纯以是否有文字而不考虑文字在何种范围内被使用，并不能真正识别出社会形态的不同性质。考虑到这一点之后，就可以把仪式一致性和文本一致性所表征并塑造的两种社会形态理解为传统和现代。这意味着文本一致性带来的认同，只能是一种具有流动性的、现代的认同。

阿莱达·阿斯曼注意到从传统到现代的转换中，"民族国家爱国主义的荣誉代替了封建姓氏的神圣"④。有学者进而指出，现代社会对文化记忆的管理方式也相应地改变成"通过引导和教育的方式来培养民众的爱国心、集体观念及其社会道德感"⑤。这使我们重新回到了扬·阿斯曼"通过使用同一种语言"实现认同的说法。这种说法并不新鲜，是近代以来语言民族主义者的一贯立场，从某种意义上甚至可以说，对民族语言的追捧使之替代拉丁语或外来的强势语言，促成了现代欧洲的诞生。上文已经提过，习得（民族）语言是人走出自然状态进入政治社会的必由之路。赫尔德进而否认了语言生成的环境决定论，并把相邻民族或部落的语言差异视为家族或民族间相互仇视的产物。这并非人类的劣根性，而是人类高尚性的脆弱：

---

① 〔德〕扬·阿斯曼：《文化记忆》，金寿福、黄晓晨译，第144页。
② 〔德〕扬·阿斯曼：《文化记忆》，金寿福、黄晓晨译，第88页。
③ 〔德〕扬·阿斯曼：《文化记忆》，金寿福、黄晓晨译，第101页。
④ 〔德〕阿莱达·阿斯曼：《回忆空间：文化记忆的形式和变迁》，潘璐译，第80页。
⑤ 王霄冰：《文字、仪式与文化记忆》，《江西社会科学》2007年第2期。

人们爱自己的部落,爱自己的民族。这催生了自己的语言,也在其上维系了爱和荣誉。① 无独有偶,卢梭也提到这种情感,"没有这种感情则一个人既不可能是良好的公民,也不可能是忠实的臣民"②。但他的出发点稍异于赫尔德。卢梭痛心于现代人的德行因科学和文艺的兴起所遭至的败坏,这令他回想起古希腊时雅典虽然孕育出伟大的哲人和艺术,却毁于兵燹。他因而推崇斯巴达人的尚武精神,认为唯其如此,"爱国"才是可能的。

卢梭不是一个正宗的情感主义者,但赫尔德却是情感主义在现代盛行的最大源头之一。事实上,当维柯在用诗性语言批评笛卡尔之时,语言就已经被赋予了一种独特的、世俗的情感。但在提及启蒙运动之时,后人往往将之视为对理性的启蒙,而忽略了它对情感启蒙的一面。不同于理性主义对理性(和事物)的分门别类,情感主义把准则当作整体心灵也就是道德情感的产物。③ 从这个角度来看,认同某种身份其实是一种道德情感的评价机制发生作用的产物。基于此,我们就可以更好地理解赫尔德的观点:一群人独立于其他人共同生活在一起,同情的能力会感染所有成员,"整个国家的人民通过长时期使用共同的语言和被同样的政府统领"具有了共同的品格。④ 这就使这个群体语言成为他们的标志。

但不能将这里的语言理解为排除了文字的语言。一方面,在近代早期,宗教改革最显著的标志之一就是用地方或民族语言/文字翻译并印刷《圣经》。这一举动既表征也推动了欧洲诸民族打破拉丁语的牢笼走向自由的现代,还向我们暗示了受教育阶层和阅读公众在此时已经逐渐兴起。另一方面,印刷术作为现代世界的动因之一,既能为现代世界提供相对稳定的历史叙述,也能为其提供稳定的书写规则。在阿斯曼夫妇的论述中,我们能看到第一点,但第二点是阙如的。语言学家瓦茨克填补了这个空缺,他指出,虽然口语和书写语言(文字)能通过正字法互惠,但"毫无疑问,相当多的实例可以证明,由书面话语规范支撑的意义在交流中比由口头规范支撑的更可靠"⑤。这既得益于书写语言具有相对稳定的形式,也得益于书

---

① 〔德〕赫尔德:《论语言的起源》,姚小平译,第 113～114 页。
② 〔法〕卢梭:《社会契约论》,何兆武译,商务印书馆,2003,第 181 页。
③ 〔美〕弗雷泽:《同情的启蒙》,胡靖译,译林出版社,2016,第 4～7 页。
④ 〔美〕弗雷泽:《同情的启蒙》,胡靖译,第 175 页。
⑤ Josef Vachek, *The Linguistic School of Prague*, Bloomington & London: Indiana University Press, 1966, p. 101.

写语言有能力继承、传达和表现稳定的语法与句法规则。随着现代印刷术的普及和出版物的增多，想象诸多素未谋面的人和自己阅读、使用同一种文字，也就变得可能了。

　　这里的"想象"无疑是一种同情的想象。阿莱达在讨论回忆之时，就把"此时此刻的情绪和动机"当作了回忆（和遗忘）的守护神。不过，阿莱达看上去把这里的"情绪"简单化了，因为在她看来，情感具有明确的功能性，它只聚焦于回忆的有用和无用。[①] 我们可以进一步从积极和消极两个角度来区分阿莱达的功能记忆理论。她所强调的人或政治权力有意识地去回忆或管理回忆，是一种积极的回忆。同情的想象，可能是消极回忆的一种。我们已经提到，语言和文字（的形式层面）自身具有意义，这种意义最直接地表现为这是"我们的语言"，它有两层内涵：第一，这种语言具有奠基性，它是本民族的原初语言；第二，这种语言表现并塑造了本民族与众不同的文化与情感，唯有这种语言能够表现本民族文化与情感的晦暗幽深之处。因而，"我们的语言"不是日常语言，而是诗性语言（和艺术作品的形式）。所谓"消极"的含义则是，当人在使用"我们的语言"之时，他/她已经在无意识地回忆并理解我们的文化与情感了。

---

① 〔德〕阿莱达·阿斯曼：《回忆空间：文化记忆的形式和变迁》，潘璐译，第64页。

个体记忆、社会记忆、集体记忆与文化记忆

〔德〕阿莱达·阿斯曼 著　陶东风 编译[*]

一　个体与群体

个体不是自足的，也不是统一的实体，而是一个连接网络的更大的一部分，他们嵌入这个连接体之中。没有这个连接体，个体就不能存在。一方面，每一个"我"都联系于"我们"，"我们"为"我"的身份确立提供重要基础。另一方面，"我们"也是多层分级的而不是整齐划一的。"我们"中的人们既相联系也有区别。个体所联系的不同群体反映了一个差异化的成员身份的光谱，具有不同程度的排除性。有时候，这种成员身份的获得是非自愿的，也就是说，是无意识的选择（比如，家庭、代际和民族等）。与这些由出生决定的共同体不同的，是自由选择的、通过共同的利益和能力组成的群体（比如，政党或唱诗班等）及通过操作/表演和任命组成的群体（比如，学术界等），以及通过义务（比如，强制性兵役）组成的群体。

个体从属于不同群体的时间长度是变化的；群体对个体的影响力和重要性也是变化的。比如，我们只是相对短暂地从属于我们就读的中学。群体对个体影响力的大小，取决于它是否持续保持与个体的这种联系。在我

---

[*] 阿莱达·阿斯曼（Aleida Assmann），德国康斯坦茨大学英美文学系荣休教授。陶东风，广州大学人文学院教授。本文编译自 Aleida Assmann: *Shadows of Trauma*, *Memory and the Politics of Postwar Identity*, Translated by Sarah Clift, New York: Fordham University Press, 2016, pp. 9 - 44；标题为编译者所加。

们所生长的地方，我们的邻居、朋友圈和机构与我们的关系也是如此。不同群体的凝聚力和可依赖性变化不定。邻居之类的非正式群体固然是变化不定的，但是即使是宗教群体身份和民族群体身份，同样也不是永恒不变的；家庭出身、族姓和性别以及代际等身份则是不可改变的，因此，它们常常成为我们的存在背景，很难自由改变或选择。

这些群体的时间特征差别很大，非正式的成员身份常常时间很短。有些正式的成员身份至死才会终结。然而，家庭成员身份并不随着死亡而终结。个体生命不仅开始于家庭，而且在家庭中延续到死后，也就是说，家庭是一个记住并纪念死者的地方。即使其他群体，如学术界和公司，如果要发挥同样的功能，也是模仿家庭。因此，家庭是吸收和包含其死者的典范性共同体，即使其中会经历一些断裂。家庭是几代人的连续体，在其中个体的生命是固定的。家庭存在于个体出生前；如果有后代，那么，它还延续到一个人死后。更进一步说，家庭还是重要的交流框架，几代人在其中交叉重合。家庭中汇聚了不同代人的经验、记忆和故事。个体参与家庭记忆，家庭记忆通过资料和口述可以代代相续。一般而言，家庭记忆延续的时间是有相互交流关系的三代。

文化和宗教共同体以及民族共同体存在的时间则更长，通过参与这些群体，个体存在于各种不同的"时间阈"（temporal horizon）中。虽然个体的存在时间很有限，但他/她仍然可以在比他/她的生命经验更长的时间维度——更前和更后——内移动，因此，个人的记忆包含了比他/她自己经验的事件更多得多的东西，个人和集体的记忆总是要卷入他/她的记忆之中。

我们称这种不同的时间阈为"记忆的视域"（the horizon of memory）。谈论一种记忆的形构终于何时、另一种始于何时是很难的，因为不同层次的记忆会同时穿过个体，它们相互缠绕、交叠。

二 个体记忆

没有记忆，我们就不能建构自己的身份，也不能与别人交流，"生平记忆"（biographical memory）是不可缺少的，因为它们是经验、关系以及自己身份感觉得以建构的材料，但是我们自己的记忆中只有很少一部分通过语言得到处理，并明确形成了我们生命故事的背景。我们大部分记忆处于"沉睡"之中，等待被外界因素唤醒，在被唤醒的时候我们才意识到自己的记忆。它们在这个时候浮现于感觉层面,在适当条件下可以通过词语得到阐释,并作为可以获得的记忆被储存起来,等待时机被唤醒。这是被唤醒和获得的"无意识记忆"(unconscious memory)。还有不可获得的无意识记忆、被深锁了的记忆,而守门员就是压抑和创伤。这些记忆常常过于痛苦、难以启齿而不能进入意识的表面,除非有外界的帮助,比如,治疗和各种外在压力。

我们由"松散片段组成的记忆"(episodic memory)有一些共同特征。首先,它们基本上是"视角化的"(perspectival),基本上不能相互取代或转化。每个带有自己故事的个体,都占据了一个带有特定知觉位置的独特空间,这就是为什么诸多记忆即使相互交叠时也是可以分辨的。其次,记忆并不孤立存在,而是和他人的记忆相联系,相互肯定和强化。这是它们获得连贯性和可信性的方式,也是它们产生纽带作用的方式。再次,记忆本身是碎片化的,也就是说范围有限且常无定型。被凸显出来的记忆通常是不连贯的、独立的片刻,没有之前和之后。只有通过后来的重叙,记忆才获得了整合它们并使之固定化的形式和结构。最后,记忆是流动的而不是静止的,有些记忆随着时间发生了变化,有些则消失了。由于参照结构的变化,不同记忆的重要性也变化不定。相互联系的记忆、常常重复的记忆得到了最好的保存,但是即使它们被赋予固定的时间边界,随着带有这种记忆的人的死去,也必然会再次解体分裂。

这些特征都可以被综合到"个体记忆"这个标题下。但是个体记忆不是自足的,也不是纯粹的私人记忆。就如哈布瓦赫(Maurice Halbwachs)说的,个体记忆总是受到社会环境的支持。依据哈布瓦赫的观点,绝对孤立的个人不能形成任何记忆,因为这些记忆首先是通过交往——与他人的语言交流——才得到发展和稳定的。

三 社会记忆

除了家庭内部的代之外,还有社会的和历史的代。曼海姆的假设是:12~25岁是特别具有建构意义的年龄段,这个阶段的个体经验到的东西对于其人格的发展具有决定性意义。特定年龄段的个体总是被历史过程的总体趋势所捕获,特定年龄段的群体中的每个人都受到特定的关键性的历史经验的激发,不管他/她喜欢与否,他/她都与同代人分享了某些特定的信念、态度、世界观、社会价值以及阐释模式。这意味着个体记忆,不仅依据其时间范围而且依据其处理经验的方式,都受到更大的代际记忆的激发。一位美国社会学家将之极端化地表述为:代际身份一旦形成就难以改变。

因此,同代人共享着"对于世界的共同理解或把握"。依据社会学家海因茨·布德(Heinz Bude)的观点,"同代人"是"年龄相近的人在共享的事件和经验的基础上形成的共同体,并因此而不同于此前和此后的代"。布德强调,代际交流涉及理解的限度,这种限度和经验的时间性相关。年龄创造了真正的存在论分界,因为没有人能够逃脱其时代的局限。不同年龄段的群体的并存,既造成了视角的多样性,也造成了各种各样的紧张、冲突和摩擦。每一代人都发展出了自己接近过去的途径,并不只是前代人给予的现成的。社会记忆中清楚地感受到的那种摩擦,以及基于不同的、从前代的记忆框架传递下来的代际价值,其有效性是有限的。

这样,社会记忆的动力学很大程度上受到代际交替的影响。这样的交替每30年发生一次,与之一起发生的则是记忆的"文化横断面"(cultural cross-section)的变化。后见之明清楚地显示,"支配性的代"(dominant generation)的变化清除了特定的经验和"价值基调"(atmosphere),清除了希望和幻想的基调,导致其被新的经验和价值基调取而代之。代际交替对社会记忆的更新总是具有关键性的意义,但是它们对于创伤性和"羞辱性的/丢人的记忆"(humiliating memories)的表达更具有特别重要的意义。比如,在"二战"后的德国,对于历史罪责的串通一气的沉默一直持续到60年代,只有到了更年轻的新一代(所谓"1968年人")才被打破。

一个规律性的现象是:随着羞辱性或创伤性事件而来的公共记忆文化,总是在该事件15~30年之后才会出现。肯尼迪和马丁·路德·金都是被刺杀几十年后才被纪念的。

有限的时间阈是社会记忆的特点,这是我们能谈论"社会短期记忆"(social short-term memory)的原因。关于过去的某种记忆,只有当它在一个熟悉的语境中通过交谈或语词交换而"被呈现于当下"(be made present)的时候,才是活着的。这种记忆的形式被心理学家称为"记忆言说"(memory talk)或者"交谈性的记忆"(conversational memory)——一种特殊的言语行为。通过非正式的双向交谈,过去不仅变得像当下一样清晰可见,而且被理解为一种"团队工作"(teamwork)。一旦这样的活生生交流网络被破坏,集体记忆就消失了。然后,这种活生生记忆的"物质支持"(material supports)——

比如，摄影、书信等——变为过去的踪迹或遗物后，它们就不能自发地被此类"交往记忆行为"（communicative act of memory）激活。社会记忆的时间阈不能被扩展到活生生的交流之外——最多延续到四代。

四　集体记忆：一个虚构？

从个体记忆到社会记忆的转化是直接的，而从社会记忆到集体记忆的转化则是更加复杂和富有争议的。虽然"集体记忆"在学术界和日常语言中已经成为习惯语，但是对这个术语的质疑也大量存在。

从哈布瓦赫提出"集体记忆"的 20 世纪 20 年代开始，对这个概念的质疑、误解和怀疑就一直持续不断。在《关于他者的痛苦》（Regarding the Pain of Others）中，桑塔格（Susan Songtag）这样写道：

> 每个人每天都识别的照片，现在变成了社会选择思考东西的组成部分，……严格地说，不存在集体记忆这样的东西，所有记忆都是个体的，不可复制的——随个体而死亡（没有个体就没有记忆）。被称为集体记忆的东西，不是记忆而是"约定"（stipulating）：这是重要的，这是关于它如何发生的故事，用图像把故事固定在我们的脑子里。意识形态创造了作为证据的"实证档案"（substantiating archives），这些实证包裹着关于意义的共同观念，并引发可以预测的思想和情感。①

依据桑塔格的观点，社会可以没有意志而做出决定，没有心智而进行思考，没有舌头而进行言说，但不能没有记忆器官而进行记忆。对她而言，隐喻性语言的自由运用，到了"记忆"观念这里就达到了极限。她和其他怀疑"集体记忆"概念的人一样，不能想象记忆可以不用器官作基础，或者可以独立于个体的经验。她用来取代集体记忆的是"意识形态"这个概念，而意识形态则是影响和操纵人的信念、情感和意见的一套"煽动性的意象"（provocative images）。"意识形态"这个词意味着这类强有力的意象伴随着危险的价值和思维方式，因此必须受到批判和废除。

在政治化的 20 世纪 60 年代和 70 年代被视作意识形态和神话的东西，

---

① Susan Songtag, *Regarding the Pain of Others*, New York: Picador, 2004, pp. 85–86.

到90年代就被视作集体记忆。这个替换显然与代际更替相联系。但是它同时也包含了一种洞见，即意象的不可避免性，包括政治符号/象征的必然性。不同于把意象归类为操纵方法的那种批判理性，下面的这种信念出现了：人是完全依赖于意象和集体符号的。心理的、物质的、媒介的意象在寻求为自己创造一个自我意象的共同体方面具有重要作用。当然，发挥这种作用的不只是意象，还有故事、场所、纪念活动、仪式化实践等。因此，80年代以后，一个新的研究分支发展出来了：（最宽泛意义上的）探索意象如何发挥建构共同体的功能。在这个发展过程中出现的核心概念包括：拉康的"社会想象"、本尼迪克特·安德森的"想象的共同体"，以及90年代以降的"集体记忆"。在这个从意识形态到集体记忆的范式转换中，核心的承诺绝不是反对理性原则和伦理信念的后现代的相对主义，相反，指导它们的是两个洞见：第一个与意象和符号的持久力相关，而第二个则与它们的建构本质相关。第二个洞见削弱了"错误意识"的概念。意象和符号过去是、现在还是被"制作"的，这个洞见不再自动地用以表明其不真实、虚假或操纵性质，因为被建构的性质（状态）——不管是很久前的还是最近的——都可用于任何文化制品。

意识形态批判的使命没有将批判意识导向一般性的发展，而且也不再期待一个人自己的文化视野能够外在于这些批判的承诺，因此它同样也要服从一个相同的分析模式。文化研究中记忆研究的使命，不仅是描述和解释意象、符号如何运作，而且还包括批判性地评价它们，并揭示其解构的潜力。文化研究中的记忆研究领域，特别是这类特殊的研究议程，是在记忆研究领域迈出创造性一步——从个体记忆到集体记忆——的时候出现的。

五 记忆的三个维度：神经、社会和文化

从三种记忆——"神经"（neutral）记忆、"社会"（social）记忆和"文化"（cultural）记忆——的相互联系角度看，上面的争议可以得到解决。三种记忆其实都不能独立发挥作用。对于三者相互作用的认识，可以让我们认识到记忆的复杂性和潜能。对于它们的区分则有助于我们认识记忆的不同维度，以及记忆如何从个体到社会再到文化而得到发展。

人类记忆建构的第一层（维度）是生物学的，它离不开大脑中枢神经系统。但是这个神经基础却不是自治的：它需要一个互动的场域，在其中

神经系统可以得到保护和发展。把生物记忆加以稳定和维持的互动场域有两个：一个是社会互动与交流场域，另一个是由媒介和符号支撑的文化互动场域。神经网络与这两个场域持续互动（其中文化互动场域包括文本、符号、纪念活动、表征实践、仪式等）。正如生物记忆是在与他人的交往中得到形构和拓展的一样，它也是在与文化制品和文化活动的互动中得到建构和拓展的。虽然被重新建构为社会记忆的东西并没有一定的固定形式，而是依据具体的时空条件（通过谈判参与等）而定，但文化记忆的媒介却具有稳定性和持久性。

记忆的神经结构、社会互动和符号媒介尽管不可分离，但是为了分析的需要可以强调某一个方面。其一，记忆的器官层面（略）。其二，记忆的社会交往层面：记忆主要是一个交流网络，可以被理解为社会建构，人际的交谈和互动通过这个建构而得到建立和维护。当然，社会记忆离开了个体的神经系统和语词、图像等符号，也是无法存在和运作的。其三，文化记忆层面：这个层面强调的重点是作为记忆载体的符号媒介，它通过社会交流的、处于运动之中的集体符号建构，包括个体记忆得到强化，被个人记忆所使用。

记忆是在三个构成要素的互动中得到形构的，它们分别是"载体"（carrier）、"环境"（environment）、"支撑物"（support）。就个人记忆而言，载体就是大脑神经系统，环境是社会背景（社会互动），支撑物则包括重复等记忆策略、符号媒介。就社会记忆而言，载体是社会群体，他们通过将"记忆收集"（collection of memory）的规律性地、集体性地"重新激活"（re-actualization）而达到群体身份的稳定；[①] 环境是通过相互交换个人化的集体经验而由诸个体建构的；支撑物则是由他们支配的符号媒介建构的。就文化记忆而言，文化记忆的载体依赖于可以传递的、代代相传的文化客体、符号、人工制品和媒介、社会化的仪式实践等（它们比个体寿命更长），也依赖于机构；它的环境是通过这些符号创造自己身份的群体，这是因为群体总是参与改变、更新、重新激活其文化的工具；支撑物则是使用这些符号、参与这些符号的个体。

我们特别感兴趣的是记忆的三个维度的转化和边界。神经记忆和社会

[①] 可以举一个例子，"知青"这个群体经常集体性地、规律性地举办纪念活动来缅怀他们的青春岁月，经过将这样的集体记忆的重新激活，他们作为"知青"群体的身份便不断得到巩固和稳定。——编译者按

记忆的转化非常迅速,具有不稳定性。在社会记忆的层面,个体记忆与他人记忆相联系和互动(如同哈布瓦赫强调的那样)。结果,个体记忆超出了自身并整合了他人的记忆,两者之间的区分并不容易。一个人自己的经验通过他人的经验而得到丰富,这点在从个体记忆到社会记忆的转化中更为重要。

但是,从社会记忆到文化记忆的转化却伴随着记忆的割裂和重新配置,也伴随着记忆的加深和拓展。这种转化只有在符号媒介的帮助下才是可能实现的,后者赋予记忆以持久的支撑物。首先,文化记忆的载体/符号是外化、客观化了的。它们代表去身体化的经验,这种经验可以被那些本身没有亲历过的人获取和使用。其次,这意味着它们的时间范围不限于人的生命长度而可以无限延续。文化记忆的时间长度不是取决于生命,而是取决于物质符号的耐久性。最后,文化记忆总是被激活并与活生生的记忆融合在一起,被后者使用。

这样,在文化记忆层面,作为记忆载体而行动的那些人的圈子实质性地扩展了,而记忆的时间范围和持久性也被极大地拓展与强化了。虽然社会记忆是由集体生活、交谈以及其他话语范式带来的个体记忆的协调,但是集体记忆和文化记忆则依赖于经验与知识库,后者已经从其生命载体中独立、分离出来,"传递进了媒介"(pass over into media)。正是通过这种方式,记忆可以被跨代际地传递和稳定。这就是它和社会记忆的差异:社会记忆随着记忆者的死去而消失,而且其范围依附于生命,因此在生物学的意义上是有限的;而文化记忆则在时间和空间上都是无限的。集体记忆可以通过符号支撑物从家庭记忆、代际记忆中分化出来,保证了记忆可以有一个跨代际的延续。纪念碑、纪念活动、纪念仪式等,通过物质符号或规律性的重复保证了跨代际的记忆,为后来的代际进入集体记忆——他们和这些记忆没有个人联系——提供了机会。

关于集体记忆的合法性或不合法性的很多误解,可以通过记忆的器官的、社会的和文化的这三个层次得到澄清。不能在个体记忆和集体记忆之间进行简单的类比,在进行这样类比的时候,批评这种类比并认为记忆属于个人就是正确的。机构、协会、国家、教会或者公司,不能拥有一种记忆,但它们在记忆符号的帮助下创造记忆,与此同时,机构和协会也是通过这种记忆而被创造的。因此,我们仍然可以在这些不同的条件下,以非隐喻的方式谈论记忆,只要是身份的建构就必然关涉到过去。

对上述内容进行概括，记忆三要素分别是载体、环境、支撑物。记忆三维度分别是器官、社会和文化。

"集体记忆"这个概念太过模糊，不能用来对某种特定的记忆形构和其他形构进行区分。集体成分既包含在社会记忆（如家庭等封闭群体）中，也包含在允许公共化的文化记忆中——不仅超越了个体记忆，而且超越了代际记忆。从狭义上说，当集体用结实的忠诚纽带催生了凝聚力强劲的集体身份的时候，集体自身就可以被称为一种记忆形构，如民族记忆，作为一种生物的和政治的记忆就尤其如此。

六 政治记忆

个体记忆和集体记忆的建构都是视角化的。与知识的技术储存或档案不同，记忆并不以最大化为目标，它不会随意吸收任何东西，而是依据选择原则运作。因此，遗忘对记忆具有建构性意义。尼采用了来自光学的"视角"（perspective）概念。他谈到了"视野"（horizon）这个与特定的立场联系在一起的视觉参数。尼采还谈到了记忆的塑造力，即尽可能清晰地描绘记忆和遗忘之间的边界的能力。[①] 这也是区分何为重要、何为不重要、何者有/无助于生命的能力。没有这样的过滤，个体和群体就无法形成自己的身份，他们的行动也将失去方向。知识仓库一旦过满，记忆实际上就弱化了，从而导致身份的丧失。

下面谈论的是19世纪的政治记忆。19世纪是民族国家建构的时期，也是历史研究的世纪。两者并不像尼采担心的那样不能相容。社会记忆是复数多元、自下而上的，并在代际更替的过程中消失；而民族记忆则是一种更加一体化的建构，并自上而下地加诸社会。它建基于政治机构并具有更长的时间长度和更强的持久性。在《何为民族》（1882）这篇著名的索邦大学演讲稿中，勒南（Ernst Renan）批判了在德国占支配地位的浪漫主义的"民族"定义和其他各种"民族"定义，而代之以新的定义。在勒南关于"民族"的定义中，种族（集体之根）、语言、宗教和地理都被排除在外。这些都不能解释民族特有的那种团结力。他认为，恰恰不是这些不可转让

---

① Nietzche, "On the Uses and Disadvantage of History for Life," in *Untimely Meditation*, Trans. R. J. Hollingdale, Cambridge: Cambridge University Press, 1983.

的特征——相同的血液、语言、仪式建构了民族身份的标准（基准）。他认为，民族就是放大的家庭。他发展出了一个现代的"有意志的民主民族/国家"（willed democratic nation）的概念，它诞生于法国革命精神中，它的团结力不诉诸原始的起源，而是诉诸日常的公民投票。①

勒南不是纯粹的宪法爱国主义的支持者。他认为，单纯的利益关系也是不够的，民族还有情感的面向。他将民族比喻为有机体，民族不仅有身体而且有灵魂："民族是一个灵魂，是一种精神的原则。人不是一夜之间被创造的。民族和个体一样，是一种长期的努力、牺牲、献身的历史的积累。一种英雄式的过去、伟大的人物、荣光等，这些都是民族观念建基于其上的社会资本。"②

勒南这么早就提出"社会资本"（social capital）的概念让我们吃惊。带着"灵魂"的概念，勒南不是回到在德国根深蒂固的浪漫主义观念，而是回到阐释新的类似伯格森生命主义的记忆理论。伯格森的记忆理论也是通过有机体的语言表达的，他把记忆研究从关于记忆的机械科学转向了动态的建构主义范式——现代记忆研究的基础。带着对于集体灵魂的强调，"民族"被判定为以集体经验为基础的共同体。对于勒南，所谓"灵魂"不过是共同记忆，戏剧性的历史经验建构了民族身份。这里的"历史"就是勒南说的灵魂。通过身份看历史，显然不同于历史编纂学的工作。正是在这点上，历史研究与民族记忆分道扬镳。这里的假设是民族是有心理的。这样的假设也就是把民族共同体当作有机的大众来看待，它与其说建基于历史，不如说建基于神话。

七　神话

集体记忆（即我说的"民族记忆"或"政治记忆"）的媒介是通过比社会记忆更为持久的方式得到建构的。诺维克（Peter Novick）认为："集体记忆从事简化实践，它从一个单一的角度看待事件，它对任何模糊性都显得不耐烦，它把事件简化为神话原型。"③ 可以补充的是，在集体记忆中，心理意象把图像和故事转化为神话，后者最重要的特点是"诱惑性"（per-

---

① Ernst Renan, *What is a Nation*? Trans. Wanda Romer Taylor, Toronto: Tapir Press, 1996.
② Ernst Renan, *What is a Nation*? Trans. Wanda Romer Taylor, p. 47.
③ Peter Novick, *The Holocaust in American Life*, Boston: Houghton Mifflin, 1999, p. 4.

suasiveness）和"情感力"（affective force）。这些神话常常将历史事件抽离于具体的语境，把它们重新塑造为代代相传的悬置了时间性的故事。

"神话"一词有双重含义。其一是对历史事实的歪曲。神话可以通过历史研究而被驳斥。这个意义上的神话即谎言和虚假意识的表达。其二是神话还可以指通过身份看待历史的方式。依据这种意义，神话献身于对自身历史的"情感化使用"（affective appropriation）。这个意义上的历史，是"基础主义历史"（foundationalism history），拥有持续的重要性，其力量也不能被历史研究所削弱。它让过去活在当代社会并为这个社会作未来定向。在现实语境中被提高到了神话水平的历史在下述意义上是当下性的：过去和现在通过特定的活动在特定的场合相互融合了。用这种方式运用历史常常包含对历史事实的篡改，但也并不一定都是如此。这里面也显示出意识形态批判与民族记忆理论范式的差别。以纪念形式、神圣空间形式存在的对历史的阐释和历史的"理想化"（idealization），不能被还原为对历史事实的简单篡改，因为这些联系于历史的模式而言，本身就是历史事实。它不仅仅是意识形态批判意义上的神话，而且还可以被理解为一种文化建构，这种文化建构对现在和未来具有实质性的效果。对于集体自我意象的建构具有决定性意义的，并不是这些意象的本体论性质。

总体而言，有两种民族建构的路径，即聚焦于现代化的和聚焦于神话化的，但是两者并不相互排斥。安德森的《想象的共同体》就提供了现代化模式和神话化模式相结合的例子。恩斯特·勒南在本尼迪克特·安德森之前100多年就关注到了民族建构中的神话维度，这是他之所以特别强调集体记忆之作用的原因：他认为比共同的习惯等更为重要的，是共享的光荣或悔恨的遗产、共同遭遇过的苦难、共同怀抱过的希望。这些东西尽管存在语言和种族的差异，却也是我们可以共同理解的。共同的苦难比快乐更能把我们连成一体。就民族记忆的深度、广度而言，哀悼行为比庆祝胜利的行为更为有效，因为它把责任加诸我们，并要求我们做出共同努力。

民族具有集体意志。这个意志要想有效力，就必须通过建构集体的过去而得到强化。正是这个集体的记忆，使得现在作为漫长进化发展中的一个阶段而变得富有意义。19世纪不只是历史化的世纪（历史编纂学在这个世纪产生，它寻求通过专业的、独立的学术话语将过去客观化）。也是在这个世纪民族神话出现了，它为了现在而利用过去，集中关注特定的、能够支持一种身份建构叙事的时刻。以这样的方式，学术化的历史研究经常服务于民族记忆建构。但是这里也可能产生民族叙事与历史真理的紧张关系。所以勒南说："遗忘，甚至历史的错误，对于民族的创建十分关键，这就是为什么历史研究的发展常常威胁到民族性。"[1]

勒南尽管使用了灵魂、身体等有机体的隐喻，但是他同时也强调一种政治决策或宪法对于民族建构的重要性。这一宪法必须得到想象性的自我意象的支持和强化。这样，他又是近来反基础主义的民族观——想象的共同体——的鼻祖。想象共同体的基础是对共同过去的想象性建构，而不是神秘的存在。说勒南是民族记忆理论的先驱的理由是：第一，他强调与过去的联系作为一种核心的情感纽带对于民族团结的重要性；第二，他赋予苦难和悲伤高于凯旋与成功的融合力；第三，他关注遗忘之于民族记忆建构的建设性意义。此外，他还有富有远见地讨论了历史研究和集体记忆建构（神话化）之间可能出现的矛盾。

八　记忆与历史

芮恩哈特·科瑟勒克（Reinhart Koselleck）在历史语义学的研究中指出，"历史"概念在18世纪后期首先获得了其现代含义。科瑟勒克在"历史"这个词中发现了一种抽象的、集体的、单数的历史，取代了具体的、复数的历史。复数的历史都被去中心化并从属于特定的立场，它们汇合到现代的"历史"概念之中，犹如百川汇海那样汇入抽象历史的海洋。

这个"海洋"的意象来自哈布瓦赫，他用它来将"集体记忆"概念区分于学院化的"历史"。他写道："历史的世界犹如许多部分的由历史所喂养的海洋，即过去诸多事件的总和。通过将其分离于诸群体（这些群体保存了过去的诸多事件）记忆的方法，在一个单一的记录中聚合在一起。"[2]

60年之后，皮埃尔·诺拉（Pierre Nora）在记忆之场中强化了历史与记忆的这种对立："记忆是知觉上可以实际感受到的现象，是把我们维系在现在的纽带；历史则是乏味的，它总是解开这种联系。记忆只属于特殊的人，

---

[1] Ernst Renan, *What is a Nation?* Trans. Wanda Romer Taylor, p. 19.
[2] Maurice Halbwachs, *The Collective Memory*, Introduced by Mary Douglas, New York: Harper and Row, 1980, p. 84.

而历史属于每个人,因此无属于人,尽管它声称拥有普遍的权威性。"[1]

但是,历史和记忆的这种对立并不是普遍现象。相反,这种对立有自己的历史。历史和记忆第一次分离是在19世纪——出现了专业化、学院化的历史:记忆和历史发现对方互为敌手;而所有较早的历史书写形式,都被理解为记忆的形式或保存记忆的形式。在古代,"历史"概念和"记忆"概念是部分重叠的,历史书写的目的是支持记忆,将一个王朝或国家的起源与记忆合法化。历史的书面形式具有一个口传历史的重要功能,这就是:关于过去的英雄和国王的事实以前是通过诗人记录的,现在则开始由"编年史"(chroniclers)承担记录工作。这就是历史和记忆在神话中的融合,它是口头历史文化和早期国家历史书写的特点。比如,希罗多德认为,历史仍然是记忆的实践,在历史中"记忆"被理解为紧密联系于光荣的概念。他记录自己的历史以便"人(以希腊人为主,但也包括野蛮人)的行动和伟大的作品不被遗忘"。"也包括野蛮人"则表明他的历史书写不是种族中心的,而是普遍意义的。对于个体和集体而言,记忆联系于特定的行动主体,他们在努力强化自己的自我理解。历史书写的记忆功能因此联系于一个独一无二的立场、视角以及身份认同。但是希罗多德与这种视角主义的观点不同,他认为记忆属于后世,它是一个几乎丧失了特殊性的整体,历史与知识、好奇心的关系超过它和记忆的关系。这样的历史逐渐失去了视角。在诺拉看来,它"属于每个人,又无属于人"。客观性的要求压倒了一切,历史与记忆、身份等失去了联系。

哈布瓦赫认为,历史可以被视作人类的普遍记忆,但实际上不存在普遍的人类记忆,只存在集体记忆。集体记忆需要特定时空中的群体的支撑。过去事件的总和只有通过与保存记忆的特定群体、特定心理经验分离,与事件发生的时代环境分离,才能被汇聚到单一的记录中。哈布瓦赫在这里指的是希罗多德开创的批判性的历史书写传统。这个传统在20世纪成为一种学科化的、独立于政治的东西。当然,客观性的目标从来没有彻底排除关系、忠诚与偏见,没有排除这样的可能性——历史反思逐渐服务于民族的建构,为国家和人民赋予自我形象。19世纪,历史在很大程度上成为集体身份建构的基础,强化归属感。这不是说历史学家放弃了客观性,而是

---

[1] Pierre Nora, "Between Memory and History: Les Lieux de Mémoire," Trans. Marc Roudebush, *Representation* 26, Special Issue, *Memory and Counter-Memory* (Spring 1989): 8-9.

说他们发现偏见很难被排除，因此不如容纳偏见但同时鉴别和修正它们。

九　大屠杀阴影下历史与记忆的和解

很长一段时间内，历史学家认为，个人记忆不是历史书写的合法来源；相反，在尝试重新建构有关事件的客观图像时，他们经常性地忽视主观记忆，认为它是不可靠的，是充满偏见的。"记住"（remembering）和"记忆"（memory）被认为是学院化的历史学家的敌人。但这种情况在大屠杀之后发生了根本变化。20世纪80年代以来，我们看到了历史和记忆通过一种强有力的方式重合了，建立了一种新的关系模式。这种重合联系于对记忆和口述史的重新评价。实证主义历史编纂学在面对大屠杀资料的匮乏时遇到了自己局限。这时口头的见证与传播模式作为个人内在经验视角的资料，可以弥补档案资料的不足。正是在这样的语境中，对于生命经验的重新评价以及主观见证的文类出现了。其中特别重要的是道德见证者——具有亲历者才有的第一手经验、大屠杀的牺牲品——的地位得到了重新评价。

索尔·弗里德兰德（Saul Friedlander）既是大屠杀的幸存者也是重要的记忆研究者，还是《历史与记忆》杂志（1989年后出版）的创始人之一。他是1989年那场历史论争的参与者，论争的两极是历史化/客观化/档案化和神圣化。大屠杀是否应该进入普遍的供学术研究的档案馆？或者应该安置于集体记忆？记忆将"回忆"（remembrance）安置于神圣之场所，而历史则是乏味的。大屠杀具有不可比较性、独特性，应该被作为超越国家和代际的人性的记忆而被铭记（必须被记住，这是一个普遍的道德律令）。它既是独特的、独一无二的，又是全人类的。这里的紧张是如何化解的？之前，普遍主义的视角总是被认为会消融身份认同、消解记忆。

在大屠杀背景下，记忆在两个极为不同的层面扮演角色：在一个层面，是幸存者的活生生的记忆；在另一个层面，是必须被记住的道德律令。大屠杀幸存者记忆的社会意义得到了普遍强化，这促使专业化的历史研究逐渐摆脱对"学科"问题（聚焦于纳粹政体）的单一关注，开始关注这个国家由屠杀机器导致的可怕的经验感受。弗里德兰德甚至认为，大众文化也发挥了这样的作用。记忆和历史的重新融合对历史编纂学的书写形式产生了影响。他关注的是作为牺牲者或施害者而参与大屠杀的那些人的个人视角，认为后者解构了历史连贯性的幻觉。他呼吁关注这些经验的不可化约的多元性。这导致了对历史的多视角的再现，把历史的客观解释和个人主观视角与经验结合起来。从某种程度上说，这一直是20世纪60年代以来口述历史的计划。当然，在大屠杀的语境下，幸存者之见证被赋予了更大的价值。

这样，历史研究和记忆的裂缝被弥合，主观经验和客观概念不再被认为不相协调，而是被认为可以相互补充。个人的见证从此在历史研究中被普遍认可。这不仅因为它提供了新的理解过去的资源，而且也因为它尊重牺牲者自身的视角并向它们致敬。科利和弗里德兰德都强调记忆对于历史研究的重要性，因为对于他们而言，个人记忆和见证就像是一般历史书写特别是大屠杀历史书写的触发器。

这样，在记忆的视角下，有三种东西强化了历史书写：记忆对于情绪和个人经验维度的强调；记忆对于作为回忆形式的历史的情感功能的强调；记忆对于伦理指向的强调。

弗里德兰德认为，对于道德范畴的或隐或显的使用，在阐释中是不可避免的。这表明与历史书写发挥的自我赋权和自我批判功能相伴随，历史书写还有第三种功能，这就是道德的功能，它必然和见证、良知、责任相关。约翰·赫伊津哈（Johan Huizinga）将之描述为"一个社会让自己对某事负责的精神形式"①，他强调的是过去、记忆、身份认同之间存在的联系。社会要对自己的过去负责。赫伊津哈心目中的历史采取的是集体的自我质疑形式，其与身份的根本联系使得它成为一种记忆的形式。在后创伤的情境下，历史书写的这个功能获得了新的意义。在大屠杀过去之后，历史学家不仅是故事讲述者，也是律师和法官，或者是彼得·伯格（Peter L. Berger）意义上的"记忆者"（remembrancer）。

我们目前的情形与其说是受历史或记忆的统治，不如说是它们的共在及其复杂性的呈现。历史和记忆是两种相互竞争的处理过去的方式，两者可以相互纠正和补充。当我们卷入过去，特别是创伤性过去时，我们既需要记忆的和道德的功能——它将历史联系于记忆，也需要批判的功能——它把历史与记忆加以分离。诺拉认为，记忆和历史在各个方面都是对立的。或许情况的确如此，但他忽视了这样的事实：它们也是相互依赖的。只有

---

① Johan Huizinga, "A Definition of the Concept of History," in *Philosophy and History*, ed. Raymond Klibansky and Herbert Jamse Paton, New York: Harper and Row, 1963, p. 9.

通过向对方敞开，它们才能各自发挥自己的作用，"记忆激发历史行动，而历史研究利用记忆"——克里斯蒂安·迈尔（Christian Maier）说。历史研究依赖记忆以获得意义、价值和道德定向，而记忆依赖历史研究以矫正自己。

十　文化记忆

生命的基本法则就是遗忘。持续的遗忘过程不仅是社会生活的通常面相，同时也是生存的前提，对于个体和群体而言均是如此。

遗忘不仅是一个生命生长和更新的不可避免的准自然的结果，也是有意识的文化目标。比如，基督教的奠基者有意删除异端的言论和人物，他们被有意识地遗忘。随着政治的变迁和学术范式的转化，有些人不再被认为对社会和学术做出了重要的贡献，他们也会被有意遗忘。

社会学家鲍曼（Zygmunt Bauman）把"文化"界定为"把短暂的东西转化为永久的东西"。一般而言，每种文化都会创造一些方式防止无情的和普遍的持续遗忘，保证社会文化身份的有效传递和持续保存。

文化记忆是如何产生的？只要记忆没有通过外在的媒介被表述、被稳定化，它们就是易损的和脆弱的，并随着记忆者的死去而消失。家庭记忆的延续时间也不过100年。但是，媒介化、物质化的家庭记忆会留下，如一些书信和照片等。这就是记忆的物质遗存和活生生的记忆——只能通过口头传递得到延续——的差别。两者的差别如下：

社会记忆	文化记忆
生物学的载体	物质载体
有限的（80~100年）	无限
代际	跨（超）代
交流	符号与象征
对话性记忆	纪念碑、周年纪念、仪式、文本和意象等

虽然活生生的记忆随着记忆者的死去而消失，但是文化的物质遗存通过机构——它们使得活生生的记忆超越了其原初语境——有获得第二次生

命的机会。当它们被放置在博物馆和图书馆等地方的时候，它们就获得了永久性保存的机会。但是这仍然不是对文化记忆条件的完整描述。因为文化记忆不仅通过搜集和保存的方法出现在事后的领悟中，而且还有一个向前思考的选择原则在起作用，其目的是为了后代而搜集并交流遗产。

这就是文化记忆的两面性，为了更好地理解这个特征，应该区分社会储存记忆和社会功能记忆，理解两者之间的动力学。这有点像记忆与遗忘的结构。遗忘的东西并不是不可避免地永远失去，而只是在特定时期无法获得。个人记忆中沉入混沌一片的遗忘的东西，在一定的条件下还会浮现。所谓"遗忘"实际上是潜伏的记忆，我们失去了打开它的钥匙。一旦被一个偶然的契机激活或被今天的新思想照亮，储存记忆就会突然回来，而今天的新思想也会受到它的影响和塑造。这就是本雅明说的，过去的遗迹和当下的思想通过"一个清晰的星簇"（a constellation of legibility）一起呈现出来。

功能记忆与储存记忆的典型的例子是博物馆中展出的作品（功能记忆）和储存在仓库里的更多作品（储存记忆）。博物馆的双重功能是储存艺术品和确立经典（后者是通过选择部分储存作品作为展品而得以确立的）。这样，储存或者维护收藏品仅仅是文化记忆的一个功能，另一个功能则包括了确立严格的选择标准和赋予积极的评价。这个经典化的过程，既选择文本和意象，又赋予它们世俗的灵韵，为它们提供了一个场所。经典化同时也指一个超历史的阅读和阐释承诺。尽管文化创造日益加速，但是功能记忆的收藏品却依然出现在教育机构的课程和剧院的节目单上。在功能记忆中占有位置的东西，总是有可能获得新的演出、展览、阅读、阐释以及参与机会。

储存记忆也是记忆，这是因为从总体角度看，它只是恢复了非常小的一部分文化遗产。它也是遗忘的产物，诸如选择、激活等机制在这里也是起作用的。但它拥有更大的空间，因此不像功能记忆那样受到严格的筛选。这种过分富裕的储存记忆只是"空洞记忆的另一面"（flipside of an empty memory）。收藏品的保存和维护是文化记忆的前提，但需经过个体的视角或媒体、教育机构等之后才能如此。储存记忆是文化的档案，在这里，某特定部分的早期时代的物质遗存，在失去了其在活生生的文化中的参照点和语境之后得到了储存，储存记忆中存在的文化人工制品通过决定性的方式使自己区别于功能记忆中的人工制品，后者受到了特别好的保护，以免遗忘和陌生化。功能记忆与储存记忆的区别如下：

功能记忆	储存记忆
确保重复的方法	确保延续的方法
（符号实践）	（物质再现）
传统	书籍、意象、电影等
仪式	图书馆
人工制品的经典化	博物馆、档案等

小　结

从个体记忆到集体记忆的转化，经过了不同的层次和阶段。与四种特殊的记忆形构对应的四种记忆载体分别是个体、社会群体、政治集体、文化。

通过个体在这些不同身份中的成员资格，我们的记忆大大超出了我们自己的经验。亲历的记忆总是卷入了与他人记忆的互动中，因为它是通过交流确立的。带着对历史——通过身份看到的历史——的使用，我们的碎片化的个人活生生记忆（通过经验获得）通过以知识为基础的记忆（通过学习获得）而得到范围拓宽及内涵扩充，它们是相互作用的。

在回应批判性怀疑立场——这种批判、反对集体记忆的概念，将之作为不可靠的隐喻——的时候，我们已经指出：我们可以在两个意义上说记忆：第一个是与身份认同的联系，第二个是与遗忘的辩证关系。"集体记忆"概念的问题在于其模糊不清，所以，我才建议用社会记忆或政治记忆或民族记忆取代它。

创伤：记忆的探索

〔美〕凯茜·卡鲁斯 著　陶东风 编译[*]

越南战争后几年，心理治疗、心理分析和社会学领域出现了对于创伤问题的新兴趣。1980年，美国精神病学会终于正式承认"创伤后应急障碍"（PTSD）现象，包括对各种自然和社会灾害的反应。一方面，这一承认提供了一个强有力的诊断范畴。这个范畴似乎无所不包：不仅是对于战争以及自然灾害的突然反应，也包括对强奸、虐待儿童及其他暴力行为的反应，以及被归入创伤名下的相关失序现象。另一方面，这个强有力的分析工具却没有提供对于疾病的稳定的解释。实际上，作为一个概念和范畴的创伤的冲击，即使对诊断有所助益，也是以业已被接受的理解和治疗模式的瓦解为代价的，它也挑战了我们对于病理学的理解。这在关于PTSD的定义的争论中就可以看出来，比如，它多大程度上必须与特定的事件类型相关？创伤是否真的是通常意义上的病理性的现象？由于边界模糊，因此各种不同的学科知识都参与对创伤的诊断和治疗。创伤现象也似乎变得无所不包。本文将考察不同学科的主要思想家如何看待对创伤理解方式的这种激进变化，考察创伤经验和创伤观对心理分析的实践和理论、文学及教育学、书写和电影中的历史建构、社会和政治的行动主义所产生的冲击。

我感兴趣的与其说是重新界定创伤，不如说是理解其惊人的冲击，解释创伤如何在学校教育、文学以及心理分析理论中扰乱了我们，并迫使我们重新思考自己的经验观、交流观和治疗观。我将简要介绍创伤对心理分

---

[*] 凯茜·卡鲁斯（Cathy Caruth），美国康奈尔大学英语与比较文学系教授。陶东风，广州大学人文学院教授。本文编译自 Cathy Caruth（ed.），*Trauma*：*Explorations in Memory*，The Johns Hopkins University Press，1995，pp. 3 – 12.

析以及对当代思想提出了哪些挑战。

尽管对定义存在争议，但绝大多数关于创伤的描述都认为，创伤有时候是对于某一"震惊性事件"（overwhelming event or events）的迟到的反应，这种反应采取了反复闯入的错觉、噩梦、思想或行为——它们都来自这件事件——的形式。同时，与之伴随的可能是开始于经验或后于经验的麻木，还可能是强化了的重新回忆创伤事件的冲动。这个简单的界定掩盖了一个特定事实：病理现象不能通过事件（它可能是灾难性的，也可能不是，而且并不对所有人都产生同样的创伤性影响）本身界定，也不能通过对"某个事件的扭曲"（a distortion of the event）——它作为对于事件所带之人格意义的扭曲而获得了一种挥之不去的力量——得到界定。相反，病理现象只单独存在于其经验或"接受"（reception）的结构中：事件没能在当时被充分地同化或经验到，而是通过反复控制经验它的人而被迟到地经验。"受创伤"（to be traumatized）正好就是被一种意象或事件所控制。这样，创伤之征兆不能被简单地阐释为对现实的扭曲，也不能阐释为将无意识的意义赋予它想要忽视的现实，还不能解释为对曾经希望东西的压抑。

实际是，早在1920年，弗洛伊德面对"一战"后神经官能症的发病现象时，就被其对整个欲望和无意识领域的抵制所震惊，并将之与另一种他所研究的长期抵制现象进行了比较，即"偶发神经机能症"（the accident neurosis）：

> 在创伤性神经症患者的梦中，患者被反复带回到曾经遭受的灾难情境下。随之而来的惊恐再次冲击他，致使他从梦中惊醒，人们对这样的现象已经见怪不怪，他们认为，经历过的创伤即使在患者睡梦中也会向他施压。这个事实证明了这种创伤力量的强大，并且患者的精神已经把它固着了，病患固着于因其他病症的过往事件。[①]

不断返回的创伤使弗洛伊德感到惊讶，因为它不能通过愿望或无意识的意义加以解释，而是创伤事件的原原本本的回归，这是不可解释的、纯粹的回归，是与患者的愿望对立的。这是创伤性噩梦或创伤性"闪回"

[①] 这段话见弗洛伊德《超越快乐原则》。这里引用的是中文版的〔奥〕弗洛伊德著《自我与本我》，徐胤译，天津人民出版社，2019，第8页。

(flashbacks)的原原本本的非符号性的本质。正是这种原原本本的性质以及顽强的回归，建构了创伤并指向其神秘的内核：对创伤的认知乃至发现的延迟和不完全，过去的突然的、震撼性的出现，以及持续的本真的回归。

正是这种创伤经验的"真相"(truth)构成了其病理或症状的核心。这不是虚假或意义误置意义上的病理，而是历史本身的病理。如果PTSD必须被理解为一种病理性的症状的话，那么，与其说它是无意识的症状，不如说是历史的症状。创伤者在自己内部"带有一种不可能的历史"(an impossible history within them)，或者，它们本身成为创伤者不能完全把握的历史的症状。

说历史作为创伤症状而发生是什么意思？确实，这种奇怪的现象使得创伤或PTSD紧密地联系于真理问题。这个问题的提出不仅与那些倾听创伤者——他们不知道如何确立其幻觉和梦的现实性——有关，而且它还经常令人困惑地出现在创伤者本人的经验和知识内部。因为梦、幻觉、思想具有"绝对原本的"(absolutely literal)性质，不能同化为相关的意义链条。正是这种绝对原本的性质控制了接受者并抵制心理分析的阐释和治疗。但是，这个梦、幻觉的图景或思想并不是"一种已经被拥有的知识"(a possessed knowledge)，而是它们本身就随心所欲地控制着其所附着的那些人，使之经常产生深度的关于其真相之不确定性的焦虑。有这样的一个记载：

> 奥斯维辛有一个曾经在特雷津集中营待过的幸存儿童，她持续地有火车的幻觉，但不知道它们来自何处；她想自己是疯了。直到有一天，在一次幸存者的聚会上，一个人说"是的，在特雷津集中营，你能通过营房的门闩看见火车"时，她这才如释重负地发现自己没有疯。(Kinsler, 1990)

幸存者的不确定不是健忘的问题，因为事件总是顽固地、无法控制地强力回归。这也不是一个无法直接接触事件的问题，因为这类幻觉一般而言都是关于事件的幻觉，而这些事件都是可以通过其可怕的真相而被获取的。也就是说，不是不能接触或不能直接接触经验从而使得真相变得不确定，而是——非常反讽的是——它的令人震撼的直接性导致了其迟到的不确定性。实际上，在这些不确定经验的后面，是由创伤事实提出的一个更大的问题，即费尔曼说的"更大、更深刻、更难以否定的真理危机的问题"。这样的真理危机扩展到了个体治疗问题之外,它要问的是:我们在这个时代如何进入我们自己的历史经验,如何进入一种其真相不能简单、直接获取的历史。我认为,正是这样的真理危机,这类由创伤泄露的历史秘密,提出了对于心理分析的更大挑战,而且被更广泛地认为处于今天创伤研究的核心。

尝试理解创伤,就是尝试不断地进入这个悖论:在创伤中,与现实的最大对立还可能作为对于现实的麻木而出现。非常悖谬的是,直接性可能采取延迟的形式。经济学的和心理分析的解释对于充分把握这个奇怪的事实是绝对不够的。亨利·克里斯托(Henry Krystal)观察到这样一个事实:创伤事件的冲击在心理上没有留下任何记录,相反只是发现了空白和空洞。与此相似,多丽·劳布(Dori Laub)指出,大量的心理创伤"事先排除了关于它们的记录","这是一种有待记下来的记录"(Laub,1991)。这类事件的力量就在于其缺少记录。劳布认为,大屠杀包含了"见证的崩溃"(collapse of witnessing):"历史在没有见证的情况下发生。见证的迫切要求在历史实际发生时基本上是无法得到满足的。"(Laub,1991)

劳布触及了所有创伤的核心:不能在事件发生时充分见证它们。换言之,经验的力量似乎正是来自理解的崩塌。实际上,正是这个无法解释的创伤真空和历史经验之间的联系,才是弗洛伊德犹太人历史研究的关注焦点。在《摩西与一神教》中,他把犹太人的历史与创伤的结构进行了比较。让人惊讶的是事件在延迟一段时期之后的回归:

> 在火车相撞的事故中,有人虽然受了惊吓,但他明显没有受伤,他离开了出事地点。可是几个星期之后,他却产生了一系列严重的精神的和运动的症状,这些症状只能归咎于火车失事时他所受的惊吓等情况,他已经患了创伤性神经症。这显得相当不可思议。……在该事故和它的症状首次出现之间的那段时间被称为"潜伏期",它是传染性疾病病理学的一种明显显示。尽管创伤性神经症和犹太-一神教这两种情况根本不同,我们还是观察到两者之间的一个共通之处,那就是人们可能称为"潜伏期"的这种特性。[①]

---

① 〔奥〕弗洛伊德:《摩西与一神教》,张敦福译,北京大学出版社,2015,第86页。

在潜伏期，经验的后果并不明显，弗洛伊德用这个术语把创伤描述为从一个事件到对它的压抑再到它回归的连续性运动。但是，真正让人惊讶的是，事故受伤者对于事件的经验，以及事实上建构了弗洛伊德例子的核心秘密的东西，与其说是事故发生之后的遗忘，不如说是这样的事实：事故受伤者在事故发生时从没有充分地意识到"这个人离开了，没有受伤"。创伤经验不是对不能充分把握的现实的遗忘，而是其内部具有固有潜伏性。创伤的历史力量不只体现在经验于遗忘之后的重复，还体现在只有通过内在的遗忘并在内在的遗忘中创伤才被首次经验到上。正是事件的这个内在潜伏期，悖论式地解释了历史经验的特殊"时间结构"（temporal structure），解释了它的延迟：由于创伤事件在其发生时未被经验到，因此它只能通过与另一个场所的联系在另一个时间中被经验到。在创伤中，如果压抑被潜伏取代，那么，其"空白"（blankness），即无意识空间，就（悖论式地）将事件原封不动地加以保存了。就此而言，这个空白是至关重要的。历史是创伤的历史，意味着它恰好在下列意义上才是"指涉性的"（referential）：它（历史）在其发生的那个时刻没有"被充分知觉"（fully perceived）。换言之，历史只有通过其发生的"不可获取性"（inaccessibility）才可以被把握。

弗洛伊德对于历史和创伤之间这种纠缠、复杂的悖论式关系的洞察，可以告诉我们他对于心理分析的新挑战：它意味着创伤告诉我们的东西复杂地联系于它对于历史边界的拒绝；历史的真理紧密联系于真理的危机。这就是为什么心理分析被下面的问题所困扰：何为与创伤相符合的历史真理；或者，它最终将其根源置于心理的内部还是外部？一方面，弗洛伊德一开始就关注真实创伤事件的发生与病理学经验的关系；另一方面，很多人指出，弗洛伊德表面上明显"放弃了"诱奸儿童的现实性，是为了将创伤的起源完全重新定位于心理内部，定位于个体的幻觉，从而不承认暴力的历史现实。（Masson，1984）尽管坚持暴力的现实性是必要的和重要的任务，特别是作为对于"分析治疗"（analytic therapies）——这种治疗把创伤还原为幻想生活——的矫正，但是关于创伤经验起源于心理内部还是外部的争论，仍然错过了弗洛伊德对于创伤的核心洞察，这就是：创伤事件的冲击恰好在于它的"延迟"（belatedness），在于对简单定位的拒绝，在于其持续地呈现于任何单一的时间和空间的边界之外。弗洛伊德的《摩西与一神教》主张：创伤只有在一个潜伏期之后才发生。他力图告诉我们创伤为什么不是一种对于事件的简单或单一经验；相反，创伤性事件恰恰通过其时间的延迟而获得了力量。在心理分析的理论中，内在创伤和外在创伤的表面/明显分裂，以及相关的（其他精神病学）对创伤的界定问题——是依据事件还是依据对事件的症候性反应来界定创伤，或者以前的创伤对于现在的创伤的相对贡献，等等——在弗洛伊德的界定中，都将是直接经验内部分裂的功能，这种分裂就是创伤发生本身的特征。所有创伤都包含这种根本的无法定位的特征，而这种无法定位既是对事件的见证，也是对事件的不可直接接触性的见证。这就是这个"矛盾悖论的观点"（paradoxical notion）对于任何先入为主的对于经验的理解的挑战，它有可能重新说出失落的真理。

这个"历史的创伤概念"（historical conception of trauma）还可以理解为传达了心理分析关于危机和幸存之关系的思想的极端重要性和紧迫性。弗洛伊德的艰涩思想被理解为是解释战争创伤经验的尝试，它提供了一种让人深度困惑的洞见——对于创伤和幸存之间令人困惑的关系的洞见：对于那些经受了创伤的人而言，不仅是事件发生的那个时刻，而且是事件被忘记的那个时刻，才是"创伤性的"（traumatic），换言之，幸存本身可以是危机。

带着这样的洞见，心理分析不再是简单的关于他者的陈述，而是本身就是一个复杂纠结的行为，是关于幸存的陈述。布鲁姆对于弗洛伊德理论特征的概括，要求我们不仅仅将他当作一个理论家而且还当作一个开口说话的证人来加以倾听，他令人困惑地说出了自己幸存的危机："弗洛伊德的特别的力量在于力图说出或者尝试说出'无法说的东西'（what could not be said），因此在面对不能说的东西时拒绝保持沉默。"在这个不可能言说的基础上，心理分析理论和创伤通过这个视角确实会合了。

一方面，创伤具有"不可接触性"（inaccessibility），抵制充分的理论分析和理解；另一方面，学者们也开启了一个视角，探讨"创伤创造可能的幸存的方式"（the way in which trauma can make possible survival），探讨通过医疗的、文学的、教学的方法介入这种可能性的途径。创伤经验不是"一个神经质的歪曲"（a neurotic distortion）。一个惊人的事实是：创伤不是仅仅被经验为"压抑"（repression）或"防御"（defense），而是还被经验为"时间的延迟"（temporal delay），它把个体带出了最初的震惊。创伤是重复遭受事件的伤害，但也是持续离开事件发生的场所。因此，对于事件的创伤性再经验带着劳布说的"见证的崩溃"或了解的不可能，正是后者最初建构了创伤。通过具有这种来自经验事件本身的了解的不可能性，创伤开启了一种新的倾听类型和见证类型，也让我们尝试挑战一种新的倾听类型和见证类型，这就是对不可能性的倾听和见证。

如何倾听不可能的东西？这种倾听的一个挑战当然就是它不再仅仅是一个选择：能够倾听不可能性，也就是在通过知识把握它的可能性之前必须被它选择，这是它的危险——创伤"传染"的危险，"听者被创伤化"（the traumatization of the ones who listen）的危险（Terr，1988）。但是，这也是它仅有的传播可能性。劳布以一个临床医生的身份说："有时候不要知道太多反而好。"（Laub，1991）"倾听创伤的危机"（to listen to the crisis of a trauma）不仅仅是"听"（listen for）那个事件，还是从证词中听幸存者如何离开了事件；治疗性的听者面临的挑战是如何听这个离开。

对创伤的心理分析的和历史分析的最后意义在于这样的暗示：内在于创伤的固有的离开——离开创伤最初发生的时刻——也是超越/穿越由事件强加的"孤立"（isolation）的方法：创伤的历史，就其固有的延迟性而言，只能通过"听另一个创伤"（the listening of another）而发生。超越了自身的那种创伤言说的意义，涉及的不仅是个体的孤立（隔离状态），而且是更大的历史孤立（隔离状态），后者在我们的时代是"在我们的文化层次得到交流的"（communicated on the level of our cultures）。这样的言说，可以在弗洛伊德从其流放英国开始就坚持写作的《摩西与一神教》中发现，也可以在一种文化中的灾难幸存者向另一种文化中的幸存者讲述的时候发现。这样的言说和这样的倾听，即从创伤的场所来言说和倾听，并不依赖于我们相互间简单地了解的东西，而是依赖于我们还不知道的关于我们创伤化过去的东西。换言之，在大灾难的时代，创伤本身可能提供文化和文化之间的联系：不是作为对于别人过去的简单理解，而是——在当代史的创伤内部——作为我们通过所有人对于自己的偏离进行倾听的能力。

参考文献

American Psychiatric Association, 1987, *Diagnostic and Statistical Manual of Mental Disorders*, 3d ed., rev. Washington, D. C.：APA.

Bloom, Harold, 1982, *Towards a Theory of Revisionism*, New York：Oxford University Press.

Caruth, Cathy, 1991, "Unclaimed Experience：Trauma and the Possibility of

History," *Yale French Studies* 79 (1991).

Cohen, Jonathan, 1990a, "The Role of Interpretation in the Psychoanalytic Therapy of Traumatized Patients," *Paper prepared for the Sixth Annual Meeting of the International Society for Traumatic Stress Studies*, New Orleans.

——, 1990b, "The Trauma Paradigm in Psychoanalysis," *Paper Prepared for the Sixth Annual Meeting of the International Society for Traumatic Stress Studies*, New Orleans.

Freud, Sigmund, 1939, *Moses and Monotheism*, Trans. Katherine Jones, New York: Vintage.

——, 1920 (1955), *The Standard Edition of the Complete Psychological Works of Sigmund Freud*, Vol. 18. Translated under the Editorship of James Strachey in Collaboration with Anna Freud, Assisted by Alex Strachey and Alan Tyson, 24 vols. (1953-74), London: Hogarth.

Gay, Peter, 1988, *Freud: A Life for Our Time*, New York: Norton.

Hersey, John, 1985, *Hiroshima*, New York: Bantam.

Kinsler, Florabel, 1990, "The Dynamics of Brief Group Therapy in Homogeneous Populations: Child Survivors of the Holocaust," *Paper Prepared for the Sixth Annual Meeting of the International Society for Traumatic Stress Studies*, New Orleans.

Laplanche, Jean, 1970, *Life and Death in Psychoanalysis*, Trans. Jeffrey Mehlman, Baltimore: Johns Hopkins University Press.

Laub, Dori, 1991, "No One Bears Witness to the Witness," In *Testimony: Crises of Witnessing in Literature, Psychoanalysis, and History*, ed. Shoshana Felman and Dori Laub, New York: Roudedge.

Masson, Jeffrey, 1984, *The Assault on Truth: Freud's Suppression of the Seduction Theory*, New York: Penguin.

Terr, Lenore, 1988, "Remembered Images and Trauma: A Psychology of the Supernatural," *The Psychoanalytic Study of the Child*, New Haven: Yale University Press.

van derKolk, Bessel A., ed., 1984, *Post-Traumatic Stress Disorder: Psychological and Biological Sequelae*, Washington, D.C.: American Psychiatric Press.

专题二 跨文化形象学

主持人语

周云龙[*]

用若干特性对"非我"群体进行集体化约的实践，几乎和人类历史一样悠久。但作为学科领域，跨文化形象学有其形构和渐变的过程。从知识谱系上追溯，最引人瞩目的可能是启蒙运动的批评者维科与赫尔德及其文化相对主义观点，他们启发了人文科学中的比较研究。此外，深受黑格尔和费希特哲学影响的语文学共同主题，亦是特定历史情景对某种民族文化的塑造。差异原则与民族属性成为彼时文学研究毋庸置疑的基本前提。于是，我们看到斯达尔夫人以及后来的丹纳等人就种族秉性与文化特性而发表的经典论述。这个过程中，关于某个民族的刻板印象或形象生成的内在逻辑就出现了。

作为文学学科和批评体系的比较文学在19世纪后期的法国成为共识之际，路易-保尔·贝茨、巴登斯贝格等人就已经把民族间的相互观察列为比较文学主要研究任务之一，中国的梁启超此时也在其《国民十大元气论》中讨论国民性问题。半个世纪后，法国学者基亚把研究民族神话在个人或群体中的形成与延续作为比较文学的未来新方向。虽然没有创造出"形象学"的概念，但基亚对该领域的界说，非常了不起地暗示了学术范型的转换，即对既有异域形象研究中真伪之辨的超越——这比本尼迪克特·安德森享誉国际的《想象的共同体：民族主义的起源与散布》的发表时间早了三十多年。此后形象学逐渐走向表征分析，异域形象作为心智层面对其他族群的想象和感知，其研究重点在于思考投射在其中的文化心理。当然，

---

[*] 周云龙，福建师范大学文学院教授。

基亚的思考依托了"二战"后的反民族主义和去殖民化思潮。与基亚形成呼应的是美国学者韦勒克对形象研究的社会历史性指责。二人的出发点其实是一致的，但韦勒克的路径是借用文学批评中的形式主义对抗实证主义，以捍卫文学的内部研究。韦勒克的观点在 20 世纪 70 年代得到狄泽林克雄辩式的回应，狄泽林克不仅为形象研究正名，而且还提出他者形象与自我形象间的互生关系。"法国理论"介入人文研究领域后，比较文学开始大规模地进行科际整合，形象学也超越传统学科边界，被冲散并稀释在广义的跨文化批评中，与性别、媒介、阶级、族裔、后殖民等议题相耦合而变化万千。比如，萨义德的《东方学》、霍尔及其学术同道合作的《表征》，皆可视为当代形象学的典范之作。

跨文化形象学的学科历史展示了其学术范型从信息（真/伪）到知识（意识形态/乌托邦）的变迁过程。本专题三篇文章的议题与理路，均体现出形象学在当代的（跨）学科风貌和开阔的学术空间。如今，族群间的流动与互渗已成为常态，但与此相伴相生的却是异常尖锐的身份政治吁求，因而，异域形象研究更显紧迫。同时，数字媒介时代的知识生产及流通方式较以往有诸多变化，形象学该以何种包容开放的姿态去回应我们的时代，还需更多学者智慧性地参与。

艾菲尔的凝视:《卢济塔尼亚人之歌》中的性、帝国与亚洲形象[*]

周云龙

摘 要 《卢济塔尼亚人之歌》作为书写葡萄牙发现印度的民族史诗,其解析不应该局限于民族主义情感视野。在帝国框架中,可以看到该书中的亚洲形象在构建早期近代欧洲反思性主体时发挥的意识形态功能。史诗中的仙岛性爱场景是以神话方式再现葡萄牙的印度发现之旅。女性作为被征服者,反衬了葡萄牙帝国的男性气概,与此同时,这种男性气概又被自身反噬,成为女性或亚洲的猎物。史诗文本的这种暧昧与矛盾,结构性地传达着文本内在的干扰性因素,即叙事者对自我文化的疏离感。这种疏离感来自卡蒙斯的亚洲旅行经历和葡萄牙帝国自身的衰颓,而亚洲或女性狡黠善变的刻板印象也被再度强化。

关键词:《卢济塔尼亚人之歌》 卡蒙斯 亚洲形象 帝国 性别

Abstract The interpretation of the epic *The Lusíads* which describes Portugal's discovery about India should has a lens beyond nationalism. In the empire frame, the ideology function of constructing the reflective subject of the early modern Europe by the images of Asia in *The Lusíads* would be represented. The sex scenes on the Isle are representation of Portugal's discovery about India in a myth way. As the conquered, nymphs serve as a foil to empire's masculinity. Meanwhile the boomeranged masculinity become nymphs

---

[*] 本文为国家社科基金项目"地理大发现时代欧洲游记中的亚洲形象研究"(15BWW011)的阶段性成果。

or Asia's prey. The ambiguity in epic text expresses structurally the disturbing factor of estrangement between the narrator and his own culture. The estranging feeling origins from Camões' traveling experiences and Portugal empire's waning. The stereotype of capricious Asia or women is strengthened.

Key Words *The Lusíads*; Camões; images of Asia; empire; sexuality

一 超越民族主义

1553年3月,应征入伍的葡萄牙士兵路易斯·德·卡蒙斯(Luís de Camões)终于等到了前去印度的船只"圣本笃号"(São Bento)。半年后,卡蒙斯随船抵达葡萄牙在东方的殖民据点果阿。在参与战事之余,他完成了史诗《卢济塔尼亚人之歌》(*The Lusíads*)。[①] 关于《卢济塔尼亚人之歌》在早期近代葡萄牙的文化位置,诺埃尔通过一种比较的欧洲(文化)史框架,给出了一个恰如其分的评判:"不管以怎样的高度来估价这个人物和他的著作的重要性,都是不会过分的。……卡蒙斯和其他天才不同,他完全是一个民族诗人,他的杰作从头到尾都专门叙述他本国的史话。"[②] 诺埃尔的观点很容易让人联想到沃勒斯坦从政治经济学角度对早期近代欧洲民族主义的观察。沃勒斯坦认为:

> 毫无疑问,强盛国家的辩护士终究会把培养民族感情作为实现其目标的坚固支柱。而且在某种程度上,他们在16世纪已经这样做了。但是这种集体的感情倘若存在,通常主要的是适应君主个人的需要,而不是作为整体的民族国家。……在16世纪时,资产阶级的利益尚未同国家确定无疑地联系在一起。极大多数人对开放式经济比对封闭式经济更感兴趣。而对国家的缔造者来说,早熟的民族主义有局限于过于狭隘的民族疆域的危险。在早期,中央集权下的国家统制主义(statism)几乎可以说是反民族主义的,因为"民族主义"感情的边界常常

[①] 关于卡蒙斯的生平,可见 Luís Vaz de Camões, *The Lusíads*, Translated with an Introduction and Notes by Landeg White, Oxford: Oxford University Press, 1997, pp. xxv – xxvi。

[②] 〔美〕诺埃尔:《葡萄牙史》上册,南京师范学院教育系翻译组译,江苏人民出版社,1974,第206~207页。

比君主国家的边界还狭窄。①

虽然从1535年开始，葡萄牙王室开始允许私人经商者加入亚洲的远程贸易，尤其是1548年安特卫普商行关闭后，"君主资本主义（及其盟友中等资产者）被新兴的、强有力的跨国金融家——以商人为主及其盟友葡萄牙贵族所取代"②，但这仍然是一个"绝对君主"的时代。这就解释了《卢济塔尼亚人之歌》作为一部具有浓烈民族主义情感的葡萄牙史诗，为何在1572年出版后直到葡萄牙丧失独立这段时间都"不曾引起巨大的震动"，葡萄牙国王甚至史诗里面的英雄主人公瓦斯科·达·伽马的后人"都没有表示出明显的兴趣"③。与此同时，沃勒斯坦对16世纪欧洲民族主义的观察还提醒我们，阅读《卢济塔尼亚人之歌》时不应该局限于民族国家的视野，还需要一个超越国族的帝国框架。

帝国框架不同于民族国家。"在现代概念中，国家主权在一个法定疆域内的每平方厘米的土地上所发生的效力，是完全、平整而且均匀的。但是在比较古老的想象里面，由于国家是以中心（center）来界定的，国家与国家之间的边界是交错模糊的，而且主权也颇有相互渗透重叠之处。因而，很吊诡的是，前现代的帝国与王国竟能够轻易地维系他们对极度多样而异质，并且经常是居住在不相连的领土上的臣民的长期统治。"④ 安德森这段对比性评述涉及的是前现代帝国，本文所探讨的则是近代殖民帝国，而安德森强调的前现代帝国在主权与边界方面的诸特征，是近代殖民帝国也同时具备的，而且在中心与边远之间呈现为互动状态。早期近代欧洲跨越领土边界的帝国主权模式，为欧洲内部的"现代化"提供了多重刺激和动力。"16世纪欧洲变革的空间模式一定程度上反映了欧洲与美洲的结合，而且从第二个层次上说是欧洲与非洲和亚洲的结合……"⑤《卢济塔尼亚人之歌》

---

① 〔美〕伊曼纽尔·沃勒斯坦：《现代世界体系》第一卷，尤来寅等译，高等教育出版社，1998，第183页。
② 〔美〕桑贾伊·苏布拉马尼亚姆：《葡萄牙帝国在亚洲（1500—1700）》，何吉贤译，纪念葡萄牙发现事业澳门地区委员会，1997，第93页。
③ 〔美〕诺埃尔：《葡萄牙史》上册，南京师范学院教育系翻译组译，第219页。
④ 〔美〕本尼迪克特·安德森：《想象的共同体：民族主义的起源与散布》，吴叡人译，上海人民出版社，2016，第18页。
⑤ 〔美〕J. M. 布劳特：《殖民者的世界模式》，谭荣根译，社会科学文献出版社，2002，第248页。

作为达·伽马发现印度的旅行书写,本身就是对帝国意识形态"询唤"(interpellation)的一种回应。《卢济塔尼亚人之歌》不是从政治经济层面叙述欧洲与非洲、亚洲的互动,而是以文化隐喻的方式对葡萄牙帝国与非洲和亚洲的关系展开想象。《卢济塔尼亚人之歌》对布劳特所谓的"16世纪欧洲变革的空间模式"的表现是非常隐晦且微妙的,叙事者始终在一种具有现代意味的世界意识中展示这种空间感。

《卢济塔尼亚人之歌》中有两个让人惊叹的"现代"场景和细节。第一个在第七章第23节,当达·伽马的船队成功抵达印度后,他派遣一名葡萄牙使者前去国王那里传递消息:"奇怪的肤色、面貌和服饰,引来无数围观的男女老幼。"[①] 第二个在第十章第90、91节,仙女们带着返程中的达·伽马及其属下一起穿过森林,攀登山巅,一起观看巨大的世界机器:"在这个天体最核心的地方,是海洋与陆地构成的地球。人类就居住在这个中心上……"(第436页)这两个场景描述的内容各不相同,前者是葡萄牙使者与印度人遭遇的情形,后者是返程中葡萄牙人在仙界观看世界和地球的过程。虽这两个场景都在讲述"看",但目光却来自欧洲人眼中的印度人,在这个过程中,葡萄牙人反思性的主体意识诞生了。在这个意义上,这两个场景是"现代"的。

第一个场景中,当葡萄牙使者下船上岸后,叙事者理应顺着葡萄牙使者的视角描述"帝国之眼"中的印度"男女老幼",但这里却偏偏做了一个反转,葡萄牙使者感受并内化了作为"自我的他者"的印度人"围观"的目光。由此,他意识到自我相对于亚洲的"他异性"(alterity)——"奇怪的肤色、面貌和服饰"。这个过程正如诺尔曼·布列森在论述透视法时所说的那样:"单一的消失点标志着画作中激进的他异性原则的组构,因为观看者作为自身的客体在其凝视中回返了:某物在看我的看——有一个我从来都无法占据的凝视的位置,从这个位置上看到的景观,我只能通过翻转自身的位置和视角,并且把自己的凝视想象为水平线上全新的、折返的消失点来体会。"[②] 达·伽

---

① 〔葡〕路易斯·德·卡蒙斯:《卢济塔尼亚人之歌》,张维民译,中国文联出版公司,1998,第289页。《卢济塔尼亚人之歌》引文采用张维民的中文全译本,同时参照 Luis Vaz de Camões, *The Lusíads*, Translated with an Introduction and Notes by Landeg White, Oxford: Oxford University Press, 1997. 下文仅注引文所在页码。

② Norman Bryson, *Vision and Painting: The Logic of Gaze*, New Haven: Yale University Press, 1997, p. 106.

马船队和印度人的首次遭遇，是欧洲与亚洲真正开始接触的隐喻。葡萄牙使者的这种现代反思性主体意识的生成，正是欧洲在与亚洲相遇后所得到的回馈和后果，即布劳特说的"欧洲内部的现代化"。

第二个场景中，从发现印度之旅返程中的葡萄牙人在仙女们的引导下，有机会审视"巨大的世界机器"（第436页）时，他们发现地球在天体的中心，人类居住在这个中心上。这个场景除了具备人类（在《卢济塔尼亚人之歌》的叙境中当然指的是欧洲人）自我审视的现代性意义之外，同时还暗示了欧洲帝国的中心意识和人类的中心意识。忒提斯给达·伽马展示地球上的不同区域时，是从欧洲出发的，然后依次按非洲、西亚、南亚、东南亚和东亚的空间顺序排列。这个空间序列也是一种权力级差，即欧洲是"远比其它大陆文明昌盛"（第436页）的中心，由此辐射全球。这一叙述显然依循了"后设地理学"的原则，该原则"保留了'西方'欧洲人区别于遥远并且迷人的异域他者的意识"[1]，欧洲成为评估其他大陆文化的尺度和标准。虽然这架世界机器在诗篇中是球体，但在葡萄牙人的观看中，世界事实上已被呈现为图像。这个场景中，人类已经成为"存在者本身的关系中心"，"人在存在者范围内"已经成为主体，人类成为超越其外的其他存在者，世界成为现代人的图像。[2] 葡萄牙王权自然处于安德森意义上的帝国中心，统治着远方的国家和民族。这个场景处于达·伽马船队返程的环节中相当重要，因为这种具有促使空间变革意义的力量的出现，必须是在欧洲遭遇了亚洲之后。

二 达玛斯托尔的预言/诅咒

《卢济塔尼亚人之歌》与《荷马史诗》《埃涅阿斯纪》的亲缘关系已是学界共识和常识。同时从横向的殖民帝国框架和纵向的史诗文体传统，对《卢济塔尼亚人之歌》作出深度解读的是，大卫·昆特（David Quint）的《反抗的声音：史诗的诅咒与卡蒙斯的达玛斯托尔》。昆特认为，《卢济塔尼亚人之歌》的第五章中，达·伽马船队在接近好望角时，遭遇了怪物达玛斯托尔，达玛斯托尔对上天的违抗和对海的公主的觊觎，又是前往东方寻

---

[1] Martin W. Lewis, Kären E. Wigen, *The Myth of Continents: A Critique of Metageography*, Berkeley and Los Angeles: University of California Press, 1997, p. 62.

[2] 〔德〕马丁·海德格尔：《林中路》，孙周兴译，上海译文出版社，2014，第86、88页。

找财富的葡萄牙人的自我形象,也是诗人卡蒙斯自己宣称超越古代楷模如荷马和维吉尔的姿态;这个自我知识的生产过程伴随着对他者的双重压抑:达玛斯托尔的形象既是非洲人的替代品,同时又掏空了他们的在场,还强调了他们的葡萄牙主人。① 昆特对达玛斯托尔处在神人之间的现代寓言意义的解析,非常有力地揭示了《卢济塔尼亚人之歌》与帝国主义意识形态之间的隐微互涉。但是,昆特的分析重心在于欧洲和非洲之间的文化表征关系。昆特从《卢济塔尼亚人之歌》的结构出发,把达玛斯托尔的预言(也是诅咒)段落视为整部史诗的"中心点"(midpoint),"该段落赋予这部史诗在世界文学中一个位置,这个位置也是卡蒙斯甚至是他笔下的男主人公达·伽马宣示了所有权的"。② 昆特从这一出发点,恰恰显示出他的论证的不平衡性——昆特完全把达·伽马稍后成功的印度之行和返程之旅包括进了中心点,似乎后者并不具有相对独立的文本结构意义,只是支撑对达玛斯托尔的预言/诅咒的意识形态解读的补充性或印证性因素。在这个意义上,昆特的论述(至少在史诗的结构层面)其实是把达玛斯托尔的预言/诅咒作为终点而不是中心点来处理了。因此,昆特对《卢济塔尼亚人之歌》中的亚洲书写几乎视而不见,亚洲与欧洲的关系同样被排除在其视野之外。也许对昆特而言,亚洲无非是欧洲的第二个非洲。但是,《卢济塔尼亚人之歌》讲述的核心内容就是达·伽马的印度发现之旅。换句话说,发现印度才是《卢济塔尼亚人之歌》的中心点。文本结束于葡萄牙勇士发现印度后返程中一场宏大的庆功,这并不仅仅是为了与达玛斯托尔的失败预言/诅咒形成对照。③ 正如本文前面所论述的那样,达·伽马一行踏上印度的土地后,欧洲反思性的主体意识和自我的现代空间感开始因应而生。

《卢济塔尼亚人之歌》对亚洲(印度)的处理和对非洲(霍屯督人)的不同,正如昆特所指出的,后者莫名的愤怒、无意义的暴虐和海角的风暴一样被史诗的帝国修辞给非人化了;而前者则不然,它不仅仅印证了达玛斯托尔/霍屯督人的失败和葡萄牙人的成功,而且具有复杂而丰富的形象与内涵。在《卢济塔尼亚人之歌》的终结部分,也就是达·伽马带着属下

---

① David Quint, "Voices of Resistance: The Epic Curse and Camões's Adamastor," Stephen Greenblatt (ed.), *New World Encounters*, Berkeley: University of California Press, 1993, pp. 248 – 265.

② David Quint, "Voices of Resistance: The Epic Curse and Camões's Adamastor," p. 255.

③ David Quint, "Voices of Resistance: The Epic Curse and Camões's Adamastor," p. 261.

离开印度返回葡萄牙时,在茫茫大海上,收获了维纳斯带领的诸仙女在丰饶美丽的仙山琼岛上的爱情。这个部分是直接接续葡萄牙人的成功发现印度而出现的,它与达玛斯托尔的预言/诅咒部分间隔着叙事者对印度细致而冗长的观察与书写,以及葡萄牙人与印度人的复杂互动。因此,昆特完全忽视印度或亚洲的观点,① 就显得特别突兀且令人费解。昆特在连接达玛斯托尔的预言/诅咒与维纳斯的爱岛时直接跳过的发现印度部分,正是我们思考亚洲形象的巨大思想空间。《卢济塔尼亚人之歌》的最后一章紧承葡萄牙人与印度的互看互释,就像是为葡萄牙人的成功发现印度而举行的庆贺欢宴,更像是为葡萄牙帝国王权延伸到东方而举行的一场加冕典礼。本文将从史诗这个终结的部分探讨亚洲形象在《卢济塔尼亚人之歌》中的意义。

三　亚洲与帝国的男性气概

《卢济塔尼亚人之歌》的第九、十章中仙女与勇士相爱的段落,被昆特认为是"葡萄牙人劳作的性回报",而且"葡萄牙人得到了女孩、名誉和权力——而敌对的恶魔却遭受着失败的折磨"。② 当然,这个段落有着很强烈、鲜明的"厌女"(misogyny)倾向,似乎反衬了葡萄牙勇士们的"男性气概"(masculinity)。但昆特的解读仍然在强调欧洲对非洲的绝对性占有和胜出,显然把诗篇过于简化地处理了。

在维纳斯即将在海上变出仙岛之前,从印度返程的葡萄牙人已经开始满怀期望地想象归来的荣光与补偿:"即将要回到可爱的祖国,……人人都喜悦得难以形容,心儿都激动得难胜此情。"(第366页)紧接着就是维纳斯要补偿、抚慰这些艰辛的葡萄牙勇士的决定。我们知道,达·伽马和他的船队尽管发现了印度,但因为种种人为的阻挠,并没有真正成功地和异教国王"签订和平通商条约",事实上这是一种欲望的延迟——对亚洲的欲望不仅得以维持,而且被强化了。"心儿都激动得难胜此情",登上仙岛的威洛索不由得感慨眼前的一切"究竟是仙女儿还是幻影"(第387页)。此

---

① 昆特认为:"达玛斯托尔和它糟糕的预言事实上象征性地联结着《卢济塔尼亚人之歌》结尾部分,即葡萄牙人在维纳斯的爱岛上的庆祝。但这两个最著名的段落之间却是一种倒置的关系:葡萄牙人得到了女孩、名誉和权力——而敌对的恶魔却遭受着失败的折磨。"David Quint, "Voices of Resistance: The Epic Curse and Camões's Adamastor," p. 261.

② David Quint, "Voices of Resistance: The Epic Curse and Camões's Adamastor," p. 260, 261.

后充满色情想象的奇幻景观，毋宁说是航行在茫茫大海上筋疲力尽又群情亢奋的葡萄牙人的精神状态，在亚洲土地上海市蜃楼式的投射。

我们首先注意到，在《卢济塔尼亚人之歌》第十章中，当达·伽马的船队遇到仙岛时，叙事者采用了和第七章中抵达印度时完全相同的掺杂了神话元素的发现修辞。葡萄牙船队抵达印度时，有维纳斯女神暗中控制风神，似乎是上天把印度大陆推向了达·伽马及其属下。"你们成功在望，请看前面那片土地上有无尽的财富"，"他们眼前展现出大片陆地"，"刚刚一接近那片新的陆地，他们便发现了许多小渔舟"。（第280、286页）这些诗句一再强调印度的"财富""新"和葡萄牙人的"眼前""发现""接近"。这种视觉化的修辞，掺杂着强烈的色情意味和性别暗示，似乎丰饶的亚洲大陆是有待于葡萄牙勇士征服的处女/"新的陆地"。

这种发现的修辞，在第九章中几乎原封不动地被照搬到船队遇上维纳斯女神的仙岛的段落中，而且，其中的色情意味得到赤裸裸的渲染和强化。这个段落让人想起达·伽马的船队接近印度的过程，几乎可以视之为发现印度历史的神话版本。葡萄牙船队的"一片片圆鼓鼓的白色风帆"在这里是维纳斯点燃"海中仙女"情欲的"灵丹妙药"（第379、380页）。风帆是葡萄牙海上帝国的推动性力量和物质符号，它"圆鼓鼓"的状态充满了具有男性气概的侵略性和攻击性；同时，又是一种饱胀情欲的暗示，尤其是风帆与"强烈的爱情回报"相关联的时候，很容易产生饥饿而亢奋的审美联想。"贞洁无瑕"其实是"新的陆地"的同义语，"茫无人迹"、"突现"和"视野"（第379、380页）则强化了这种发现的原初性与拥有权。晨光女神"拨开夜幕"，表面上是在讲述时间的变化，其实是在暗示稍后的情欲场景，特别是"拨开"这一动词直接呼应葡萄牙人对亚洲/仙岛/仙女的发现与占有。"拨开夜幕"后被展示的"天空上的朝霞轻柔而怡人"（第380页）既是对仙女身体的色情化想象，也是对亚洲的性别化处理。

我们对比第七章中的印度和第九章中的仙岛，即可发现二者之间的互涉与转喻关系。葡萄牙人轻轻碰触却又不得不放手的印度，被叙事者描述为"有黄金、宝石和无数的财富，还有香水、香料和珍宝无数"（第292页）——仙岛或仙女在这里正是被葡萄牙人欲望化、色情化和性别化的亚洲的代名词，它的丰饶、富足与秀美，让这群葡萄牙人为之深深着迷。仙岛上的风物彻底被欲望穿透并拟人化。在葡萄牙帝国征服者或男性叙事者眼中，仙岛就完全像一个渴盼勇士前来俘获的丰满少女，它上面的一切都充满了显而易见且蠢蠢欲动的色情暗示。这方面的描写篇幅相当冗长，我们这里仅举出一例："金光灿灿的橘柚和枸橼，像达佛涅的金发般娇艳。……秀气的柠檬，发出清香，宛如一只只处女的乳房。"（第 382 页）诗作在此利用各种视觉、嗅觉、触觉等意象，充分激活读者的感官，并用女性的身体来比喻仙岛上的植物及其果实，为下文的色情场景作气氛上的铺垫。

达·伽马及其属下一旦踏上仙岛，就立即呈现出一个无比贪婪的捕猎场景。葡萄牙勇士与众仙女的"爱情"被叙事者多次暗示，这更像是一次力量悬殊的围猎："勇士们一发现珍奇的猎物，就会一见钟情把她们追求。……可谁也没想到在那座岛上，既无须套索，也无须罗网，就能捕获一种温驯的尤物，……有人手里拿着火枪和弓弩，毫不犹豫钻进了丛山密林，在繁茂翠绿的乔木灌木中，搜寻着欢蹦乱跳的小麋鹿。"（第 385~388 页）达·伽马及其属下登上仙岛之后，围猎成为一个高频的核心意象。猎手（"勇士""猎狗"）的急不可耐与猎物（"麋鹿""兔子"）的驯雅温顺，构成了一种志在必得的修辞效果。为了一窥非洲小村庄而被土著追杀的威洛索，在这里再次展示出他非同一般的好奇心和无比强烈的探索意识。威洛索的名字几乎成为好奇心和发现者的符号，他深信这个世界拥有着无数有待揭示的空间和秘密，同时对自己探索未知的能力充满自负。达·伽马等人在茫茫大海上遇到仙岛，又在仙岛上大喜过望且轻而易举地俘获了美丽的仙女，正呼应着他们对印度或亚洲的发现和想象性占有。威洛索所谓的"我们发现了世间闻所未闻，人们想也想不到的神奇事，说明这世界对疏忽的人类，还隐藏着无穷尽的神秘处"（第 385~388 页），其指涉的正是他们对印度的发现。威洛索的大胆猜想和对其他水手的捕猎动员，依据的正是前面发现印度的经验。正如丹尼斯·赛芙（Denise Saive）所言："在表现仙岛上的爱的场景时，卡蒙斯用抒情的形式缓和了强奸的含义。"[①] 尽管卡蒙斯极力地用富有想象力的诗句，把水手们的饥渴与粗暴以及仙女们的害羞与逃避粉饰成"爱情"，但这场被动员起来的围猎中暗隐的"暴力"和"强奸"含义还是不断溢出"爱情"的伪装："青年们就这样扑向仙女儿，幸亏她们不是福玻斯的姊妹。"（第 389 页）

这一整套对世界的寻找、侵入、揭示、探索的知识冲动和色情修辞，

[①] Denise Saive, *Challenging Masculinities: The Role of Gender in Os Lusíadas by Luís Vaz de Camões*, Dissertation for the Degree of Doctor of Philosophy at the University of Wisconsin-Madison, 2013, p. 94.

与他们在仙岛的"爱情"奇遇或暴力围猎一道,成为葡萄牙殖民帝国把权杖伸向亚洲时的男性气概的隐喻,亚洲或女性被"物化""低幼化",并"自然化"为葡萄牙勇士发现的战利品。但同时我们也可以看出这个充满性别含义的段落中自反的一面,很难说这些葡萄牙勇士围猎仙女的场景就是对葡萄牙水手或帝国男性气概的纯粹的礼赞或嘉奖;相反,其中暗含着暧昧与矛盾的意义面向——葡萄牙帝国丑恶的贪婪和残暴在史诗这个段落里也被一览无遗。这个段落的暧昧性质,不应该从反映论的角度简单地解读为作者卡蒙斯的人文主义立场在帝国叙事中发挥了平衡力量,也不能单纯地把它理解为诗歌写作中的"意图谬误"或后结构主义式的"延异"。尽管第二种角度有力否定了前者的表征思路及其对语言透明性的无条件信任,但这两种角度却共享同一个前提,即殖民帝国对亚洲(正如强大的猎手对顺驯的猎物)的绝对的宰制力量。本文要强调的是,这种宰制或捕猎仅仅是帝国意识形态的一个方面,如果所有的文本解析到此为止,那么上述解读就无形中成为对欧洲殖民帝国强力的再次确认和承认。根据福柯的观点,这根本就是对权力的一种误解,因为真正的权力是关系的网络,而不是单向的压抑,帝国殖民权力也不例外。[①] 在这部具有强烈民族主义情感的史诗中,暧昧与矛盾意味着其叙事里面存在裂隙和自反性。本文试图把史诗文本放置在近代欧亚交通的历史脉络中,从彼此互动的视野来解析文本,反观殖民帝国意识形态的自反性困境,进一步讨论亚洲在欧洲的世界意识中逐渐形成中的位置。

四 欲望的仙境或陷阱

我们在前面曾提及《卢济塔尼亚人之歌》第七章第 23 节里面一个极其重要的细节:达·伽马及其属下抵达印度时,被派遣上岸的使者遭到海边印度人围观,当使者感受并内化印度人的目光时,他看到了,也可以说发现了他自己——"奇怪的肤色、面貌和服饰"。这个细节之所以重要,是因为其中饱含丰富的隐喻意义。首先,达·伽马发现印度不是旅行的终点,而是一个起点,一个发现自我或发现欧洲的起点——这几乎是所有旅行书写的潜在结构,即旅行者最终是要返回/发现自我的,即使是像托梅·皮雷

---

① 〔法〕米歇尔·福柯:《性史》,张廷琛等译,上海科学技术文献出版社,1989,第 90 页。

斯那样埋骨东方的欧洲人，其灵魂也无时无刻不在归程中。其次，亚洲/印度具有回望欧洲的能力，最为奇妙的是，亚洲的回望能力正是欧洲的旅行者所极其渴盼且不可或缺的，如果仅仅是欧洲凝视、观察亚洲而得不到反馈，那么，欧洲就永远无法发现自我，获得反思性的主体，也就永远无法踏上归程，因为远走他乡正是为了寻找回家的路。最后，对欧洲的旅行者和发现者而言，他们不可或缺的亚洲的回望能力，将使帝国意识形态注定永远存在着不可缝补的裂隙。

如果从亚洲回望欧洲的角度来阅读达·伽马及其属下在仙岛与仙女的关系，我们可能认为，与其说是葡萄牙勇士对仙女的暴力围猎，不如说是仙女对葡萄牙水手以伪作伪式的诱捕。以此为出发点，我们可以看到仙岛的浪漫奇遇根本上就是维纳斯的一个设计："维纳斯女神谆谆告诫她们，**要显得**贞洁无瑕羞怯动人。"① 决心犒劳葡萄牙水手的维纳斯，在这里就像一名称职的导演，而来自海上的仙女则是杰出的表演者。从这个段落中"排演""推""送"（第379～380页）等一系列动词可以看出，维纳斯和众仙女为了与葡萄牙水手们相遇，做了相关的繁多准备。这些准备既包括仙女们稍后必须具备的诱惑技巧，还有仙岛在海上的位置设定。这一切紧锣密鼓的准备工作仿佛为即将到来的葡萄牙人布下了天罗地网。这张等待猎物的网编织得如此密实、巧妙，以至于第九章第53～63节的篇幅全部用于描述这个人为的充满了诱惑的温柔之乡。但这里既是欲望的仙境，也是欲望的陷阱。

叙事者把葡萄牙水手比作成功寻找到金羊毛的伊阿宋，他们登上仙岛之后，仙女们开始了一场盛大的伪装与表演："此刻第二代亚尔古船英雄，已经登上那座秀丽的小岛，仙女儿们却装作若无其事，在树林间无忧无虑地散步。"（第384页）这两节诗句中分别出现了两个猎物：第一个是上岛的葡萄牙水手，仙女们虽然对他们装作视而不见，但时刻做出追逐猎物的姿态；第二个是仙女，她们自比为葡萄牙水手的猎物。这两个猎物分别从属于两个对立的群体，事实上是在暗示仙女们以伪作伪的策略。此刻，仙女们为到来的葡萄牙水手刻意预留了一个凝视的位置，把自身作为后者的猎物（其实是诱饵），诱导后者进入欲望的陷阱。正如叙事者所描述的矛盾又暧昧的围猎场景所展示的那样："众仙女在枝叶间躲闪藏匿，与其说轻盈，

---

① 句子中的黑体为引者所加。

不如说狡黠,她们一边嬉笑,一边惊叫,渐渐有意让猎兔狗追赶上。……只见一个仙女故意跌倒,她表情温柔不显一丝懊恼,……有的仙女装作怕遭受欺凌,不顾害羞,裸身跑向树丛……"(第387~388页)表面看上去,葡萄牙水手/男性在这里是主动的凝视者与征服者,仙女是被动的凝视对象和臣服者,但事实上仙女才是真正的猎手,而葡萄牙水手才是猎物,是仙女成功捕获了葡萄牙水手。所以,手持金弓金箭的仙女装作追逐的猎物并不是一个虚指,而是一个暗喻。

罗兰·巴特在他的爱情隽语集子《恋人絮语》中,提出了一个相当有趣的观察:"假如有这么个恋人,他终于能够'爱慕'了,那么他也就处于女性化的范围里了,与那些伟大的情女、真正的善女为伍了。"① 巴特的观点吸引人的地方不在于他对男女两性差异的具体感受,而在于他对男女两性间转化共通的敏锐理解,尽管这种转化共通在巴特这里是以爱情为条件的。这种局限性,正好可以为我们进一步观察登上仙岛追逐猎物或步入陷阱的葡萄牙水手的性别表征,提供一个有启发性意义的参照。

《卢济塔尼亚人之歌》第九章第75~82节,仿佛是集体场景中的一个特写镜头,大篇幅地选取了众多情侣中的一对进行细描,英武倜傥的莱奥纳德与桃夭柳媚的艾菲尔当然是其中的首选对象,当然,他们也是这场仙岛奇缘的一个缩影。我们可以从诗句中清晰地看出,深陷爱情之网的莱奥纳德在爱慕、迷恋和追求艾菲尔的过程中,完全丧失了史诗前面的章节所赋予的葡萄牙勇士们的男性气概:"美人呵你不该如此狠心,我要把我的生命献给你,你已经摄取了它的灵魂!"(第390页)这些多愁善感的绵绵情话,与前面刚武有力的发现修辞可谓格格不入,很难想象这些感伤沉重的诗句来自发现了印度的葡萄牙勇士,他们阳刚的男性气概在爱情面前一扫而光。作为仙女们的猎物,被捕获的不仅仅是这些葡萄牙水手,还有这些葡萄牙勇士的男性气概——他们与仙岛和仙女融为一体,显示出一种前所未有的女性化特质。最终,美丽的艾菲尔停下脚步,转向忧伤的莱奥纳德:"美丽的艾菲尔已不再逃避,转身向忧伤的追求者凝视。"(第390页)伴随着爱情一起融化的还有葡萄牙勇士的男性气概。如果在发现的修辞中来理解达·伽马及其属下遭遇仙岛的过程,就可以把这个段落视为发现印度的历史的神话重述,那么,我们该如何理解发现仙岛后的"爱情"场景?尤

---

① 〔法〕罗兰·巴特:《恋人絮语》,汪耀进等译,上海人民出版社,2004,第147页。

其是曾经无比阳刚、象征着伸向亚洲的葡萄牙帝国权杖的舰队，何以此刻在仙岛的密林深处化作绕指柔？

艾菲尔转身凝视追求者莱奥纳德的情景，再次向读者唤起达·伽马舰队初抵印度时，被派遣上岸的使者遭遇印度人围观目光的瞬间。当葡萄牙人首次遭遇印度人的那一刻，葡萄牙人在凝视印度人，印度人同样也凝视着葡萄牙人。一般情况下，我们会把凝视的权力想当然地归于强者葡萄牙人，但是，我们已经论证过，共时的凝视，即印度人的反馈与回望可能恰恰是葡萄牙人所渴盼的。由此，发现自己的"他异性"、反思性的主体方可诞生，返程才有可能。在这个意义上，艾菲尔的凝视其实正隐喻着亚洲对葡萄牙发现者的回馈。"卡蒙斯尝试把帝国之'爱'抒情化，但是，与此同时，又揭示了追求者可能被转换为被爱的人，在爱的过程中男人变得女性化。"① 亚洲/艾菲尔这一转身的凝视或回馈，几乎是一种文化上的"去势"过程，把葡萄牙发现者/殖民帝国转换为被动的知识客体——使后者有机会发现了自身的"他异性"，这里呼应着达·伽马一行登陆印度时被看的段落。

那么，书写葡萄牙民族灵魂②的《卢济塔尼亚人之歌》为何会内在地包孕着一个自反性的结构？关于这个问题，有研究指出："某些葡萄牙水手在仙女面前的笨拙反映出葡萄牙宫廷的不稳定性和不断弱化的政治影响力。《卢济塔尼亚人之歌》写作于一个男性主宰的时代，它对性以及男女互动的表现，展示了发生重大变革的时代，男性心态所遭受的影响。我认为仙岛上的女性表征为理解卡蒙斯对葡萄牙的男性气概和未来的展望以及他就此与国王塞巴斯蒂安（Sebastião）的沟通提供了线索，卡蒙斯的诗歌就是献给国王塞巴斯蒂安的。"③ 这种解读意在说明《卢济塔尼亚人之歌》是"处江湖之远"的诗人卡蒙斯对国家和君王的未来命运的忧思及其表达，而诗歌的结构则是卡蒙斯委婉的进谏方式。支撑该观点的是一种浪漫主义的作者决定论，即作品《卢济塔尼亚人之歌》的意义属于作者，这种帝国男性气概的矛盾性张力是作者意图的设计和实现，而作品本身则是时代精神的反

---

① Denise Saive, *Challenging Masculinities: The Role of Gender in Os Lusíadas by Luís Vaz de Camões*, p. 94.
② 《卢济塔尼亚人之歌》在20世纪40年代曾被高美士、张翼之翻译为"葡国魂"。
③ Denise Saive, *Challenging Masculinities: The Role of Gender in Os Lusíadas by Luís Vaz de Camões*, pp. 95–96.

映。这种解读孤立地看，似乎没有什么太大的问题；但是，反映论和作者决定论的阅读方式中暗隐的短路做法——直接把历史/作者与文本/意图相对应，完全无视语言符号的不透明性和作者的多元复杂性。正是在这个意义上，本文不同意上述的阅读方式与文本阐释。

根据相关资料，《卢济塔尼亚人之歌》大部分完成于卡蒙斯在亚洲游历期间，[①] 那么，东方或亚洲除了在史诗中被描述为葡萄牙帝国的权杖所及之地或被发现的他者外，还具备另一重此时此地的意义，即作为（意识形态）文本的《卢济塔尼亚人之歌》的生产氛围与跨文化脉络。16 世纪中后期，也就是卡蒙斯在东方期间，葡萄牙帝国在亚洲的远程贸易即使不是处于衰退的阶段，也是已经陷于内外交困的窘境。葡萄牙王室及其辛苦经营的君主资本主义此时正在经受资金缺乏的折磨，而且由于西班牙国王查理五世的影响，葡萄牙王室的内层人物对阿维斯王朝的过于鲜明的商业特性越来越感到不安，因此，这段时间首次有人认为贸易有失"皇室的尊严"。[②] 除此之外，亚洲此时的情形对葡萄牙而言也已失控："首先，中国沿海变化无常的情况就无法使葡萄牙人从这个地区的贸易中获得重大利益；只是在平息了倭寇之后……葡萄牙人才开始从与中国的贸易中受惠。1560 年后存在的一个重要问题仍然是中国政府限制其臣民参与与日本人的贸易活动；正是由于这一情况，葡萄牙人才在将近半个世纪的时间里在有利可图的中国—日本贸易中占有了最大份额（但没有完全垄断）。"[③] 在一定程度上，亚洲的远程贸易对疲惫的葡萄牙帝国而言，似乎不再是一种福祉，而是一个负担，甚至可以借用昆特的表述来说，是一个诅咒。在这个意义上，我们也可以把《卢济塔尼亚人之歌》第十章对葡萄牙海外拓殖历史的回顾与礼赞，视为一曲献给帝国的挽歌。

《卢济塔尼亚人之歌》是多重主体意识与跨文化氛围互动的结果。因此，本文把《卢济塔尼亚人之歌》及其暧昧的性视为历史个体与欧亚交通/世界转型脉络的关系想象。如果把卡蒙斯在亚洲的游历本身视为写作《卢济塔尼亚人之歌》的作者因素之一，那么亚洲在这部史诗的生产过程中就

[①] 〔美〕诺埃尔：《葡萄牙史》上册，南京师范学院教育系翻译组译，第 210~211 页。
[②] 〔美〕桑贾伊·苏布拉马尼亚姆：《葡萄牙帝国在亚洲（1500—1700）》，何吉贤译，第 97 页。
[③] 〔美〕桑贾伊·苏布拉马尼亚姆：《葡萄牙帝国在亚洲（1500—1700）》，何吉贤译，第 113 页。同样的观点亦见〔葡〕文德泉《贾梅士来过澳门》，（澳门）《文化杂志》2005 年第 54 期中"贾梅士时代的中国"部分。

扮演着一个意味深长的角色——亚洲并非直接体现于《卢济塔尼亚人之歌》所描述的历史文化，而是在文本与葡萄牙文化之间制造了一个令人苦恼的物理距离与叙事裂隙。因此，《卢济塔尼亚人之歌》远非仅仅是对葡萄牙民族主义情感的建构，它还结构性地传达着旅行书写文体的一个内在干扰性因素，即空间距离带来的对自我文化的疏离感。这种疏离感在《卢济塔尼亚人之歌》结构中的具体表现就是，亚洲/仙岛/仙女对葡萄牙帝国的男性气概的回望与反噬。当然，亚洲/女性狡黠与善变的刻板印象在此也被再度强化。

当代中国科幻电影中的外国人形象

陈国战[*]

摘 要 当代中国科幻电影中的外国人通常都不是创作者精心刻画的中心人物,而是作为次要角色发挥功能性作用。他们更像是当时社会中的集体观念的无意识流露,因而是考察当代中国社会中的世界观念和自我观念变迁的窗口。在1958年的《十三陵水库畅想曲》中,世界被想象为"两大阵营",中国在其中的位置明确而坚定。到了1980年的《珊瑚岛上的死光》中,外部敌人被做了模糊化、去政治化的处理,体现出改革开放初期中国积极拥抱世界的姿态。而在2019年的《疯狂的外星人》和《流浪地球》中,美国英雄成为被明显或隐晦地调侃和解构的对象,这表露出当前中国社会中普遍存在的对现实和文化领域中由美国主导的"强势规则"的不满,以及试图打破这种规则的冲动。

关键词:科幻电影 外国人形象 美国英雄 形象学

Abstract The foreigners in Contemporary Chinese science fiction films are usually not the central characters depicted by the creators, but play functional actions as secondary roles. They are more like the unconscious revelation of the collective ideas in the society at that time, and provided a window to investigate the changes of world concept and self-concept in Contemporary Chinese society. In *Ballad of the Ming Tombs Reservior* (1958), the world was imagined as "two camps", in which China's position was clear and

---

[*] 陈国战,首都师范大学文化研究院副研究员。本文为首都师范大学文化研究院2019年度一般课题"当代中国科幻文化产业的发展现状与政策研究"的阶段性成果。

firm. In *Dead Coral Island*（1980）, the external enemies were blurred and depoliticized, reflecting China's active embrace of the world in the early days of Reform and Opening-up. In *Crazy Aliens* and *The Wandering Earth* released in 2019, American heroes have become the object of ridicule and deconstruction, which shows the widespread dissatisfactions with the "strong rules" dominated by the United States in the real and cultural fields, as well as the impulses to try to break these rules.

Key Words　science fiction film; image of foreigner; American hero; imagology

中国科幻小说诞生于晚清列强环伺的背景下，从一开始就具有鲜明的民族寓言意味，当时，很多科幻小说热衷于讲述中国人的海外游历，借此表达对未来中国的世界位置的想象和期许。新中国成立后，科幻小说被赋予科普功能，再加上中国在世界格局中的位置业已确立，且发展目标明确，因此，关于未来中国的世界位置的想象不再是一个突出的主题。不过，新中国成立以来的科幻电影中依然经常出现外国人的身影，他们通常都不是创作者精心刻画的中心人物，而是作为次要角色发挥功能性作用。他们更像是当时社会中的集体观念的无意识流露。基于这种理解，本文将通过分析几部有代表性的中国科幻电影中的外国人形象，透视当代中国社会中的异国想象和世界观念的变化。

一　《十三陵水库畅想曲》："两大阵营"的敌友划分

科幻研究者一般将 1958 年上映的《十三陵水库畅想曲》作为新中国成立后拍摄的第一部科幻电影。这部电影由截然分明的两部分组成，前半部分着重表现修建十三陵水库过程中各种人物的表现，尤其浓墨重彩表现了农民、工人、老红军群体的劳动热情。后半部分则畅想了 20 年以后的十三陵公社，那时，这里已经建成共产主义，到处瓜果飘香，丰衣足食，"每个社员每年可以分配到 365 条大肥猪……每条都在 1500 斤以上"；在现代科技的帮助下，人们还可以控制阴晴雨雪、进行视频通话、乘飞船往返火星等。正是这些对于未来社会和未来科技的大胆想象，使这部意在宣传十三陵水库建设的影片具有了科幻色彩。

这部影片中的外国人形象出现在前半部分，一共有两组：一组是以安德烈夫为首的"苏联等11个兄弟国家的作家和记者"，另一组则是一个叫杰克逊的"西方国家的记者"。这两组外国人对十三陵水库建设工程的态度泾渭分明：安德烈夫等人对中国人民充满友好和信心，称赞"胜利属于伟大的中国人民"；而杰克逊则对中国人民表现出偏见和怀疑，他在自己的报道中说"这里是集中营式的劳动"，并对工程能否如期完成表示怀疑。

在新中国成立初期"一边倒"外交政策的影响下，这种按照社会主义和资本主义"两大阵营"来划分敌友的处理方法并不奇怪，影片流露出的对两组外国人的亲疏态度也判然有别。从人数上看，来自"兄弟国家"的外国人有11个，而来自"西方国家"的外国人只有1个，这显然暗示了我们的事业"得道多助"，而我们的敌人则是"孤家寡人"。从人物形象上看，"兄弟国家"的记者无不温文尔雅、亲切友善，而杰克逊则显得流里流气、不务正业——他戴着一副墨镜，叼着一支香烟，走路松松垮垮、摇摇晃晃。从人物语言上看，安德烈夫操着一口标准的普通话，而杰克逊的汉语发音则显得非常怪异，自带一种滑稽可笑的效果。通过这样的对比，影片明确传达了将世界划分为"两大阵营"的社会集体想象，并指明了中国在这一世界图景中的位置。

值得进一步分析的是，影片并没有明确交代杰克逊来自哪个"西方国家"，同时，他也没有被塑造成意欲破坏建设工程的敌人，他最多不过是不认同这种集体劳动方式，并对其效果表示怀疑。在影片中，虽然郭团长在与其交往时流露出冷淡和鄙夷态度，但仍然保持着基本的外交礼仪。一方面，这种处理方式有助于传达昂扬向上的革命乐观主义情绪，它暗示我们的事业不仅"得道多助"，而且没有什么真正有威胁的敌人，只有暂时理解不了、跟不上我们前进步伐的"落伍者"。另一方面，这也是由当时中国的政治状况尤其是对外战略决定的，在1956年4月25日所做的《论十大关系》报告中，毛泽东提出："在国际上，一切可以团结的力量都要团结，不中立的可以争取为中立，反动的也可以分化和利用。"[①] 在这种政治背景下，不管是对杰克逊国籍的模糊化处理，还是对其反面形象的淡化处理，都是与这种对外战略的要求相一致的。

这种政治背景不仅影响了该片对外国人形象的塑造，还影响了对反面

[①] 《毛泽东文集》第7卷，人民出版社，1999，第23~24页。

中国人形象的处理。影片中的反面中国人形象主要有两个,他们都是知识分子。一个是黄教授,他支持十三陵水库建设工程,但对其困难考虑过多,忧虑过重。影片善意地嘲讽了黄教授的保守和迂腐,让他与老红军出身的同龄人构成鲜明对比——20年以后,其他人都越活越年轻了,只有黄教授已经老态龙钟。另一个是青年作家胡锦堂,他不仅对建设工程冷眼旁观,只想着沽名钓誉,而且还在感情上见异思迁,是影片着力刻画的负面形象。但是,影片也没有把他塑造成阶级敌人,对他最严厉的评价也不过是"他早已不是我们集体中的一员了"。

影片对来自"兄弟国家"的外国人的处理同样值得分析。据历史资料记载,当时十三陵水库建设工地上不仅有外国作家和记者前来参观、考察,还有很多外国专家、使馆人员、代表团等直接参加了劳动。[①] 在工程技术问题上,苏联专家更是发挥了至关重要的作用,比如,"在当时对于水库渗漏问题的研究与防治中,中方的技术与经验均较为不足,主要听取经验更为丰富,并曾经成功解决过类似水库渗漏问题的苏联专家的意见,中方更多承担提供实验数据的任务"[②]。在苏联专家大规模援华的时代背景下,这是很容易理解的。但在这部影片中,那些直接参与劳动和规划设计的外国人一个都没有出现,而只出现了一个由作家和记者组成的参观团。而他们只是十三陵水库建设的旁观者、见证者,而非直接参与者,这显然突出了中国人自己在十三陵水库修建过程中的主体地位。

这种按照"两大阵营"观念表现外国人的方法,在同时期出版的科幻小说中也有体现。比如,在童恩正出版于1960年的短篇小说《古峡迷雾》中,就出现了一个叫史密斯的美国人形象,他不仅借探险的名义从中国盗窃古物,而且还谋害了中国考古学家吴均。小说通过年轻的考古工作者陈仪之口,点出了这篇小说的主旨:"近百年来,由于我们落后,受的帝国主义的欺凌是数不胜数的,我们不能忘记这些耻辱,永远也不能忘记!"[③] 在这篇小说中,史密斯是一个彻头彻尾的大反派,但值得注意的是,他的罪

---

① 参见王泽坤编写《碧水青天:十三陵水库施工建设与胜利竣工》,吉林出版集团有限责任公司,2011。
② 张乃乙:《十三陵水库工程初步研究》,硕士学位论文,中国科学技术大学,2018,第39~40页。
③ 童恩正:《古峡迷雾》,姚义贤、王卫英主编《百年中国科幻小说精品赏析》第一册,科学普及出版社,2017,第278页。

行并不是发生在写作这篇小说的新社会,而是发生在 27 年前的旧社会,这不仅不会破坏革命乐观主义的时代氛围,而且还通过今昔对比达到了对当下社会的认同。在同时期的其他一些小说中,来自苏联和其他社会主义国家的外国人也屡有显影。比如,郑文光创作于 1957 年的短篇小说《火星建设者》中,就出现了"苏联的格鲁辛柯教授和匈牙利的华伦纳蒂教授",尽管这些来自社会主义阵营的外国人在作品中只是一闪而过,没有留下清晰的形象,但他们无疑都是中国"火星建设者"的亲密合作伙伴。

有研究者提出:"十七年科学文艺关注的并不是'幻想',而是'现实',幻想常常是被拒绝的概念。"[①] 诚如其所言,在政治规训的力量愈加强化的社会环境中,以想象力相标榜的科幻作品注定不会是信马由缰、漫无方向的,而是沿着现实规定的"正确"方向发挥想象力。从这个意义上说,科幻作品的未来取向与社会主义建设对光明未来的允诺正可以相互借力,在这一过程中,科幻获得了合法性,而社会主义建设的未来图景也得到了预言般的呈现。尤其是在"大跃进"时期,科幻作品中的"幻想"与现实社会中的"浮夸风"更是高度契合,甚至难分彼此。在这种创作环境中,包括《十三陵水库畅想曲》在内的科幻作品必然会复刻现实社会中关于"两大阵营"的世界想象,这些作品里的外国人形象也成为向国内民众呈现中国世界位置的一面镜子。

二 《珊瑚岛上的死光》:外部敌人的模糊化、去政治化

1978 年 3 月全国科学大会召开以后,我国科幻文学迎来了"黄金时代"。进入 20 世纪 80 年代后,一批具有科幻色彩的电影陆续上映,其中出现了外国人形象的电影有《珊瑚岛上的死光》(1980)、《错位》(1986)、《合成人》(1988)等。在这些影片中,反面的外国人形象大都国籍模糊,他们一般不再是某个主权国家的代表,而是商业利益集团的代表,中外的矛盾冲突呈现去政治化的倾向。这在《珊瑚岛上的死光》从小说到电影的改编过程中体现得最为明显。

童恩正的短篇科幻小说《珊瑚岛上的死光》初稿完成于 1964 年,正式发表于 1978 年,两年后被改编为电影上映。小说中出现了两个外国:一个

[①] 李玥阳:《重访"小灵通"的时代》,《读书》2020 年第 5 期。

是"某大国"，另一个是"X国"。其中，"某大国"是主要的反面形象，它的特务机构为了占有华裔科学家赵谦发明的高压原子电池，不惜雇用黑社会歹徒杀人越货。而在此之前，他们还欺骗另一位华裔科学家胡明理（即后来的"马太博士"）在荒岛上为其工作，以制造军事武器。从小说中屡屡出现的"北极熊""熊掌"等暗示不难看出，这里的"某大国"指的是苏联。这也是同时期科幻小说中经常出现的假想敌。比如，在郑文光发表于1979年的科幻小说《飞向人马座》中，破坏"东方号"宇宙飞船导致其突然起飞的敌人就是来自北方的"北极熊"。而在同年发表的王晓达的科幻小说《波》中，不管是那个被俘的飞行员，还是那个被识破的科技间谍，也都来自"北方那个超级大国"。由此可见，随着国际形势的变化，在当时的中国科幻小说中，苏联形象出现了彻底的翻转，由亲如兄弟的朋友变为虎视眈眈的敌人。而到了1980年上映的同名电影《珊瑚岛上的死光》中，原小说中的"某大国"被做了更加模糊化的处理，不仅没有指明其来自"北方"，还去掉了"北极熊""熊掌"等过于明显的暗示，这就使得这部电影中主要的外部敌人变得国籍不明了。

小说中的"X国"暗指的是美国，这是华裔科学家赵谦和胡明理工作与生活的国家。在这里，胡明理受到"X国"政府的重用和表彰，同时也遭到利用和欺骗，当他得知自己的几项发明都被用到了军事上时，他就与"X国"政府决裂了。对于"X国"所代表的资本主义世界的文化，小说也明确表达了批判立场。为此，小说特意设置了马太博士的助手罗约瑟这个角色，他是一个深受资本主义文化"荼毒"的人，在他的书橱上，"下面两格却摆满了资本主义世界常见的荒诞色情小说。如《黄金岛之恋》《杀人犯的自白》《发财致富之路》，等等。在四用机旁边的塑料架上，堆满了各种'甲壳虫'音乐和'狂飙'音乐的录音带和唱片"[①]。这些描写为他后来的"变质"埋下了伏笔，正是在这种文化的影响下，罗约瑟贪图享乐，最后不惜勾结"某大国"，眼睁睁地看着自己的导师被杀害。而到了电影中，"X国"与美国之间的关联模糊化了，对"X国"的批判也弱化了，里面的"X国"和"某大国"甚至可以被理解为同一个国家；虽然罗约瑟最后还是背叛了马太博士，但他的这一行为与资本主义文化影响之间的关联被取消了。

---

① 童恩正：《珊瑚岛上的死光》，姚义贤、王卫英主编《百年中国科幻小说精品赏析》第二册，科学普及出版社，2017，第429页。

更有意味的是，小说中雇凶杀人的是"某大国"的特务机关，欺骗和利用胡明理教授的洛非尔公司也是受"某大国"暗中操纵的；而到了电影中，这一切的幕后黑手都被改写成了一个"外国财团"，至于这个财团到底属于哪个国家，电影并没有给出明确的暗示。也就是说，小说中的敌人是一个好战的主权国家，它迫害和利用华裔科学家是为了达到其军事目的；而电影中的敌人则是一个国籍不明的商业利益集团，它追求的是科技发明带来的高额利润。电影对小说中的"X国"也做了类似的去政治化改写。在小说中，胡明理之所以离开"X国"，是因为他的几项发明被"X国"政府用到了军事上，他多次抗议无果后心灰意冷，主动选择离开。而到了电影中，胡明理则是受到一个科研机构的欺骗，这个科研机构窃取了胡明理的发明，还把他投入精神病院中。如果说小说展现的是一个华裔科学家与一个外国政府之间的对抗，那么电影则淡化了冲突一方的政府背景，体现出一种将中外矛盾冲突去政治化的意图。

关于童恩正在将自己的小说改编为剧本时为何做了如此改动，目前已无从查考。但这显然与改革开放初期中国社会政治环境的变化、对外战略的调整是分不开的。这种模糊化处理能够避免刺激任何一个国家，尤其是美国，有助于为中国的改革开放营造一个和平稳定的外部环境。尤其值得注意的是，中美两国于1979年1月1日正式建交，而《珊瑚岛上的死光》的小说版和电影版分别面世于此前一年和此后一年，在此期间，中美两国关系的发展并非一帆风顺。结合这种时代背景，电影中将"X国"与美国之间的关联进行弱化处理也就不难理解了——在国际形势前景不明的时代环境中，即使有人将电影中的这个异国解读为美国，那电影直接批判的对象也不再是美国政府，而是一个民间科研机构。这有助于消除国内保守派和民众长期形成的"仇美"心理，使改革开放得以顺利推进。

这种将中外矛盾冲突去政治化的倾向在同时期的其他科幻电影中也有体现。比如，在电影《错位》中，中国科学家发明了一项合成人的新技术，引得美国、苏联、日本、西德等国家的公司争相购买，但这位科学家谁也不卖，以此表明了自己的爱国之心。在这里，中外关系已经去除了政治和军事对抗的因素，成为国际市场中的竞争关系。而在电影《合成人》中，中外矛盾冲突也完全体现为一种商业冲突——外国人通过行贿手段把落后的技术设备卖给了中国企业，使其蒙受损失，而之所以会如此，并不是因为外国人有多坏，而是中国企业的内部管理出了问题。这样一来，电影的主旨就不再是表现中外对抗，而是指向对中国社会内部问题的反思。这似乎预示着进入市场经济时代以后，经济竞争逐渐取代政治军事对抗，成为中国人想象中外关系的主导模式。

需要指出的是，尽管《珊瑚岛上的死光》正面表现了中外的矛盾冲突，但其主旨仍然是借此表现华裔科学家的爱国之心，纠正此前电影中对华侨和外籍华人的污名化呈现。童恩正在创作谈中说："我想用文艺形式表现一下国外华裔科学家的思想和工作，可能对于肃清四人帮的流毒能起一点微小的作用。"[①] 可以说，这一时期的中国科幻电影基本上都可以被称为一种"问题电影"，它们都是对中国社会内部新出现的某一现实问题的反映和反思，比如，《错位》关注的是"文山会海"问题，《合成人》反思的是"任人唯亲"的企业管理方式，《大气层消失》提醒人们关注生态问题，等等。这些作品中的外国人形象大都国籍不明、形象模糊，他们在电影中只是扮演功能性的角色。

三 《疯狂的外星人》和《流浪地球》：解构美国英雄

2019年，《疯狂的外星人》和《流浪地球》两部国产科幻电影横空出世，票房双双取得巨大的成功，由此，这一年被人称为"中国科幻电影元年"。这两部风格迥异的电影都是在全球化背景下讲述中国的科幻故事，试图凸显不同于好莱坞科幻大片的本土特色。在进行这一尝试时，两部电影都对好莱坞大片中常见的美国英雄形象进行解构，表露出相似的时代征候。

作为一位以喜剧电影成名的导演，宁浩涉足科幻题材时的解构意图非常明确，具体来说，这部电影主要是通过戏仿来完成解构的，而它解构的对象既包括美国科幻电影所确立的类型特征，也包括这些电影塑造的美国英雄形象。众所周知，科幻电影具有鲜明的美国文化特色，《星球大战》《2001太空漫游》等提供了科幻电影的经典范本，给后来的创作者带来巨大的"影响焦虑"。姬少亭曾提出：《疯狂的外星人》中出现了科幻电影中的很多经典元素，而这与其说是一种致敬，不如说是一种挑衅。[②] 首先是对外

[①] 童恩正：《关于〈珊瑚岛上的死光〉》，《语文教学通讯》1980年第3期。
[②] 这一观点出自姬少亭在《今日影评》特别策划节目《看·电影》中的分享，以下关于音乐和场景的分析也参考了姬少亭的观点。参见《〈疯狂的外星人〉以解构挑衅传统科幻片》，1905电影网，https://www.1905.com/video/play/1445536.shtml，最后浏览日期：2020年6月28日。

星人入侵地球这一经典主题的解构。在这部电影中，外星人不是大举对地球发动进攻，而是意外坠落于地球；外星人不仅没有给人类带来毁灭的威胁，而且还被人类文明所同化；外星人造成的破坏局限在一个由人造景观组成的公园中，这就使得地球人与外星人之间的"星球大战"成为一场"茶杯里的风波"。其次是对经典科幻电影营造出的崇高感的解构。《疯狂的外星人》多次使用了《2001 太空漫游》中的经典音乐《查拉图斯特拉如是说》，在其中一个场景中，这段恢宏的音乐却配以中国的锣鼓、唢呐等乐器，营造出一种狂欢嬉闹的氛围，使经典科幻电影的崇高感荡然无存。最后是对科幻电影中的经典场景的解构。在很多科幻电影中，地标性建筑的毁灭常常被用来营造一种末日感，能够给观众带来巨大的视听震撼；而在《疯狂的外星人》中，世界公园中各国地标性建筑模型的相继毁灭，构成了对同类电影场景的戏仿，借助一种可称为"元电影"的叙事手法，揭示了这些经典电影画面的制作方式。

更明显的是，《疯狂的外星人》对美国英雄形象进行了彻底解构。虽然电影并没有明确指出 C 国就是指美国，但从其国名 Amanika 不难看出，它暗指的就是美国。在好莱坞科幻电影中，紧要关头挺身而出拯救地球的常常是一个超级强悍的美国英雄，借助好莱坞电影的全球传播，这种美式英雄的影响遍及全球。《疯狂的外星人》专门设置了一个似乎游离于叙事主线之外的情节——一个亚裔青年对"美国队长"的超级崇拜，就是为了表现这种美式英雄的超强影响力。而在《疯狂的外星人》中，这种类型的美国英雄则成为被揶揄和嘲弄的对象。在这部影片中，C 国人高傲自大，自认为是人类最优秀的代表，但他们在现实中却处处碰壁，处处显出自己的笨拙。C 国特工不仅被中国山寨版的地标性建筑捉弄得团团转，而且还煞有介事地与一只猴子建交。最后，为了区分外星人和猴子，C 国空降兵竟全员装备上了中国耍猴用的铜锣。

这些喜剧元素的融入使《疯狂的外星人》成功解构了美国英雄形象，但同时也使其科幻品质被冲散，更像是一部加入了科幻元素的喜剧电影。此外，它对美国英雄的解构也近乎丑化，并在网络上引起关于"辱美"的争议。正如有学者提出的："作为后全球化时代的电影作品，《疯狂的外星人》也不可避免地暴露出时代的征候。当宁浩以反讽的叙事方式成功地解构了外星人、C 国人和世界公园的耍猴人三者之间的鄙视链时，实质上又用'高贵者最愚蠢，卑贱者最聪明'这一潜含的命题，重构了三者之间颠倒的鄙视链。影片中，C国人用舌头舔着沾着耿浩排泄物的基因球，其恶搞的放纵近乎恶俗。"①

与之相比，《流浪地球》是通过有意规避美国元素来解构美国英雄的。不可否认，美国仍是当今世界第一科技强国，美国人也是科幻电影中最常见的拯救地球的英雄，在这样的现实和文化背景下，《流浪地球》中美国形象的缺席就成为一个引人注目的设置。作为一部由中国人主创、主要面向国内市场的科幻电影，《流浪地球》显然要把主要英雄角色分配给中国人。除了中国人以外，影片中还出现了俄罗斯的宇航员以及来自日本、德国、韩国等国家的救援队，唯独没有美国。这显然是一种有意的设置：一方面，这是对如何表现未来的中美关系这一难题的规避；另一方面，这也是对美国英雄独霸科幻银幕这一文化现实的挑战。

于是我们看到，《流浪地球》构设了一个没有美国的未来世界，在这一世界中，不是一个超凡的个体，而是一个英雄的家族（中国航天员刘培强及其岳父韩子昂、儿子刘启）填补了美国英雄缺席后留下的位置，他们像愚公移山一样前仆后继，通过一代又一代的牺牲来完成对地球的拯救。从这个意义上说，他们不同于美国英雄。但从另一个角度看，不管是刘培强还是刘启，也都被塑造成了超级英雄，他们父子联手，一个在天上、一个在地上共同完成了点燃木星的壮举，而其他人（包括外国人）都成为其英雄形象的陪衬。比如，在空间站中，俄罗斯宇航员马卡洛夫是刘培强最好的朋友，从他们的对比可以看出，刘培强果敢坚定，既忠于自己的使命，又敢于挑战联合政府的权威。而马卡洛夫虽然是一个好哥们，但自制力较差，还违反禁令将酒带入空间站。通过这种对比，刘培强更显坚定自律，而他所代表的中国在这一想象的未来世界中的地位也是不言而喻的。

在《流浪地球》中，敌对力量都是非人格化的，开始是天灾，后来是准备"叛逃"的人工智能莫斯。这种将敌对力量非人格化的处理方式屏蔽了国与国之间的矛盾、冲突，将人类塑造为一个共同营救地球家园的"命运共同体"。不过，当"地球派"和"飞船派"的矛盾出现时，刘培强与莫斯之间的激烈冲突就表露出一种重要的时代征候：出于一种"价值观自信"而对"强势规则"的不信任和不认同。当刘培强与代表联合政府的莫斯发生冲突后，他坚持认为"没有人类的文明毫无意义"，孤注一掷地要做最后

---

① 范志忠、蔡峻：《〈疯狂的外星人〉：后全球化时代的拟像话语》，《当代电影》2019年第3期。

一搏。这既是对中国价值观的宣示——以人为本，敢于牺牲，同时也可看作对某种强势规则的不满和挑战，流露出一种因受到压抑而产生的不平之气。刘培强扔出的酒瓶像炮弹一样将空间站点燃，就可看作要砸碎这种规则的隐喻。

由此反观《疯狂的外星人》，也可发现它预设了一个存在文明等级的世界，在这一世界中，中国人处于歧视链的低端。这部电影的主题就是要对这种歧视链进行解构和毁坏——自视为高等生物的外星人被当成猴子来驯化，降格为与歧视链末端的猴子同属于一个物种；当 C 国的高级特工拿起中国的铜锣时，他俨然变身为一个和中国人耿浩一样的"臭耍猴的"；而猴子欢欢却被 C 国人当成最尊贵的外星使者，并一度获得了外星人的超能力，跃居歧视链的顶端。可以说，整部电影就是对文明等级论这一假设的"强势规则"的解构，而其中最核心的一环就是暗指美国的 C 国人与中国人之间的关系。可见，不管是在《流浪地球》中，还是在《疯狂的外星人》中，美国都是中国科幻故事中最重要的他者，这凸显了当前中美关系的极端重要性；同时，它们不约而同地将美国作为解构的对象，也表露出中国社会中普遍存在的对来自现实和文化领域的美国压力的感知，以及伴随着综合国力的提升而愈加强烈的不满情绪。

结　语

科幻作品是一种偏重于观念传达的艺术类型，这使它成为社会观念史研究的重要材料。新中国成立后的 70 年间，虽然中国科幻电影数量不多，但它们都出现在重要的历史节点上，是考察中国社会中的世界观念和自我观念变迁的窗口。在这些科幻电影中，外国人形象一直作为次要角色而存在，很少引起研究者的关注，不过，从观念史研究的角度看，这些容易被忽视的次要角色恰恰最能体现一个时代的集体观念。在 1958 年的《十三陵水库畅想曲》中，世界被想象为"两大阵营"，中国在其中的位置明确而坚定。到了 1980 年的《珊瑚岛上的死光》中，外部敌人被做了模糊化、去政治化的处理，体现出改革开放初期中国积极拥抱世界的姿态。而在 2019 年的《疯狂的外星人》和《流浪地球》中，美国英雄成为被调侃和解构的对象，这表露出当前中国社会中普遍存在的对现实和文化领域中由美国主导的"强势规则"的不满，以及试图打破这种规则的冲动。

技术与灵学之间的日常空间
——以近代上海催眠文化的传播现象为个案

席艺洋[*]

摘　要　清末民初，催眠术被引入中国后，它在民间的传播和影响远胜于专业精神治疗领域。现有的研究主要将催眠视作迷信产物，但关于它被报刊、出版物等传播媒介重塑的过程，却少有论及。在城市化的进程中，技术变革与文化转型令催眠的传播呈现出科学与迷信的张力。催眠不仅曾被想象成新的医疗手段，还被想象成维持社会秩序、解决社会问题的新方案。精英与民众对这一现代时空体验的共同热衷，令它超脱于表面的生活细节而被赋予特殊的历史和文化意义。重新从日常生活的视角考察催眠文化的传播过程和渗透机制，将有助于我们理解中国近代都市文化空间复杂而多元的面貌。

关键词：催眠术　都市空间　民间文化　医疗文化　生活世界

Abstract　After the introduction of hypnosis into China during the late Qing and early Republican era, its spread and influence in the folk were far superior to the professional psychotherapy. Existing research mainly regards hypnosis as a superstition. However, how it is reshaped by the media such as newspapers, periodicals and publications is rarely discussed. In the process of urbanization, technological change and cultural transformation have made the

---

[*] 席艺洋，香港中文大学文化研究哲学博士，中山大学传播与设计学院博士后研究员。本文的写作过程承蒙李欧梵教授启发，谨此致谢。

spread of hypnosis show a tension between science and superstition. Hypnosis was not only imagined as a new medical method, but also as a new solution to maintain social order and solve social problems. The common enthusiasm of the elite and the people for this modern experience of space and time makes hypnosis born out of everyday life and is given special historical and cultural significance. Re-exploring the transmission process and penetration mechanism of hypnotic culture from the perspective of everyday life will help us understand the complex and diverse approaches of Chinese modern urban cultural space.

Key Words hypnotism; urban space; folk culture; medical culture; lebenswelt

引 言

近年来，学界已从不同方向，倡导将"生活世界"作为拓展民众生活经验研究的新视域，为日常生活及都市空间研究提供了新的视角和反思路径。① "生活世界"（lebenswelt）由德国现象学家胡塞尔（Edmund Husserl）首先使用。之后，学者们纷纷参与到对此概念的讨论中。② 鲍辛格（Hermann Bausinger）在《技术世界中的民间文化》中与"生活世界"概念的对话，引发了学界对"日常文化和生活世界"研究的重新定位。③ 值得一提的

---

① 参见高丙中《民俗文化与民俗生活》，中国社会科学出版社，1994；户晓辉《民俗与生活世界》，《文化遗产》2008 年第 1 期；刘晓春《探究日常生活的"民俗性"——后传承时代民俗学"日常生活"转向的一种路径》，《民俗研究》2019 年第 3 期；等等。Hermann Bausinger, *Folk Culture in a World of Technology*, Translated by Elke Dettmer, Bloomington: Indiana University Press, 1990; Michel de Certeau, *The Practice of Everyday Life*, Berkeley: University of California Press, 1984; Henri Lefebvre, *Critique of Everyday Life*, London: Verso, 1991; Ben Highmore, *Everyday Life and Cultural Theory: An Introduction*, New York: Routledge, 2002.
② 对胡塞尔而言，"生活世界"（lebenswelt）和"日常生活世界"（alltagliche lebenswelt）是有所区别的。"生活世界"是一个较为超验的概念，"日常生活世界"则是经验性的，胡塞尔更重视的是前者。但海德格尔、舍勒等却并未像胡塞尔一样重视超验性的"生活世界"，而是偏向讨论经验性的"日常生活世界"。
③ 户晓辉：《民俗与生活世界》，《文化遗产》2008 年第 1 期。

是，日常生活研究并非直接等同于"以日常生活为对象"的研究，而是以日常生活作为目的和分类方法，侧重在流动的、意象性建构的共同体中探究民俗性。[1]"日常生活"是意识形态角力的场域，现有的研究成果提示我们，诸多固有被标签化的文化其实有着复杂而深层的根基。[2]

因此，在考察民众生活变革和现代经验时，倘若只聚焦于其固有标签，便很容易错失其背后存在的多种不同意识形态碰撞和渗透的过程。日常生活有着不易改变的传承性的一面，但亦存在被创造的变异性的一面。[3] 在中国拥抱现代经验的进程中，技术世界并非只存理性特征，民间世界亦并非只有非理性特征，特别是在考察现代经验介入民众生活的过程中，既有的研究存在诸多固化的二元对立的刻板模式，这应当得到新的反思。[4] 在医疗社会史研究方面，中西交流和东亚内部知识传播视角的引入，为日常生活研究注入了新的活力。不过，与以医药为主轴的物质文化视角相比，关于医疗文化在民间如何渗透的讨论尚不足够。[5] 因此，有必要继续拓展研究视野，反思民间医疗文化与政治、思想、宗教、文学等不同社会层面的互动关系，重新发掘医疗文化所呈现的社会现象和文化意义。[6] 催眠文化在大众中受到追捧并非偶然，它有着更深层的社会诉求和传播契机。

催眠术是一种运用心理暗示进行沟通或治疗的方法，它兴起于18世纪，20世纪初已成为在世界范围内极具影响力的民间文化现象。[7] 清末民初，兼

---

[1] 刘晓春：《探究日常生活的"民俗性"——后传承时代民俗学"日常生活"转向的一种路径》，《民俗研究》，2019年第3期。
[2] 高丙中：《中国人的生活世界：民俗学的路径》，《民俗研究》2010年第1期。
[3] 周星：《"生活革命"与中国民俗学的方向》，《民俗研究》2017年第1期。
[4] 〔德〕赫尔曼·鲍辛格：《技术世界中的民间文化》，户晓辉译，广西师范大学出版社，2014，第36页。
[5] 近年来，关于疾病与医疗史的研究成果十分瞩目。相关论著如杨念群的《再造"病人"：中西医冲突下的空间政治（1832—1985）》，林富士《中国中古时期的瘟疫与社会》，梁其姿《面对疾病：传统中国社会的医疗观念与组织》，余新忠《清代卫生防疫机制及其近代演变》，皮国立《国族、国医与病人：近代中国的医疗和身体》，刘士永、王文基主编《东亚医疗史：殖民、性别与现代性》，李尚仁《帝国与现代医学》等。另外，北中淳子（王文基、巫毓荃编著）的《精神科学与近代东亚》是为数不多的关于精神医学史的研究成果。
[6] 林富士：《中国疾病史研究刍议》，林富士编《疾病的历史》，台北：联经出版社，2011，第15～16页；杜正胜：《作为社会史的医疗史——并介绍"疾病、医疗和文化"研讨小组的成果》，《新史学》第6卷第1期，1995，第114页。
[7] "催眠术"的英文学名hypnotism源自希腊神话中睡神hypnos之名。另一名称mesmerism则因近代催眠术的倡导者、催眠术中"动物磁力说"（animal magnetism；日文：動物磁気）的提出者、德国医生梅斯梅尔（Franz Mesmer）而得名。

具科学、迷信的特殊张力的催眠术，是中国社会流行的新名词。都市催眠文化以新知的姿态出现，曾在市民生活中广为流行。关于催眠文化的传播，有两方面值得注意：一方面，尽管催眠术的科学性颇受质疑，但作为无法普遍适用的精神医学技术，它常在日常话语中被不断用于强化现代技术的科学性；另一方面，在中国城市化的进程中，作为迷信产物的催眠术，往往更容易让我们注意到对它的质疑和批判，而难以发现报刊、出版物等传播媒介在日常生活中对这一技术的重新塑造。因此，本文选择以日常生活研究为视角，旨在考察催眠文化的民间互动机制，继而探究中国都市文化转型过程之中民间流行观念的消解与重组。

一 民俗与新知：催眠文化的社会谱系

无论关于民俗学的研究还是关于日常生活的研究，倘若将现代经验、都市、政治等因素排除在外，就有可能会错失其研究对象在文化史中的复杂而丰富的面相。催眠文化在近代中国的传播，正从一个侧面展现了这种面相。

在西学东渐的过程中，自19世纪开始盛行于欧美的"灵学研究"（psychical research）进入了中国。灵学又名"灵魂学"，主要以科学之名研究超自然的现象，鼓吹心灵感应、遥视（千里眼）、灵异等现象。19世纪末至20世纪初，对欧美灵学及催眠术的研习是日本的都市流行文化；留日的中国人接触了催眠术之后，将之转介到中国。[1] 1909年，由在横滨的中国人创办的"中国心灵俱乐部"进入中国后，更名为"中国心灵研究会"，开始大量吸纳受众。[2] 20世纪初，灵学研究不但和传统宗教信仰中的扶乩（挥鸾）活动有直接关系，而且还尝试将之与西方催眠术、灵学等相结合。[3] 催眠术的兴起与灵学机构的壮大有关，因为灵学团体常通过催眠术宣扬特异功能，

---

[1] 黄克武：《灵学与近代中国的知识转型——民初知识分子对科学、宗教与迷信的再思考》，《思想史》（2），台北：联经出版社，2014，第162页。

[2] 中国心灵研究会曾出版《罗伦氏催眠术二十五课》（心灵科学书局编译部译）、《呼吸哲学》（余萍客著）、《电镜催眠法》（余萍客著）、《新灵子术》（天岸居士译述）、《桌子浮扬现象》（李声甫译）、《太灵道》（天岸居士著）等。张泽贤：《民国出版标记大观续集》，上海远东出版社，2012，第510~511页。

[3] 黄克武：《民国初年上海的灵学研究：以"上海灵学会"为例》，（台北）《"中央研究院"近代史研究所集刊》第55期，2007，第99~136页。

解释灵异现象。① 催眠文化的传播，伴随着物理、化学、宗教、心理学等领域的诸多新名词。② 在民间传播过程中，催眠文化在启发民智、改良社会话语的背后还有更复杂的社会因素。

（一）催眠术的民间资源

催眠文化之所以会在近代中国的民间流行，首先离不开中国民俗文化中对催眠现象的长期痴迷。在中国，对催眠文化的考察，可以追溯到古代祭祀、占卜和其他宗教活动中的"失神"（ecstasy）状态；中国传统医学，也一直保留着以咒术治病的技能，③ 据记载，古代医术中早已有类似催眠的行为。上古时期的祝巫被视作与鬼神相通者，"祝"的含义与"巫""医"均有联结之处。④ 以所谓的"祝由"治病术为基础，隋唐时代的咒禁术被逐渐专科化，唐代设立附属于太医署的"咒禁博士"，由此咒禁术进入官方医疗体系。⑤ 至清代，由于信奉萨满，太医院这才废除了祝由科。⑥ 由此，利用催眠术治病的活动声势下降。

不过，在祝由淡出官方医学话语后，灵学在欧美、日本等地逐渐发展壮大，后又进入中国。西方灵学活动中的催眠术成分刺激了中国民间催眠

---

① 关于灵学的历史，可参见 *Parapsychology: Research on Exceptional Experiences*, Jane Henry, ed., London; New York, NY: Routledge, 2005。民国时期上海教授催眠术的灵学机构主要包括中国心灵研究会、神州催眠学会、东方催眠讲习会等。参见李欣《中国灵学活动中的催眠术》，《自然科学史研究》第 28 卷第 1 期，2009，第 14 页。另，关于五四时期灵学会研究参见李欣《五四时期的灵学会：组织、理念与活动》，《自然辩证法研究》第 24 卷第 11 期，2008，第 95~100 页。
② 实藤惠秀根据高名凯、刘正琰著《现代汉语外来词研究》和王立达《现代汉语中从日本借来的词汇》等研究总结的中国来自日语的现代汉语词汇表中，记录了"催眠术"一词。参见〔日〕实藤惠秀《中国人日本留学史》，东京：黑潮出版社，1960，第 395~403 页。
③ 林富士：《中国的"巫医"传统》，生命医疗史研究室主编《中国史新论：医疗史分册》（中研院丛书），台北：联经出版社，2015，第 68 页。
④ 《说文·巫部》："巫，祝也。女能事无形，以舞降神者也。"（汉）许慎撰、（宋）徐铉校定、王宏源新勘《说文解字》，社会科学文献出版社，2005，第 255 页；《广雅·释诂四》曰："医，巫也。"王念孙疏证："巫与医皆所以除疾，故医字或从巫作毉。"（清）王念孙：《广雅疏证》，中华书局，1983，第 126 页。
⑤ 朱瑛石：《"咒禁博士"源流考——兼论宗教对隋唐行政法的影响》，荣新江主编《唐研究》第 5 卷，北京大学出版社，1999，第 147~160 页；范家伟：《六朝隋唐医学之传承与整合》，香港中文大学出版社，2004，第 59~89 页。
⑥ 古健青等编《中国方术大辞典》，中山大学出版社，1991，第 449 页。

文化的重新流行。民国时期，民间较为熟悉的"化人"①"定神术"等概念被用于诠释催眠术之"新"原理。其中，较为典型的诠释是将催眠术视作"定身法"，也就是令人无法动弹的禁咒之术。② 一些知识人认为催眠师是利用"天君筋"发指令来治病。"天君"是古人对心的别称，心被视作思维的器官。民间的降仙童、扶乩、八仙转桌、筋斗术等活动，也被用于向民众解释新传入的西方催眠术。③ 可见，催眠文化在民间并非完全的舶来之物。再者，用催眠术治病的方法在中国民间长期存在，所以西方催眠文化在进入中国后便能够很快被本土观念所接纳。

（二）催眠文化中的革命与新学

在很长一段时间，催眠文化都被视作中国传统文化的糟粕和迷信。不少研究在关注催眠文化时，主要涉及对催眠文化中迷信成分的批判，并将迷信成分与之切割，却较少谈及对迷信成分的改造，以及迷信成分在社会生活中被重新塑造的形态及意图。也就是说，对于催眠术如何介入中国现代的文化实践和民众的生活世界，还有待研究。④ 根据现有的原始文献，各类催眠读物出版的高峰期在1910年代至1930年代。⑤ 在此时段，人们对催眠术的认识其实十分混杂。催眠类的出版物很容易和治疗失眠症的出版物相混淆。治疗失眠的方法与心理学范畴的催眠疗法相差甚远，因为心理学中的催眠疗法并不要令患者熟睡，而是令人自主意识减弱。⑥ 五四时期，《新青年》曾对包括催眠术在内的灵学有过批判，原因是催眠术被视为迷

---

① "化人"出自《列子·周穆王第三》中"西极之国有化人来"，据张湛注，"化人"为"化幻人也"，即有幻术之人。(晋）张湛注《列子》，上海古籍出版社，2014，第77~79页；梁宗鼎：《催眠说》，《东方杂志》第13卷第7号，1916。
② 钱香如：《催眠术》，钱香如著、颖川秋水编《香如丛刊（卷三）·笔记》，游戏书社，1916，第5页。关于"定身术"，参见《太平广记》引《埔城集仙录》对徐仙姑法术的描述，袁珂编著《中国神话传说词典》，北京联合出版公司，2013，第208页。
③ 卢可封：《中国催眠术》，《东方杂志》第14卷第2号，1917；第14卷3号，1917。
④ 吕微：《民间文学-民俗学研究中的"性质世界"、"意义世界"与"生活世界"——重读〈歌谣〉周刊的"两个目的"》，《民间文化论坛》2006年第3期。
⑤ 参见北京图书馆编《民国时期总书目（1911—1949）·自然科学·医药卫生》，1995，第547~548页。
⑥ 商务印书馆"医学小丛书"之一的《失眠症之疗法》是当时较受关注的医学类出版物。周进安编的《失眠症之疗法》于1923年12月首次出版，1938年5月已经印行到第6版。

信，而迷信将阻碍科学的进步。① 不过，在五四前后，知识界对催眠术的认识，既有从科学角度的分析，又有超自然力方面的想象。② 知识人对催眠术的阐释夹杂了西方科学（含心理学）和东方儒家道德理念等不同的知识脉络。③ 这一过程正值近代中国的知识转型期，在众声喧哗中，催眠术的含义并没有越辩越明，反而变得更为复杂。

根据商务印书馆出版的综合性刊物《东方杂志》在1911年到1919年间的讨论，可见此一时期知识界对催眠术一直保持关注。该杂志曾在1910～1919年对催眠术有过一系列的介绍，并结集出版。④ 总的看来，在五四之前，学界是将催眠术作为新知识进行考察和研究的。相关的讨论主要分两类：一类是通过介绍催眠动物的实验，提倡对催眠术研究；⑤ 另一类，则是在民间传统文化中寻找催眠术的根源，试图对其作出合理化的解释。在民国时期心理卫生运动的影响下，催眠文化在民间的渗透曾借助西方心理学知识，试图因应清末以后关于国民改造的时代诉求，以建立身体、中国传统文化和西方疾病阐释系统之间的新关系。⑥

在民国时期心理卫生基础建设不足的状况下，一些医者在引介域外技法时，将中国修身之道和西方打造自我的新技术相糅合，如将心理治疗法和儒家的核心思想相结合，类似的手法也被运用到催眠文化的传播中。催眠术所宣扬的实验效用引起了教育心理学家、医生及少数精神医学家等的注意。⑦ 其中较早对催眠术产生兴趣的是民初上海著名医师、医学教育者汪惕予⑧，

---

① 黄克武：《灵学与近代中国的知识转型——民初知识分子对科学、宗教与迷信的再思考》，《思想史》（2），第171～178页。
② 《东方杂志》曾是传播灵学的重要期刊，可参见郑国《民初知识界对灵学的吸收和传播——以〈东方杂志〉为例》，社会问题研究丛书编辑委员会编《会党、教派与民间信仰：第二届中国秘密社会史国际学术研讨会论文集》，知识产权出版社，2012，第540～549页。
③ 黄克武：《灵学与近代中国的知识转型——民初知识分子对科学、宗教与迷信的再思考》，《思想史》（2），第169页。
④ 东方杂志社：《催眠术与心灵现象》，商务印书馆，1924。
⑤ 王我臧译述《动物与催眠术》，《东方杂志》第8卷第7号，1911。
⑥ 皮国立：《从"补肾"到"荷尔蒙"疗法：民国时期新式抗病技术与日常生活》，张勇安主编《医疗社会史研究》第3辑，中国社会科学出版社，2017，第32～77页。
⑦ 王文基：《预防、适应与改造：民国时期的心理卫生》，祝一平编《健康与社会：华人卫生新史》，台北：联经出版社，2013，第237～257页。
⑧ 汪惕予（1869～1941），名自新，上海"自新医科学校"及附属医院、中国女子看护学校的创办者。参见《绩溪县教育志》编委会《绩溪县教育志》，方志出版社，2005，第339～340页。

他早在1911年就曾译述日本人竹内楠三的《动物催眠术》，后又翻译了日本翻译家、作家涩江易轩（涩江保）的催眠术著作。① 对催眠感兴趣的甚至有当时的革命党人，如清末著名革命团体光复会领导人之一陶成章，早年曾在上海教育通学教授催眠术。陶成章称，研习作为新学的催眠术是为了强国扶志。② 但是，陶成章的友人魏兰却对此给出了另一种解释。他指出，陶成章面向公众传播催眠术的意图是暗中联络革命党的成员。他之所以选择公开讲授催眠术，有吸纳听众的考量。③ 陶成章的这两种意图显示了催眠文化和当时社会运动的一种结合形式，这与法国大革命时期人们利用催眠术推动革命具有一定的相似性。

从内容观之，陶成章对催眠术的宣扬显示了新知、迷信和革命在市民生活中的混杂交融。陶成章讲义中的主要观点出自灵学研究中的主流学派——"动物磁气派"。陶氏的讲义在解释催眠原理时认为，人之所以会被催眠，其原因在于人的注意力和意识可以作为变量而被改变。这种解释方式在日本哲学家井上圆了为破除民众迷信而写的著作《妖怪学讲义》中也有相似阐述。④ 不过，井上圆了的初衷是尝试用心理学解释超自然现象制造的幻象，而陶成章的讲义则尝试解释催眠活动的心理学原理，推广和"装神弄鬼"有所区别的所谓"正统"催眠术。陶成章的催眠讲义似乎是从各种日本催眠著作中摘抄而来的，内容庞杂且缺乏科学依据。不过，这亦向我们展开了另一幅别样的图景：在表象的生活世界之下，受催眠文化影响的新学传播和革命活动并没有以常见的方式出现。催眠文化作为新学，表面上带有理性和进步的特质，其实则夹杂无根据的伪科学之想象；表面上看，研习催眠术是学术活动，其实则涌动着革命运动和社会变革之暗流。在日常的表象之下，催眠文化终究被不同权力分割为文化现象与感知空间。

---

① 〔日〕涩江易轩：《远距离催眠术：学理应用》，东京：大学馆，1909。
② 在《催眠术讲义》中，陶成章称自己1902年在旅居东京时购回一本名为《催眠学自在》的书。笔者通过查阅同时期的日本催眠术史料，认为从书名上看，陶成章提到在日本读到的《催眠学自在》，有可能是日本竹内楠三于1903年出版的《催眠术自在》，即《催眠术自在：学理应用》。会稽山人：《催眠术讲义》，"弁言"，商务印书馆，1913，第1页。
③ 魏兰：《陶焕卿先生行述》，汤志钧编《陶成章集》，中华书局，1986，第429~437页。
④ 会稽山人：《催眠术讲义》，第14~15、154~155页；东京催眠研究会：《催眠术秘诀的实际应用》，1906，第238~239页；〔日〕井上圆了：《妖怪学讲义》（原版1905年），蔡元培译，台北：东方文化书局，1974，第45~49页。

二 催眠文化的民间渗透机制

（一）催眠文化的传播特征

中国民间有一种说法，灵魂既可以通过自愿的方式又可以通过非自愿的手段和躯体分离。[1] 催眠文化正是因为能给予民众感受灵魂移动的特殊体验而受到追捧的。尽管公开表演中对催眠术的滥用违背了其作为心理暗示和治疗方法的目的，却在日常生活中，借助人们对其的想象而衍生出新的传播形式和目的。早期的催眠表演常由催眠者当众讲述受术者的神游情况，经由他们生动的叙述和观看受术者的表演，民众集体感受到一种新的时空体验：身体静止，灵魂却能到达异地。民众为何会对身体非自然的状态着迷呢？这提醒我们注意，身体除了有生理性的一面外，亦有文化的面相。[2] 催眠术输入中国之初，民众大多不理解催眠术在心理治疗方面的意图，而是将其视为一种魔术。[3] 在这项参与性很强的视觉文化体验中，民众通过一种集体的观看行为试图探究这种都市奇观的原理并阐释其合理性，继而催生了催眠术在都市中的新的社会网络与消费方式。

民间众多的公开表演通常以直接表现的方式进行。然而，倘若以一种无法明辨的形式呈现，便能不断引导观者想象其背后隐藏的奥秘。或许是因为在中国现代视觉经验中，催眠术制造了疏离于现实的诡异感，因而显得格外引人入胜。[4] 在公共场所展示催眠术是催眠文化在民间传播的重要方式，在民众共同参与的具有仪式感的表演中，人们分享着一种"集体的亢奋"（collective effervescence）。[5] 魔术性质的催眠术表演曾在民国时期风靡

---

[1] 〔美〕孔飞力：《叫魂：1768年中国妖术大恐慌》，陈兼、刘昶译，生活·读书·新知三联书店，2012，第126页。
[2] 余新忠：《从社会到生命——中国疾病、医疗史探索的过去、现实与可能》，余新忠、杜丽红主编《医疗、社会与文化读本》，北京大学出版社，2013，第151~160页。
[3] 社员某：《催眠术讲义》，《大陆》第3卷第7期，附录，1905，第1页。
[4] Laikwan Pang, "Magic and Modernity in China," Positions: East Asia Cultures Critique 12, No. 2, (Fall, 2004): 299-327.
[5] Émile Durkheim, The Elementary Forms of Religious Life, Translated by Carol Cosman, Oxford University Press, 2001, p. 171.

一时,表演地点多在茶楼、剧场。魔术师将催眠作为新的表演素材,① 在当时的民间魔术期刊上,可见到通过机械托举来制造催眠飘移的表演方法。② 除了魔术表演外,还有一些灵学表演中的催眠活动,与前文提到的某些宗教和民间信仰中灵魂出窍的施术活动相似。施术者会通过受术者的行为展示时间、空间的变化,较常见的有往返于生与死、过去与未来之间等,成为具有迷惑性的伪科学表演。

然而,近代医学领域中的催眠术和民间表演中的催眠术有着本质的区别。"凡似违物理定律之奇象皆非真催眠之现象,或利用观者之暗示、感示(感受性)则有之"③,催眠术表演中若出现横立不倒、腾空不落等现象,就是有机械的装置辅助的催眠术表演,而非真正心理学意义上的催眠术。精神医学中的催眠术并不是在治疗时令人失去意识,其目的不在公开表演。但当催眠术脱离原本的精神医学领域进入民间时,它具有的心理学功效则被伪科学加以利用。尽管作为医疗手段的催眠术与催眠术表演、超自然体验等有着本质的区别,但在不少民众眼中,二者还常被混淆。催眠术表演热衷于展现人被催眠后的"失魂"现象,但它被用来印证科学的神奇,用展现鬼魅的方式来祛魅。民众在催眠术的传播中存在一种强烈的渴望,那就是借科学之名,试图阐释灵魂和肉身的关系。催眠文化之所以在民间极具迷惑性,其特征主要有以下几方面。

其一,催眠文化传播方式呈现多元化。催眠术的传播方式主要依附于城市生活中的公共施术表演,催眠师有时也会被邀请至小型的教学地点、私人住宅等进行示范和治疗活动。除了现场表演和面授外,灵学机构还借助书、刊、讲义函授催眠术,并将催眠文化向其他城市民众甚至向广大乡村进行渗透。④ 这些出版物种类众多且发行量大,在民间造成的影响不可小觑。⑤ 特别是函授活动令教学打破了空间的阻隔,赋予催眠文化传播较强的

---

① 据观演文章记载,沪上"催眠家暨魔术大师"金文弼在西餐馆品香楼的表演中对一名男子进行催眠。受术者被催眠后僵卧,被抬起仰置于钉板上,腹部蒙布并放一巨石,用锤子敲击,清醒后没有表现出任何痛苦。寄涯:《品香楼观演催眠术记》,《申报》1926年9月3日,第17版。
② 费如骏:《催眠术》,《幻术月刊》1922年第3期。
③ 赵元任:《催眠学解惑》,《科学》第3卷第9期,1917,第945页。
④ 余萍客:《催眠术函授讲义》,中国心灵研究会,1931,第48~49页。参见余萍客《催眠术函授讲义》附录部分"参考书分类目录"。
⑤ 1931年,该会已出版定期刊3种,书籍60余种,讲授讲义7种。余萍客:《催眠术函授讲义》,第48~49页。参见余萍客《催眠术函授讲义》附录部分"参考书分类目录"。

渗透力。

其二，催眠文化在传播时利用大众对科学的渴求，用其他科学概念来阐释催眠术。灵学组织强调催眠术是"精神医学""心灵科学"等，是西方现代医疗手段，并混合其他正统医学新名词对其进行阐释，宣传它是生理学、心理学、哲学方法的混合体。灵学组织常强调催眠术具有实用、操作便利的特征，催眠术被标榜为一种修身养性的生活方式，其功效被夸大为可以用来治疗各种疑难疾病。同时，催眠术不仅广泛运用于病痛医治、日常保健、侦探破案、军事、教育等领域，甚至社会交际等也被纳入其运用范围。[①] 对催眠术功效的过分夸大，是当时社会对催眠术的普遍想象。催眠术引起关于身体、时空变化的想象，并被转化为"隔地通信医治"等方法。[②] 西方及日本都曾兴起过"远距离催眠"，依据时差表约好施术时间，便能对世界各地的人实施异地催眠。[③] 催眠类出版物在介绍世界时间与"远距离催眠""信电催眠"时，称需参照时间施术，因此此类出版物都录有上海与各地的时差表等。[④] 由此观之，催眠文化在日常生活中的传播和各种现代生活中的新观念相互联结，因而衍生出各种看似不同于传统生活的含义。特别是灵学机构关于远距离催眠术的解释，其实是利用了民众对现代时空体验变化的好奇心。

其三，灵学组织根据民众的不同宗教、文化背景，有针对性地传播催眠术。灵学机构尝试按信仰对民众进行划分，并结合其熟悉的语境传播催眠术。上海的灵学组织在向民众传播"态度印""精神统一印""催眠印"等"结指催眠法"时，就基本上照搬密教手印。[⑤] 再者，它们强调模拟宗教祈祷或经咒方式进行催眠，受术者被神秘感影响而进入睡眠中。比如，对佛教徒施术则可在催眠场所设佛座，对于基督教信徒催眠则改念《圣经》经文。[⑥] 催眠咒语中的颂词成分相当杂糅，有的直接从佛教《心经》中照搬词句，有的将禅诗编入，还有的将"天军""仙蓬莱"等民间信仰中的意象

[①] 《申报》1918年4月17日，第13版。
[②] 《介绍精神医学家姚洞垣》（中华精神学养成所广告），《申报》1922年5月4日，第6版。
[③] 参见〔日〕涩江易轩《远距离催眠术：学理应用》，东京：大学馆，1909。
[④] 余萍客：《催眠术函授讲义》，第210~215页。关于民国时期标准时制研究，参见孙毅霖《民国时期标准时制的发展》，《中国计量》2010年第5期。
[⑤] 关于佛教手印，参见全佛编辑部《佛教的手印》，台北：全佛文化事业有限公司，2000，第15~17页。
[⑥] 余萍客：《催眠术函授讲义》，第114~157页。

纳入。可见，灵学组织尝试用民众熟悉的文化如民间信仰、宗教来重新阐释催眠术，其传播手段颇具迷惑性。

（二）通俗文学中催眠意象的转化

在医疗史研究中，通俗文学所扮演的角色往往被忽视，但对催眠题材进行考察后，便能发现中国通俗文学对催眠文化曾有较为广泛的回应。在清末翻译活动和科学观念的影响之下，具有科幻倾向的通俗文学书写较早地表现催眠术。催眠术之所以会成为中国通俗文学中长期流行的题材，是由多方面原因造成的。在中国的古典小说中，时空变换的情节通常因梦而生。但在近代中国的文学书写中，催眠题材令时空变换的情节不再局限于梦境，这反映了人们尝试想象一种由现代经验所带来的身体观。从《电球游》（1906）可知，主人公通过操控自己的催眠装置，获得了一种迅速变换身体位置的能力。[①] 催眠亦被想象成改变中国落后状况的方法，它在徐念慈的《新法螺先生谭》中被描绘为一种可以制造工业能源的新手段，被视作未来中国实业崛起的良方。催眠术被视作科学的、非物质发明的产物，代表了物质发明之外"虚空界"的新发展。[②] 西方世界依靠科技的迅猛发展提升军事能力，而弱国的屈辱感也令近代中国的知识精英们迫切思索问题的解决之道。

倘若要追溯近代中国催眠书写的流行契机，电力技术在上海市政设施中的普及起到了不可忽视的作用。[③] 随着对电的感知，随着更多医学、人体词语的翻译和传播，国人参与了对所谓"脑电"的功能想象。在19世纪中叶以前，人们大多认为主宰思维的是"心"而非"脑"，这种身体观的变化是近代才产生的。[④] 而"脑""脑电"等观念之所以能在市民阶层迅速传播，其实和文学对催眠的描述不无关系。催眠制造的"脑电"可谓威力巨大，在

[①] 洪炳文的《电球游》，原署名"好球子编"，与《普天庆》《古殿鉴》《后怀沙》共订一册，总题《棣园乐府》。参见梁淑安主编《南社戏剧志》，社会科学文献出版社，2008，第150～152页；梁淑安、姚柯夫：《中国近代传奇杂剧经眼录》，书目文献出版社，1996，第83～84页。

[②] 觉我（徐念慈）：《觉我赘语》，〔英〕佳汉著《电冠》，陈鸿璧译，《小说林》1907年第2期。

[③] 1882年上海租界出现电灯，上海电光公司成立。直到1897年，上海两租界基本普及电灯。熊月之：《异质文化交识下的上海都市生活》，上海辞书出版社，2008，第173～178页。

[④] 陈建华：《从"心"到"脑"——现代中国思想主体的语言建构》，（香港）《二十一世纪》2011年2月号（总第123期），第123～127页。

晚清作家钟心青根据法国作家小仲马《茶花女》改编的《新茶花》中，可见主人公的身体具有类似电机装置的功能，人的身体发出的"脑电"甚至是一种军事武器。[①] 催眠在通俗文学中被塑造成振兴民族工业或国防的利器，依此角度观之，催眠文化的传播曾隐含着知识人对于民族自强的追寻。文学翻译活动也是导致催眠文化世界性流行的重要因素。中国催眠文学的重要来源是域外翻译作品，其中有不少经历了从欧美到日本，再到中国的传播过程。在近代中国早期的催眠书写中，《电术奇谈》（1905）的翻译过程正是跨越欧亚的，此书又名《催眠术》，原著为英国维多利亚时期的小说，后经日本作家菊池幽芳重新译述。[②] 在此基础上，由方庆周译为六回文言体小说，再由晚清作家吴趼人演绎为白话章回体小说。[③] 它以电力可致人催眠为线索，其广泛的影响力更是从小说领域进入戏剧领域，春柳社曾将由小说改编的剧本搬上东京的舞台。[④] 它亦被改编成文明戏，成为文明戏兴盛时期的代表作一。[⑤] 可见催眠小说在当时的世界文学中具有很强的传播能力，在本土文化中衍生出了多元的艺术形式。

在民国时期催眠文化兴起的背后，实际上潜藏着民间文化跨地域流动的影响。西方文学作品中的催眠情节在19世纪中叶一度颇为流行。19世纪末至20世纪初，以英国小说家乔治·杜·穆里耶（George du Maurier）的《特里尔比》（*Trilby*）为代表的催眠小说成为催眠文化传播的重要载体。欧美催眠文学的传播在此后掀起了世界性的流行热潮。在文学界，美国作家马克·吐温热衷于研究催眠活动中的"意念转移"（thought-transference）、"精神电报"（mental telegraphy）等超自然现象。[⑥] 清末民初著名常州派中医学家、翻译家恽铁樵亦对催眠题材很着迷，他热衷于翻译英国畅销期刊《海滨杂志》（*The Strand Magazine*）上具有催眠情节的侦探悬

[①] （清）钟心青：《新茶花》，"第二回：交际场中志士争称新党，众香国里野蛮讲得自由"，百花洲文艺出版社，1996。

[②] 姜小凌：《明治与晚清小说转译中的文化反思——从〈新闻卖子〉（菊池幽芳）到〈电术奇谈〉（吴趼人）》，陶东风等编《文化研究》第5辑，广西师范大学出版社，2005，第193~207页。

[③] 《电术奇谈》始载于《新小说》1903年第8期，终于1905年第6期。另据附记，此书"原译仅得六回"。附记收录于《新小说》（第二年第五号）第2卷第6期，1905。

[④] 袁国兴：《中国话剧的孕育与生成》，中国戏剧出版社，2000，第223页。

[⑤] 〔日〕濑户宏：《中国话剧成立史研究》，东京：东方书店，2005，第145~146页。

[⑥] Martin Willis and Catherine Wynne, *Victorian Literary Mesmerism*, Amsterdam: Rodopi, 2006, pp. 164–165.

疑作品。① 而对于民众而言，催眠的文学作品给他们带来了和以往才子佳人等题材不同的阅读体验。在中国，鸳鸯蝴蝶派刊物对催眠题材的关注是催眠文化进入民间的重要契机。著名作家周瘦鹃曾对域外文学中催眠题材表现出兴趣，马克·吐温充满催眠意象的《加利福尼亚人的故事》（The Californian's Tale）曾被他翻译作《妻》（1915），发表在包天笑主编的《小说大观》创刊号上。② 经周瘦鹃翻译后，这篇马克·吐温的催眠小说被重新译写为民众喜爱的哀情小说。经过重新译写后，域外催眠小说不仅具备吸引眼球的怪异情节，而且符合本土民众的阅读习惯，因而大受追捧。在鸳鸯蝴蝶派杂志对域外催眠小说的翻译中，"虚无党"（俄国的"民粹派"）被塑造成深谙催眠术的秘密团体，一如周瘦鹃译述自著名法裔英国作家维廉·勒·奎（William le Queux）作品的《新催眠术》（1918）。在翻译和改写后，近代中国侦探小说中的催眠题材作品，接续着清末以后在民间流行的虚无党小说，成为都市文化消费的重要组成部分。

不过，文学对催眠意象的塑造并非仅仅是市民阶层的消费潮流，它还隐含着中国社会救济传统的现代转型，牵连着知识人关于国民精神、身体改造的诸多想象。一些作品中塑造的"精神疗养院"便反映了精神医学与社会文化的互动关系。③ 通过分析五四时期的催眠书写便可以发现，新青年们自学催眠术的目的并不是研究灵学，而是希望开设"精神疗养院"，通过救治人的精神，达到改造社会的目标。④ 由此观之，在催眠文化流行的背后，精神问题被视作强国的障碍，个人身心健康和社会改良的话语在传播中相结合。同时，催眠文化其实也对精神疾病知识的传播起到了一定作用，尽管在催眠文化的传播过程中存在诸多对精神疾病不准确的介绍，但催眠文化却扮演了诠释精神疾病的另类中介角色，比如在侦探小说中，催眠题

---

① 恽铁樵：《催眠术》，《小说月报》第 4 卷第 12 号，1914；Richard Marsh, "The Affair of the Montagu Diamonds," *The Strand Magazine*, 1913, Vol. 45, pp. 190 – 199.
② 小说以美国淘金矿工的生活为背景。周瘦鹃并非首位翻译马克·吐温这一作品的文人，更早的译本有吴祷根据抱一庵主人日文版本的《山家之恋》（《山家の恋》）所译的《山家奇遇》，载于 1906 年的《绣像小说》。参见于雷《催眠·骗局·隐喻——〈山家奇遇〉的未解之谜》，《外国文学评论》2009 年第 2 期。
③ 王文基：《疯狂、机构与民国社会》，刘士永、王文基主编《东亚医疗史：殖民、性别与现代性》，台北：联经出版社，2017，第 84 ~ 88 页。
④ 郑振铎：《平凡的毁了一生》，《晨报》1920 年 10 月 3 日，第 7 版。

材对神经衰弱、抑郁、歇斯底里等心理疾病概念均有普及的作用。[1]

由此观之,医学知识的社会建构不仅涉及政治、宗教等范畴,也涵括流行文化、文学等方面的知识,刺激民众对医疗概念的关注。[2] 催眠文学携带着西方医学体系中新的疾病名称和心理学词汇,逐步渗透到了民众的日常生活中。文学中关于催眠意象的书写从另一个侧面反映出社会文化转型时期的身体观与日常生活的特殊互动。文学之所以会对催眠文化产生多元的回应,不仅仅因为催眠书写所带来的奇闻逸事和那些超现实的情节,而且还因为它映照出日常生活和技术世界之间的各种冲突和文化张力。催眠文化之所以会成为民间的寄托,其中一个重要原因就在于它牵引出了人们身处技术世界所产生的不安和陌生感。催眠书写也从另一个侧面反映了中国近代的民族主义除了与世界有着既紧张又融合的关系外,亦有和民间流行文化相结合的特殊过程;当然,它还源自社会变动所带来的一系列后果,比如现代医疗的变革、翻译文学的世界性流通等。在面对技术世界时,民间文化并不都是表现出封闭和隔离。与古代包含催眠成分的巫术不同,近代催眠术及其文化的传播得益于城市生活和技术变革的塑造。不过,科学、理性和幻术、非理性在催眠文化的传播中并非此消彼长,而是长期处于共存与互动的状态中。

结 语

催眠文化的传播是中国都市文化转型中的特殊产物,它在民间的传播和影响远胜于在专业精神治疗领域形成的声势。在民众的日常生活世界,它不仅在民间的秘密社会流通,亦渗透在公共话语和消费文化中。它曾刺激中国文学科幻题材的书写,并反映中国近代社会转型中的诸多焦虑与想象。催眠文化传播的机制颇具特色:从传播催眠术的人群来看,可谓"由上至下"。其中有普通民众,亦不乏知识精英,这为我们理解中国近代知识

---

[1] 在民国时期著名的侦探小说《霍桑探案》中,程小青加了运用聊谈(talking cure)等进行催眠,以治疗抑郁症的描写。程小青:《催眠术》,《霍桑探案集》(5),群众出版社,1987,第 158~168 页。

[2] Ludmilla Jordanova, "The Social Construction of Medical Knowledge," *Social History of Medicine*, 1995, Volume 8, Issue 3, pp. 361-381.

人的信仰世界提供了新的视角。① 它不仅出现在民间秘密社会，还在城市公共生活、大众出版媒介中广泛流通。

尽管催眠术最初是以一种新知识的面貌出现的，但其声势却被民间医疗行为、灵学组织的迷信宣传和大众文学等消费文化所覆盖。精神医学和心理学领域的出版物，在发行量上远不及与催眠相关的灵学类与通俗文学类读物。

尤值得注意的是以下几个问题。其一，民间对催眠议题的热衷显示了民族主义与外部世界既融合又紧张的关系。催眠术被想象成振兴民族工业和融入世界的新途径，但又被视作具有迷惑敌人的功能，因而被想象成国防之利器。其二，因为催眠文化广受大众追捧，因而它被革命党用于掩护身份和策动变革。其三，在催眠文化形成和渗透的过程中，可见社会各阶层的参与和互动。在一定程度上，催眠文化反映了中国的现代经验并非简单的从迷信到理性的普及程序，也不是复制西方医学思想和技术的过程，它在形式和内容上的复杂状况提醒我们注意中国医疗制度、本土文化和传统观念等的复杂变化。② 催眠文化的传播既揭示了民众对现代视觉经验、现代时空体验的好奇，又显露了人们对新技术的观望和焦虑。身体在公领域被政治化、现代化的多元可能，令改造身体与改造国民性得以结合。③ 在科学的外衣下，催眠术得以和宗教、民间信仰相结合，从另一个侧面映衬出日常生活世界中科学和迷信、技术与灵学、现代与传统之间的特殊张力。

---

① 郑国、泮君玲：《近代中国知识分子的一种信仰世界——伍廷芳与灵学》，《民俗研究》2017年第3期。
② 梁其姿：《医疗史与中国"现代性"问题》，余新忠编《清代以来的疾病、医疗和卫生——以社会文化史为视角的探索》，生活·读书·新知三联书店，2009，第11~17页。
③ 皮国立：《国族、国医与病人：近代中国的医疗和身体》，台北：五南图书出版股份有限公司，2016，第3~6页。

专题三

疾病叙事研究

主持人语

张堂会*

自古以来，疾病就与文学艺术密不可分，希腊神话中缪斯既掌管文艺，同时也司管医药。疾病打破了正常的生命状态，给人们提供了重新审视生命的契机，让人们得以深刻地思考生活的意义。因此，文学史上有很多作家都在疾病的触发下写出了流传后世的作品，如国外的有卡夫卡、契诃夫、毛姆、普鲁斯特、陀思妥耶夫斯基、伍尔夫、川端康成等，国内有鲁迅、郭沫若、史铁生、贾平凹等，对他们来说，文学创作就是一种审美的救赎，写作成为他们反抗疾病并经由疾病感悟生命、书写生命的一种方式。

近代以降，随着中国现代化进程的展开，关于疾病的文学叙事日渐发达起来。鲁迅以一个"狂人"的形象确立了百年中国文学批判与启蒙的总纲，郁达夫、沈从文、巴金、曹禺、张爱玲等也都塑造了各色鲜明的病态人物形象。鲁迅一再说明自己创作小说的目的在于"揭出病苦，引起疗救的注意"，因此，疾病被赋予了自身之外的多重含义与隐喻，承担着控诉礼教、揭露时代病症等多种社会文化功能，比如，赵树理的《锻炼锻炼》中，"小腿疼"等妇女生理性疾病成为社会负面形象的隐喻。

学界对于这些名目繁多、类型各异的疾病叙事展开了多重视域的观照与解读。苏珊·桑塔格的《疾病的隐喻》从隐喻的视角揭示疾病所承载的隐喻与污名，影响深远。戴维·赫尔曼（David Herman）将疾病叙事归纳为病人疾病叙事、医生叙事和临床治疗实践叙事三种主要类型。其中，病人的疾病叙事为医学叙事学研究的主流。病人讲述自己疾病产生的原因、发

---

* 张堂会，扬州大学文学院教授。

展、变化及其后果，表现疾病造成的自我主体身份的变化和周围社会关系的改变。通过叙事，病人可以重建自己的语境和故事线索，以此来探索疾病的意义。依据疾病书写的目的和反复出现的隐喻、神话，安·霍金斯（Anne Hawkins）把疾病叙事分为四类：教育类疾病叙事、愤怒类疾病叙事、另类疗法类疾病叙事和生态类疾病叙事。中国学者对疾病文学叙事也展开了多样性的研究，代表性的研究专著有谭光辉的《症状的症状：疾病隐喻与中国现代小说》（中国社会科学出版社，2007）、宫爱玲的《审美的救赎——现代中国文学疾病叙事诗学研究》（山东教育出版社，2014）、邓寒梅的《中国现当代文学中的疾病叙事研究》（江西人民出版社，2012）以及程桂婷的《疾病对中国现代作家创作的影响研究》（中国社会科学出版社，2015）等。其中，有的从社会政治角度出发，探讨疾病背后隐喻的社会政治之病；有的从审美艺术表现方面探讨疾病带来的语体实验和陌生化修辞效果；还有的从叙事伦理视角分析疾病书写中的生命意识和生存伦理等。

在新型冠状病毒疫情之下，本人受《文化研究》委托，组织了一组关于疾病叙事研究的专栏文章。本人的《当代文学艾滋叙事中的身体表征》从身体理论出发，探讨当代文学艾滋叙事中规训的身体、越轨的身体和疼痛的身体，分析烙印在艾滋患者身体上政治的、伦理的、文化的印痕，认为当代文学艾滋叙事中的身体面对公共医学话语的宣判时，不仅展现出真实肉身的一面，而且还表征着疾病隐喻所带来的污名一面。与此题旨相呼应，李一男的《中国艾滋病题材影视作品的文化观照》则从苦难叙事和他者形象的视角出发，探讨当代影视文学中的艾滋叙事，认为中国艾滋电影以苦难为视角对艾滋患者进行表述，营造出一个高度差异化和固定化的他者形象，并与疾病的隐喻合谋，使得艾滋患者从简单的身体问题变成道德和社会政治问题，艾滋影视担任着抵抗公共道德失范的重任。宫爱玲的《〈流感〉：戏剧化灾难叙事中的人性救赎》以韩国电影《流感》为例，具体分析了瘟疫题材电影的表现特征和手法，分析灾难影片通过戏剧化的灾难叙事，讴歌了人性善和人间爱。沈喜阳的《论〈失明症漫记〉的看见与看不见》以国外文学名著《失明症漫记》为例，探讨了萨拉马戈对瘟疫的寓言书写，从看见与看不见的角度分析小说传达出的普遍哲理与寓意。

本组文章针对不同的疾病叙事对象，从符号学、身体政治、他者理论等角度展开议题，以期能够开阔疾病叙事的研究视野，激发研究者的热情，推进疾病叙事研究走向深入。

当代文学艾滋叙事中的身体表征*

张堂会

摘 要 身体与文学紧密相连,在当代文学艾滋叙事中尤为突出。当代文学艾滋叙事中的身体面对公共医学话语的宣判,不仅展现出真实肉身的一面,而且还表征着疾病隐喻所带来的污名。艾滋叙事用语言书写身体与世界的关系,描摹烙在艾滋病患者身体上政治的、伦理的、文化的印痕,表达身体内在的隐秘冲动,全面立体地展示艾滋病患者情欲迷狂与自我放逐的身体。无论禁锢的身体,还是报复的身体,都源于艾滋病患者的自我镜像。艾滋叙事通过对身体的诗学观照,建构出鲜活深邃的文学身体,让身体抵达人的本真。

关键词: 当代文学 疾病叙事 身体表征 自我镜像

Abstract The body is closely combined with literature, especially in the narrative of AIDS literature. The body in the narrative discourse of AIDS in contemporary literature is different from public medical body, not only show the real side of flesh, but also represent the stigma of disease metaphor. AIDS narrative written in the language body to depict the trace on AIDS patients body politics, ethics, culture, expressing the secrets of the inner body impulse, complete stereoscopic display fans crazy lust AIDS patients and the body of self-imposed exile. Both the imprisoned body and the vengeful body are derived from the self-reflection of AIDS patients. AIDS narration constructs a vivid and profound literary body through the poetic observation of the

---

* 本文为国家社科基金项目"中国当代文学艾滋叙事研究"(17BZW035)的阶段性成果。

body, so that the body can reach the nature of person.

Key Words　contemporary literature; illness narrative; body representation; self image

法国现象学家梅洛·庞帝认为"世界的问题,可以从身体的问题开始",文学的问题也可以作如是观,并且文学与身体的关系更为紧密。让-吕克·南茜也曾说过类似的话:"在一种意义上,人们不能不说,如果说在哲学中除了能指和所指外,从来没有身体,那么,在文学中恰恰相反,除了身体没有别的。"① 中西方文化对待身体一直存在着解放与禁锢两种不同的态度。古希腊罗马以及文艺复兴时期推崇健康自然的身体,断臂的维纳斯雕像、奥林匹亚体育赛场赤裸健壮的身体,丢勒、洛托等艺术家们的裸体油画,都表现了对肉身的顶礼膜拜,展现了人肉身的神圣性。亚当、夏娃当初在伊甸园中自由生活,并不以赤身露体为羞耻,后来才逐渐发展出轻视肉体的倾向。到了中世纪,人们开始轻贱自己的身体,并对其怀有敌意,视其为抵达智慧与真理的障碍,对身体进行遮蔽与禁锢。直至尼采的出现后,身体的地位才得以提高,恢复了身体与艺术的关联。后经福柯、德勒兹、鲍德里亚、费瑟斯通、朱迪斯·巴特勒等理论家的大力阐释,身体才逐渐成为当代西方理论的一个焦点。

在这些身体理论背景下,当代文学艾滋叙事中的身体表征就别具意义。"艾滋叙事"(AIDS narratives)是美国学者史提芬·F. 克鲁格(Steven F. Kruger)1996 年在研究专著《艾滋叙事》(*AIDS Narratives: Gender and Sexuality, Fiction and Science*)一书中所提出的一种新的叙事话语,是指对艾滋病以及与艾滋病有关的叙事。艾滋叙事是文学和医学、新闻学、心理学、社会学、政治学等学科相交叉的产物,以表现艾滋病为主要内容,反映艾滋病给人类带来的心理问题与社会问题,书写人们面对艾滋病时的精神影像。政治权力无处不在,通过现代医学专制话语把艾滋病患者的生物身体转化为政治身体,从而全面介入艾滋病的检查、治疗与防治管控之中。身体在当代文学艾滋叙事中尤其突出,不仅展现出真实肉身的一面,而且还附载着历史、文化隐喻所带来的污名。艾滋病患者时刻要面对自己的身体,关注艾

---

① 〔法〕让-吕克·南茜:《身体》,汪民安、陈永国编《后身体:文化、权力和生命政治学》,吉林人民出版社,2003,第 93 页。

滋病毒铭刻在自己身体及精神上的创伤。因此，本文从医学话语的身体、规训与越轨的身体、伤痛的身体、自我镜像的身体等视角去审视当代文学艾滋叙事中的身体表征。

一 面对医学检查结果的身体

很多艾滋病病毒感染者在潜伏期内几乎没有任何自觉的症状，只是在刚感染之初的急性期内有一些症状，其主要表现为发烧、无力、咽痛、关节疼痛、皮疹等，有点类似感冒的症状，有时还伴随着腹泻。所以，很多感染者一开始都不大在意，认为自己只是得了普通的感冒。这种症状一般持续一两周后就会消失，此后艾滋病感染者便转入无症状的潜伏期。由于没有典型的身体上的预测症状，一般感染者无法通过身体的自我察觉来确诊，只有通过艾滋病血清学反应这样的医学检验才能证明自己的身体是否感染。现代医学检验技术把人的身体区分为"正常"和"不正常"两种，一旦血清艾滋病病毒抗体检查为阳性反应，就是艾滋病病毒携带者，这种身体就被纳入一种"不正常"的范畴中，需要加以监测与管控。福柯早就指出这种现代医疗话语凌驾于身体之上的霸权地位："18世纪以后的西方医学就是把一些不可见的疾病症候通过医学表述为可见的。医学经由目视与语言，揭露了原先不属其管辖之事物的秘密，词语与物体之间形成了新的连（联）结，使'去看'及'去说'成为可能。"[①]

当一个人身体健康时，他一般不会太在意自己的身体，身体被视为理所当然的物质存在，得不到自我意识的太多关注，身体经常是"缺席"的，只有出现疾病症状之时，身体才开始"觉醒"并出场。病人会对自己的身体格外关注，生病的身体变成了与自我对抗的异己性存在。"病患造成个人注意力的转移，躯体本身变成了注意的焦点和仔细检查的对象……只有在病患中，个体才会明确体验到那些平时没有意识到的生理结构和过程的隐蔽的'异己性存在'。"[②]《最后的宣战》[③]描写黎家明在一夜风流的高危行为之后，大约两周后就有了身体的异样与变化，感觉像得了感冒浑身不舒

---

① 〔法〕米歇尔·福柯：《临床医学的诞生》，刘絮恺译，台北：时报文化出版企业有限公司，1994，第6页。
② 王一方：《敬畏生命——生命、医学与人文关怀的对话》，江苏人民出版社，2000，第52页。
③ 黎家明：《最后的宣战》，天津人民出版社，2002。

服,昏睡了一整天。由于那时候正在流行感冒,黎家明起先并没有把它当回事儿,认为熬几天就会过去了。可他的"感冒"不但没有好转,而且还出现了一些新的症状,脸上和身上开始出现一些红色的皮疹,晚上伴有低烧。他在网上了解一些与艾滋病相关的资料后,为了彻底放心,就到正规医院做艾滋病毒的检测,结果是阴性,他狠狠地舒了口气,感觉自己像重回人间。但他还是意识到有点不对劲,隔了几天再去医院作第二次检测,结果查出感染了艾滋病毒。"那一夜我根本无法入睡,悔恨、恐惧、绝望令我一次一次从床上坐起来。我拼命揪自己的头发,将欲裂的头撞在墙上。没有疼痛,只有悔恨、恐惧、绝望交替侵蚀我的心……"①

面对被医学证明的身体,患者身份的连续性开始动摇,第一反应就是震惊和怀疑,当代文学艾滋叙事中描写了很多这样的场景。如鲁鸣的长篇小说《背道而驰》②,通过米山、李之白和田麦的见闻和感受,精细地描摹了人们在医学检测时的惶惶不安及确诊时的精神迷狂。画家米山到医院去做艾滋病血检时,"心里如同吊了一个水桶,有点七上八下。在医院艾滋病专科等候血检时,他看到不少脸色像纸片一样白的人在长椅上坐着,有气无力,垂头丧气。有些人显然已知道他们自己患上了艾滋病,精神萎靡不振,眼神里露出绝望阴郁的眼光。有些人干脆坐在那里昏昏欲睡,百无聊赖,病病怏怏,像是在等待死亡的到来。有几个人大概和他一样,尚未知道是否被感染了艾滋病毒而来检查,神情非常焦虑烦躁,如同热锅上的蚂蚁坐立不安,目光涣散游移不定"③。

在目前的医学水平下,艾滋病还是一种难以治愈的世界性顽疾。当一个人获知自己已经或者可能感染艾滋病毒的一刹那,这个人所承受的心理打击将是惊心动魄的,某种程度上来讲,比在法律上宣判为"死缓"更让人心惊肉跳,他的人生将以倒计时的方式来计算,每时每刻都经历着巨大的苦痛折磨,背负着不堪重负的灵魂,很容易让人变得扭曲疯狂,并不堪一击。当李之白得知自己感染艾滋病毒之后,就去找心理医生柳牧一进行心理辅导,听着听着音乐,眼泪就流下来。"他想控制自己,可是事与愿违,他抱着头痛哭起来,声音歇斯底里,低头大声嚎啕,像受了致命伤的狼发出的嚎叫。我走过去,拍拍他的肩膀,无言地抚摸他的后背,企图安

---

① 黎家明:《最后的宣战》,第 7 页。
② 鲁鸣:《背道而驰》,中国社会出版社,2005。
③ 鲁鸣:《背道而驰》,第 50 页。

慰他。没想到，他又双手抱头痛哭。这时他完全失控，心理处在孩提状态，而不是个教授。"① 他的痛苦正源自对生命的眷恋，这种眷恋心理决定了他对死亡的恐惧，骤然成为一名不治之症患者，未来就成为一个不断迫近深渊的人，人的一生中恐怕不会经历比这更大的精神打击了。因此，艾滋病毒感染者面临的最大难关就是无法接受残酷的现实。

当田麦得知丈夫李之白携带艾滋病毒时，作为这方面的研究专家，她深知这一切意味着什么，小说形象地描写了她惊愕和恐惧的心情。"田麦眼泪哗哗地流下来，哭得非常伤心，手抄在大衣口袋里，脚踏在不断落地的雪花上，吃力地蹒跚着。雪越下越大。在这漫天大雪的世界里，一切都显得惶惶（恍恍）惚惚，很阴沉。前面行人留下的脚印，很快就被雪盖住了，落入后脖颈的雪花，让田麦感到冰凉，一直凉到心窝。雪花如凌空射来的箭，尽管松软，打在脸上仍有些麻痛，随后它们和眼泪融化在一起流下来，把视线都遮住了，田麦不停地用手把它们抹去，却分不清哪是泪水哪是雪花。迷离的夜色和曼哈顿街道两旁的霓虹灯，在眼前晃动的雪花里，都变得很苍伤（沧桑）。收进眼帘的大街景致，都染上了悲哀的色彩。"② 作者用诗意的笔触细腻地写出了人物内心的悲哀和恐惧，冰凉的雪花映衬了主人公内心的悲凉。检查结果不出所料：她也感染上了艾滋病毒！尽管有所预料，但拿到艾滋病毒的检查报告后，田麦还是心如刀绞，一下子被惊吓住了，身体意识空前活跃。"她再也抑制不住内心的恐惧和愤怒，立即感觉自己仿佛被一条盘翔在体内的热带毒蛇狠狠地咬了一下，给她的感觉是这么直接，从内往外都痛极了。她看着自己的血管，里面静静地流淌着血液，它们却带有病毒！她觉得血突然变成黑色的浆（糨）糊，飞出她的身体又盘旋在她的周围。"③

二 规训的身体

鉴于艾滋病的危害和流行程度，我国一开始就把艾滋病视为同鼠疫、霍乱一样厉害的甲类烈性传染病，对其实施严格的防范和管控。根据《中华人民共和国传染病防治法》第四章第三十九条规定，医疗机构发现甲类

---

① 鲁鸣：《背道而驰》，第117页。
② 鲁鸣：《背道而驰》，第184~185页。
③ 鲁鸣：《背道而驰》，第192页。

传染病时,都要及时上报并对病人进行隔离治疗,拒绝隔离治疗或者隔离期未满擅自脱离隔离治疗的,可以由公安机关协助医疗机构采取强制隔离治疗措施。2004年,我国修订了这一做法,把艾滋病改为按照一般乙类传染病管理,规定在中华人民共和国领域内的一切单位和个人必须接受疾病预防控制机构、医疗机构有关传染病的调查、检验、采集样本、隔离治疗等预防、控制措施,如实提供有关情况。

一旦患者感染了艾滋病毒,其身体就要被纳入严格的医学管控体系之中,置于周围人群视野的监视之下。报告文学《艾滋病逼近中国》就讲述了一位女性感染者的遭遇。她早晨被一阵剧烈的敲门声惊醒,惶恐地打开门后,一群戴着防毒面具、穿着防护衣和长筒鞋、戴着橡皮手套的防疫人员闯了进来,他们每个人的身上都背着一个消毒喷雾器,对住所进行一次大规模的消毒活动。见此情景,周围邻居都惊恐异常,立即关紧房门躲回家里,仿佛病毒随时可能从门窗侵入一样。他们要求驱逐这具带毒的身体,她只好失望地离家出走。当地防疫部门高度紧张,因为一个艾滋病毒的身体失去控制将是他们的失职。于是,报纸、电台登出了寻人启事,开始大范围寻找,她被找回来了。然而,防疫部门再次故技重演,而且变本加厉,再次对她的住处进行消毒,进而要求将她完全隔离。防疫部门也是依据有关法规在执行自己的职能,对携带病毒的身体进行必要的管控。经国务院批准,卫生、公安等部门在1988年联合发布并实施了《艾滋病监测管理的若干规定》,在第二十六条有这样的规定:"对艾滋病病人或感染者的分泌物、排泄物及其所接触过的可能造成污染的用品和环境,卫生防疫机构应监督指导有关单位或个人进行消毒,必要时由卫生防疫机构实施消毒。"

苏珊·桑塔格认为:"要居住在由阴森恐怖的隐喻构成道道风景的疾病王国而不蒙受隐喻之偏见,几乎是不可能的。"[1] 艾滋病作为一种疾病,蕴含了社会、宗教、道德等各种层面的内容,附加了众多的隐喻与污名。艾滋病往往被视作资本主义社会腐朽没落的象征,是一种只有外国人才会感染上的"脏病",并附加上了盲目排外的他者想象。它有时又被看作一种世纪瘟疫,是对道德犯禁者的天降惩罚。"'瘟疫'是用来理解艾滋病这种流

---

[1] 〔美〕苏珊·桑塔格:《疾病的隐喻》,程巍译,上海译文出版社,2014,第17页。

行病的主要隐喻。"① 艾滋病在美国一开始就在同性恋群体中传播,在西方一开始就被视为一种天降瘟疫,是上帝对不按其所立规则生活的共同体的审判,所以艾滋病通常被一些道德家描述为一种天罚。"瘟疫总被看作是对社会的审判,而艾滋病被隐喻地夸大为这一类的审判,也使人们对艾滋病全球扩散的必然性变得习以为常。这是以传统的方式利用了性传播疾病:性传播疾病不仅被描绘为对个体的惩罚,也是对某个群体的惩罚。"②

在有关部门防疫管控与社会的道德污名化下,艾滋病患者自动形成了一种自我约束机制,强迫自己收敛性行为,压抑和禁锢自己的身体。"由于艾滋病是一种没有明显前兆的性病,当带菌者完全没有症状时,反而特别易于传播病原体,这就增加了预防的难度。这样,艾滋病的另一个显著的效果是使人们对性行为变得谨慎起来,这是比公共道德更有说服力的心理约束,是时刻悬在纵欲者头上的'达摩克利斯剑'。"③ 艾滋病患者确证了自己的身体不再是健康的身体,为了家人和他人的健康必须克制自己的身体欲望,规训自己的性行为。《血罂粟》中的刑警郭强林感染了艾滋病毒,为了不伤害毫不知情的妻子王妍,极力克制自己的身体欲望,无情地拒绝妻子的柔情蜜意。郭强林为了躲避这种痛苦的折磨,想办法和妻子离婚。艾滋病患者的身体变成了异己的东西,他们为此痛苦不安,有人甚至采取自杀或其他更为激进的方式来毁灭自己的肉身。《失乐园》④ 中海天集团老总权正阳得知自己感染了艾滋病毒后,为了妻子和孩子的健康,为了集团的名誉和利益,他千方百计地隐瞒自己的病情,甚至雇佣射击运动员殷冰冰来谋杀自己,想以一种极端的方式毁灭自己的身体。小说《B城第一个艾滋病患者》⑤ 中,省报记者诸葛星辰感染艾滋病,为了多情美丽的女护士宋平平的健康,竭力克制自己内心情感与欲望的冲动,数次咬破自己的嘴唇晕倒过去。最后,他考虑到自己的忍耐力已经到了极限,为了心上人的健康幸福,他吞服大量的安眠药离开人世。这种身体管控机制是通过内心的自我规训来实现的,体现了一种自我意识的清醒与自觉。

---

① 〔美〕苏珊·桑塔格:《疾病的隐喻》,程巍译,第139页。
② 〔美〕苏珊·桑塔格:《疾病的隐喻》,程巍译,第149页。
③ 郭洪纪:《颠覆:爱欲与文明》,中国社会出版社,2000,第418~419页。
④ 电影《失乐园》,于庚庚导言,2002年上映。
⑤ 陈新:《B城第一个艾滋病患者》,中国文联出版公司,1988。

三　越轨的身体

在现代医学和国家防疫体系的规训下，艾滋病人的身体一方面表现为自我禁锢欲望，一方面则表现为逃逸出这些规训而情欲迷狂和疯狂报复。

（一）情欲迷狂的身体

中国文化蔑视身体的传统由来已久，且逐渐发展出一套强大的压抑身体的机制，视身体为欲望和罪恶的渊薮，采用阉割、裹脚等强力手段进行规训约束。很长一段时间内，身体在中国文学中是缺席的，到了《三言二拍》《金瓶梅》时，身体庸常、感性的一面才得以浮现。现代文学被赋予"启蒙""救亡"等过多使命，本已浮现的身体再度被压抑，但偶尔零散地从都市新感觉派、张爱玲等作家笔下逃逸出来。新中国成立之后，"十七年"文学与"文革"文学竭力回避身体的肉身层面，抽空了身体的具体细节，凸显出政治意识的身体。新时期以来，身体犹如一匹脱缰野马，在文学中一路高歌猛进，让人目眩神迷。性感、情欲、力比多、荷尔蒙四处弥漫，文学中充满了身体欲望的尖叫。由禁锢到不加约束的放纵，身体从一个极端又滑向了另一个极端。

艾滋病较为常见的传播渠道是异性性活动，艾滋病人的性行为一向受到社会和自我的严格规训，艾滋病人的情欲无疑要受到特别的抑制。但情欲是人的一般本性，"人若没有情欲或愿望就不成其为人"[①]。这种被抑制的情欲有时会因为疾病的原因而更显突出，从而爆发出不顾一切的疯狂。在某部长篇小说中，丁亮和玲玲的情欲迷狂令人唏嘘不已，那种情欲与死亡交织的身体描写震撼人心。艾滋病人搬到村里的学校居住，丁亮遇到了同病相怜的本家弟儿媳妇玲玲。虽然艾滋病在他们身体上留下了明显的烙印，可这也无法阻挡他们内心情欲的涌动，两具干渴的身体拥抱到了一起。两个艾滋病患者之间迸发出灿烂的情欲火焰，抱在一起互相温暖，在毫无指望的未来中抓住了活着的意味。虽然是两具遭受艾滋病痛折磨的身体，但在情欲光芒的照射下依旧爆发出蓬勃的生命激情与活力。

[①] 马克思、恩格斯：《神圣家族，或对批判的批判所做的批判》，中共中央马克思恩格斯列宁斯大林著作编译局译，人民出版社，1958，第170页。

他们凭借情欲的力量勇敢地迎接死神的挑战,在疾病与死亡中迸发出爱的火花。他们无所顾忌地迎接世俗的眼光,在村民的眼皮底下公然地搬到村庄外打麦场上的两间土坯瓦屋里,夫妻一样地住在一块了。在土屋里,他们抛却了一切流言蜚语与自身的病痛,尽情地享受情欲所带来的身体快感。

艾滋病的另一个主要传播途径是同性恋的性行为,同性恋者之间的身体欲望与死亡之间的关联更为紧密。长篇小说《背道而驰》描写了留美博士李之白与兰德、埃德瓦多等人的同性恋情感,用大胆越轨的笔触叙写了他们之间的情欲与迷乱。"李之白所有的感官和记忆都朝着这个新世界开放。宇宙似乎是从今夜才诞生伊始,炽烈的火焰裹带着呼啸,汹涌如潮。这一夜,他们既没有过去,也没有未来,他们的灵魂,如流星般交汇于暗夜。李之白内心和肉体都获得了极大的满足。"① 这个夜晚标志着李之白生命的新开端,成为他个人历史的新纪元。这一晚的缱绻与风卷残云,彻底改变了李之白。他投身到感官愉悦之中享乐人生,从纯粹的身体满足中去思索自己的性取向。"这时候,欲念更近似花瓣的芬芳,而非恶习或羞耻,拨动了他的遐想。像一面旗帜席卷了他,使他最终毫无保留地倾向于同性恋。"② 正是这些疯狂的情欲,导致李之白感染艾滋病毒,自己的激情在千疮百孔的身体中慢慢消逝,最终走向死亡。

(二) 疯狂报复的身体

艾滋病毒一方面急剧改变了患者的身体,另一方面这种隐藏体内的病毒还能成为报复他人的致命武器。携带病毒的身体成了一些艾滋病人报复社会的工具。艾滋病患者本身是被病毒伤害的受害者,但他们转化成了伤害他人的害人者,这一转变过程中身体是一个重要的媒介,成为实施报复行为的武器。艾滋病不仅仅是一种生理层面的疾病,它还附加了很多隐喻的修辞符码,艾滋病人被视为不洁,病人的身体要被置于社会和道德力量的严密监管和审判之下,国家公共医学叙事策略有效地建构了一套针对艾滋病患者身体的管控机制。但身体又具有一己之私密性,且艾滋病毒的传播可以通过性交流这种隐秘的方式,因此身体的管控机制就要大打折扣,

---

① 鲁鸣:《背道而驰》,第153页。
② 鲁鸣:《背道而驰》,第128页。

尤其是面对那些故意报复的身体时更是捉襟见肘。

艾滋病患者面对不断接近的死亡威胁，本身心理压力就非常大，加之社会的歧视和不公正的待遇，往往会滋生一种消极自弃和报复社会的情绪，导致他们用身体来报复他人的危险行为屡见不鲜。小说《夜来香》[1]描写宝莉感染艾滋病毒后，用少女时代种下的诗情写下险恶复仇的诗句："我美丽的肉体是死神的酒杯，报复是我大声的宣言与欢笑！"两个月内，她用身体枪毙了一百多个男人，每次做爱后都要咬破男人的舌尖或嘴唇。同时，她还与别人共用针管吸毒，侵害了不知多少具健康的身体。当然，这种报复的身体也是要借助对方情欲的身体才能得以实施的。有时，这种身体的报复还可能发生在最为亲近的人身上，如某部长篇小说中，丁亮想把病传染给妻子，让她不能改嫁，即使自己死了也能安心了。不仅如此，他还劝玲玲不要顾及名声，把病传给她丈夫小明。

夏国美的《中国艾滋病问题报告》[2]讲述了一个卖淫女的报复故事。有一个因吸毒而卖淫的女子被公安机关抓获送入劳教所，在体检中发现她感染了艾滋病毒，劳教所不敢再关押她，就将她作为传染病患者释放了。她得知自己感染了艾滋病毒以后，不但没有任何自责和后悔，而且还产生了强烈的报复情绪。由于无法弄清到底是谁把艾滋病毒传染给自己，她就将仇恨迁怒于所有的男子，开始疯狂地报复。她认为得了不治之症迟早是要死的，也明白警方拿她没有办法，根本就不惧怕警方的拘捕。"她要尽量抓紧时间享受人生，让更多的想玩她的男人成为她死亡道路上的铺垫。她还说，既然人生对她来说已经变得没有意义，报复他人，看到更多的人像她一样在死亡线上挣扎，对她来说就是一种乐趣。"[3] 这种由于自己人格障碍而将被感染的责任推向他人的报复心理是多么可怕，患病的身体成了报复社会和他人的武器，并且由于这种身体报复的隐蔽性，大多数人是毫不知情的，其扩散性传播也是无法预测和控制的，这种报复的身体给社会造成的危害也就越来越大。

利用携带病毒的身体报复他人不是女性所独有的，男性的身体同样可以充当复仇的武器，方刚的《艾滋病逼近中国》[4]就讲了这样一个故事。年

---

[1] 温燕霞：《夜来香》，《百花洲》2009年第1期。
[2] 夏国美：《中国艾滋病问题报告》，江苏人民出版社，2002。
[3] 夏国美：《中国艾滋病问题报告》，第252页。
[4] 方刚：《艾滋病逼近中国》，吉林人民出版社，1995。

仅二十四岁的小王从美国留学归来时被查出感染艾滋病毒，受到周围人的歧视，他感到非常痛苦和愤怒。"当他想好好地平静地度过余下的岁月的时候，他不能够；他想与其他人平等相待友好相处的时候，他不能够。那么，他何不趁这有限的人生时光尽情地享受？尽情地做自己想做的事情呢？"[①]既然社会不能平等对待自己，那么自己也无须再对社会承担责任。他产生了报复社会的念头，逃离家庭后，他化名在报纸上登征婚启事。由于留美资历的诱惑，加上长得高大英俊，许多姑娘向他抛来了橄榄枝。不到半年，他就结识交往了二十多个女孩，并与其中的十三位女孩发生了性关系。他利用携带病毒的身体实施疯狂的报复，一误再误地走进罪恶的渊薮。

健康人群往往对艾滋病人采取歧视、排斥和驱逐的态度，认为这样就可以远离灾难，其实恰恰掉进了艾滋病魔给人类所设置的陷阱中。某种程度上，歧视、排斥和驱逐艾滋病人，不但不能使健康人群逃离病毒传播圈，而且还会刺激一部分艾滋病人更为隐秘的报复行为，从而加大了艾滋病毒进一步扩散的危险性。同时，这些故意利用身体去报复他人的行为不但没有减弱先前人们对艾滋病的歧视，而且还加剧了人们对艾滋病患者的恐惧与偏见，导致人们将艾滋病患者妖魔化，开始了新的一轮更为激进的排斥与驱逐。由于人性的障碍，人们在艾滋病魔面前一错再错，陷入一种恶性循环，为此付出了极为沉痛的代价。

四　伤痛的身体

艾滋病的病原体进入人体后会造成临床性感染，表现为全身酸痛、乏力、发热、皮疹、夜间盗汗等症状，严重时会出现机会性感染和肿瘤等体征，如肺部、消化道、脑和其他脏器感染病变以及体重减轻、腹泻、淋巴结肿大和卡波济肉瘤等。因此，艾滋病患者身体的前后差异在艾滋病文学书写中特别明显，为我们呈现了一具具刻满伤痛的肉身。

"生病的体验代表着世界上一种不同的存在方式，这种方式典型地表现为整体性和躯体完整性的丧失，确定性的丧失和相伴而来的恐惧感，控制能力的丧失，以多种方式自由行动能力的丧失以及在此之前熟识世界的丧

[①] 方刚：《艾滋病逼近中国》，第112页。

失。"①《最后的宣战》中,黎家明大约两周后身体就有异样与变化,像得了感冒,黎家明起先并没有把它当回事儿,认为熬几天就会过去了。可他的"感冒"不但没有好转,而且还出现了一些新的症状,脸上和身上开始出现了一些红色的皮疹,晚上伴有低烧。他意识到有点不对劲,就去医院做了体检,结果查出感染了艾滋病毒。随着时间的推移,身体的症状越来越明显,开始出现了幻听、幻视,且伴有令人难以忍受的肌肉跳疼,这些身体症状时刻提醒他体内艾滋病毒的肆虐情形。痛不欲生的时候,他只有死命地揪自己的头发,如同疯子般捶打自己的脑袋,通过肉身的疼痛来缓解心理压力。

葛红兵对疾病与疼痛的关系有过精当的论述:"疾病是通过疼痛抵达身体,它通过疼痛显身于身体,通过疼痛对身体的尊严、完整、价值、意味进行拆解,进而完成对身体的征服。身体俯身于疾病,拆解了自身的文化构成,还原自己为纯粹的生物感觉,这些都是疼痛的功劳。"② 到了后期,艾滋病身体的疼痛愈发严重了,这种疼痛是一种本质性的生存论意义上的疼痛,每一个人的疼痛都是隐秘的不可规约的,无法定性与定量,只能把捉到病人疼痛表现形式,而无法直接呈现疼痛的本身。我们无法具体感知这种深入骨髓的疼痛,只能通过身体表征来认识这种疼痛。如某部长篇小说描写道:"他一会把身子虾米样爬着弓在床中央,屁股翘到半空里。一会又倒在床铺上,死虾米样倒在床中央,身子卷成一团儿。死虾米样卷成一团儿。再一会,仰躺着,把双膝弯在半空里,双手死死地抱着两个疼成苍黄的膝盖骨,人像仰躺着的死的虾。死久了的虾。只有把身子弄成死虾样,他的疼才会轻一些。"

在艾滋病文学书写中,身体已经剥去了历史、文化的外衣,回到了纯粹的肉身,成为文学描写的直接对象。这种身体不是那种能够带给人们愉悦美感的身体,而是遭受疾病折磨的受伤的身体,是那种残缺丑陋、痛苦变形的身体。通过这种受伤的身体描写,我们可以感受到疾病给人带来的巨大痛苦。同时,这种受伤的身体作为一种潜在的叙事动力,时刻提醒病人不要忘记疾病的存在,激发和推动叙事的进展。《背道而驰》中,留美博士李之白持续发烧一个多礼拜,身上出现疹块,舌头上有毛状白斑,牙根

---

① 〔美〕图姆斯:《病忠的意义》,邱鸿钟、陈蓉霞译,青岛出版社,2000,第112页。
② 葛红兵:《作为隐喻的疾病——从薛燕平长篇新作〈21克爱情〉说开去》,《湘潭大学学报》(哲学社会科学版)2005年第2期。

溃疡，出现了卡波氏肉瘤，是艾滋病人的明显病症。妻子田麦本来已经打算和他办理离婚手续，从身体特征知晓李之白不久就将离别人世，于是就搬离家庭，隐忍着保持一段名存实亡的痛苦婚姻。临终前，田麦回到李之白身边，看着李之白一动不动地躺在病床上，如同一个折断了翅膀的垂死的大鸟，羽毛脱落，满身是伤，等待着上帝接他回家。

五 结语：自我镜像的身体

无论禁锢放逐的身体，还是情欲迷狂的身体和报复的身体，都源于艾滋病患者的自我镜像，与艾滋病患者的自我建构有着密切的关联。根据法国心理学家雅克·拉康的"镜像阶段"理论，婴儿在6～18个月阶段喜欢在镜子面前观看自己的形象，以镜子中并不完整的身体镜像为媒介进行自我认同。而作为成人的艾滋病患者也有类似的经历，他们要在社会和他人的多重镜像和凝视中确认自我，经历人生的第二个镜像阶段。

《挽留生命》[①]中的程璐由于被车撞伤，在医院输血时感染了艾滋病毒，承受了巨大的心灵折磨。他晚上经常做噩梦，在梦中有时会突然大叫起来，一个人在屋子里乱跑不敢上床睡觉。"有一段时间我经常梦见自己吐血，上厕所时排黑色的大便，而后下部突然长满黄痘，随后大腿、胳膊、全身长满红斑……那样子，让我自己都不敢看自己。后来，我常常在晚上睡觉的时候在枕边放一面镜子，噩梦醒来，看看镜中的自己，还是年轻的，脸上、身上的皮肤没有长满红斑才敢再次安静地睡去。"[②] 程璐照镜子的行为不只是对自我身份的认同，而且还是在与一种有关身体的文化标准进行对照，既是在观看自己，也是在将自己的身体与健康的标准的身体进行比较。这种身体控制的机制是通过镜像和自我监视来实现的，是一种身体意识的自觉，而这种自觉意识则不断迫使其去关注自己的镜像。"每当个体面对自我镜像，发现自己与人体美学标准有所差距时，便必然产生一种心理学上所说的'认知不和谐'状态。这一方面是身体的美学规范形态，另一方面是自我尚不完美的体形或面容，两者的差距越大，便越容易导致焦虑和不安；反之，当两者距离缩小时，便自然而然地产生一种认知和谐的快感。"[③] 面

---

① 王汝：《挽留生命》，延边人民出版社，2002。
② 王汝：《挽留生命》，第252页。
③ 汪民安主编《身体的文化政治学》，河南大学出版社，2003，第142页。

对遭受艾滋病魔折磨的受伤的身体镜像,与正常健康的身体标准相对照,艾滋病患者的身体变成了异类,变成了自己的敌人,他们为此内心痛苦不安。

由于艾滋病的隐喻及其带来的社会污名,艾滋病患者重新认识和解读自己的身体与身份,携带病毒的肉身成为他们挥之不去的污点与梦魇。"村里人说我生活作风不检点才染上这个怪病。我晚上梦见被一头黑乎乎的怪物追赶,然后吃掉了我,我的身体与怪物融为一体。惊得我一觉醒来,冲到厨房一个劲地猛冲洗我的身体。"[①] 有的人逐渐把自己封闭起来,走上了自我放逐之路,极端一点的甚至厌弃自己的身体,用自杀的方式毁灭自己的肉身,最后一次行使自己对身体的权利。那些沉湎于情欲与报复中的艾滋病患者,也是源于一种虚拟的身体镜像,他们没有勇气去反思自身,无力控制自己的身体,只能用一种自我欺骗的方式去获得一种能够主宰自己和他人身体的虚幻满足,而这种身体镜像并不等于真实的身体。

某部长篇小说中的艾滋病患者马香林尽管身体呈现出来的是"白头发、青疮豆、黑嘴唇"的死前预兆,可面对台下二百多位听他说唱坠子的男女老少时,脸上忽然红润起来,上演了最后的绝唱。他摇头晃脑地投入表演,连自己的嗓子越来越哑也都不在乎了。他本以为自己可以多撑些时日,那样就可以等到能够治愈艾滋病的新药发下来。当他听到丁水阳说出的实情,上边压根就没有说过有能治热病的新药后,一下子就从凳子上栽下来死掉了。面对男女老少那么投入、那么专注的观看,马香林曾一度忘了自己是一个害着热病的病人,陶醉于一种理想的自我镜像中,全身心地专注于自己的说唱。可这种虚拟的自我镜像终究是要破灭的,丁水阳的一句话就击倒了这具真实的肉身。

由于艾滋病与身体有密切的关联,艾滋病叙事用语言书写身体与世界的关系,描摹烙在艾滋病患者身体上的政治的、伦理的、文化的印痕,表达身体内在的隐秘冲动,全面立体地展示艾滋病患者爱情欲迷狂与自我放逐的身体。艾滋病文学叙事中的身体不同于公共医学话语中的艾滋病身体,它既有肉体性,又有伦理性。艾滋病叙事,一方面发掘艾滋病患特殊群体的微观体验,对艾滋病患者身体进行去蔽化的处理,塑造出细致入微、撼

[①] 陈静、徐晓军:《艾滋病患者的自我身份认同研究——以鄂西北的艾滋病患者为例》,《医学与哲学(A)》2013年第12期。

动人心的身体；另一方面在与公共医学等主流话语的认同和疏离中书写病患经验，凸显病患个体与国家宏大叙事之间的张力。艾滋病文学身体叙事的意义在于通过对身体的诗学观照，建构出一具具鲜活、深邃而有活力的文学身体，走出身体压抑或狂欢的写作误区，让身体抵达人的本真。

中国艾滋病题材影视作品的文化观照

李一男[*]

摘 要 中国艾滋病题材影视作品凭借苦难叙事与隐喻修辞，营造出固定化的艾滋病患者的形象，使得艾滋病从疾病问题变成道德问题和社会政治问题。医学的进步带来疾病观念的极度膨胀，遮蔽了艾滋病的复杂性和阶段性。人们往往把 HIV 感染者等同于艾滋病人，而又误把艾滋病人的生命等同于绝望与死亡，这使得艾滋患者的社会性死亡远远早于身体上的死亡，影视作品中的他者形象，增加了社会与艾滋病患者的交际成本，阻碍了病人的康复进程。

关键词：艾滋题材影视作品 苦难叙事 艾滋病隐喻

Abstract Since the birth of Chinese AIDS-themed film and television works, with the aid of the narrative of suffering and the metaphor, they have created a fixed image of AIDS patients, which has transformed AIDS patients from simple disease problems into moral, social and political issues. The advance of medicine has brought about the extreme expansion of the concept of diseases, covering the complicated stages of AIDS. People often equate HIV-infected persons with AIDS patients, and mistakenly equate the lives of AIDS patients with despair and death. This makes the social death of AIDS patients much earlier than the physical death. The "alien" image on the screen increases the cost of social interaction with AIDS patients and hinders the patient's

---

[*] 李一男，扬州大学文学院博士研究生。本文为国家社科基金项目"中国当代文学艾滋叙事研究"（17BZW035）的阶段性成果。

recovery process.

Key Words AIDS-themed films and television works; narratives of suffering; AIDS metaphors

20世纪80年代，艾滋病在美国"同志"群体中暴发时，由于人们缺乏对它的认识，称其为"同志病"或"同志癌症"。"1985年，中国发现第一例艾滋病感染者，但仅在12年后的1997年就宣布进入艾滋病'快速增长期'。"[①] 人们称它为"爱资病""时代病"，从这些对艾滋病的称呼中能窥见人们对"同志"群体、西方国家、时代改革的态度。当时社会缺乏对这种疾病的认识，更是加速了这种态度的传播。随着人们对它的了解，被称作"世纪瘟疫"的艾滋病逐渐被有效地遏制。随着医学的发展，艾滋病患者依靠药物治疗，可达到与常人同等长度的寿命，艾滋病被赋予的多种消极隐喻正逐渐地退去，与早期那些表现消极被动的受难者形象的影视作品不同，一些表现艾滋病患者与疾病积极抗争的影片逐步进入人们的视野。

一 中国艾滋病题材影视作品的三种类型

中国艾滋病题材影视作品包含电影、纪录片、广告宣传片和网剧。艾滋病影视作品的叙事类型主要有三种：恐艾型、关艾型和多元型。

（一）恐艾型

此类代表性影片为《艾滋病患者》（1988）、《阳性反应》（1998）。许同均导演的《艾滋病患者》中，托尼是一位晚期艾滋病人，临终前，他交代自己在中国南方某大学任教期间与三名中国姑娘发生过关系，但还未交代完整便离开了人世。该消息经国际卫生组织传入中国，中国对此迅速作出反应，抽调精兵强将成立调查组，以期尽快查清三位女士的身份。经过调查组的细致排查，三位女士的真实身份水落石出，不幸的是她们均感染上了艾滋病。第一位是南方某大学建筑系的学生，在得知被感染后，她跑到楼顶准备轻生，幸好被尾随其后的公安人员制止。第二位是一位"小

[①] 张康胜、王曙光、邹勤：《不同文化人群艾滋病问题的社会学研究》，四川大学出版社，2008，第11页。

姐",她被日本富商包养,在公安人员找到她之前,就已经与日本富商乘机飞往日本。第三位是王小雨,是负责接待调查组的工作人员。她用磁带录下遗言,随后在海边的茅草屋内自焚。《艾滋病患者》中,托尼与王小雨的悲惨与悲壮,足以震撼银幕前的观众,引发人们对艾滋病的恐慌。美国人、日本富商身份的设定,反映了当时主流文化对待美日文化的抵制,而"小姐"的身份的设定则带给艾滋病人道德上的压力和审判。

香港导演陈汗的《阳性反应》讲述新移居香港的青年阿成感染艾滋病的故事。阿成因一次车祸被送进医院进行抢救,在输入不洁血液后染上艾滋病,医院为了息事宁人,赔偿 21 万。阿成决定买一台摄影机,记录下自己最后的时光。阿成原来在一家报馆上班,馆长在得知阿城患病后要求他离开。面对社会的冷漠,阿成感到非常孤独,他联系前女友说要合拍一部电影,每天都有高额的报酬。从事性服务工作的前女友听到这个消息后,再次回到阿成身边,最后两人发生关系。随着病情的加剧,阿成在一次昏迷后被前女友送进医院。病情曝光后,前女友痛哭流涕地离开了阿成。经过抢救,阿成病情趋于稳定,但他得病的实情被大范围地散播,医院的病友、房东、邻居都躲着他走,周围邻居与房东合谋驱逐阿成。无奈之下,阿成打算拿着注射器把空气注入血管了结生命,没料到缺少经验的他反而抽了一管血,这一幕被小区内的一群青少年看到,他们以为他在注射毒品,于是对其拳打脚踢。遍体鳞伤的阿成身心遭受难以康复的创伤,他收起注射器决定报复社会。在公交车上,他教训一位在车上抽烟的骄傲自负的"金融男",金融男跳窗而逃。随后,警察追捕阿成,一番厮打后,两位警察被注射器戳伤,阿成再次逃脱。最终,阿成跑到一座大厦顶层纵身一跃,结束了自己的生命。影片讲述了艾滋病人在那个时代被社会遗弃的过程,没有良好的药物,没有心灵上的关怀,艾滋病人的身心遭受了社会的重锤。阿城从一个底层的小报馆职员,演变成一个报复社会的恐怖分子,离开这个世界是他唯一的出路。

恐艾影片的特征是营造出一些恐怖的艾滋病人形象,电影的主角得不到良好的医治,染病后遭遇整个社会的隔离与抛弃,死亡是这类艾滋病人的最终结局。

(二)关艾型

随着全球艾滋病患者的激增,世界各地形成了艾滋病患者互助联盟,正如纪录片《瘟疫求生指南》(2012)和故事片《每分钟120击》(2017)所记录和讲述的那样,他们游行示威,结成"act up"小组,要求政府投入更多的资金研制药物,监督审批部门加快引进药品。随着一系列的激烈抗争,针对艾滋病的有效药物逐渐问世,艾滋病患者的寿命得以延长,加之全球一系列的艾滋病人的运动,公众开始重新审视艾滋病患者在社会中的价值和地位,影片《费城故事》(1993)便是美国关艾型电影的代表,汤姆·汉克斯凭借此片获得第66届奥斯卡金像奖中的最佳男主角奖。有评论认为:"他弱化了主人翁同性恋故事本身,转移了观众对同性恋可能产生的排斥反感,继而站在一个更高的角度着重强化其引发的社会问题,成功引导大家在对患有艾滋病的安德鲁建立起人道主义同情的基础上去理解、接受、思考这个并不为社会主流接受的问题。"[①]

《费城故事》在全球产生了极大的影响,由雷瑞麟导演的《艾滋初体验》(1999)便是对《费城故事》的致敬,是中国关艾型影片的代表。主角周盼行是一名律师,这与《费城故事》主角的人设一样,年近四十的他厌倦平淡的婚姻生活,在带领学弟区若华一次风流后,两人不幸染病。区若华失去工作、恋人和朋友,在与别人搏斗中误杀一人,走投无路中打算跳楼自尽。周盼行闻讯赶到,爬到楼顶劝说区若华,并在围观的媒体面前公布了自己艾滋病患者的身份。他在楼顶打电话,向楼下拿着话筒的记者倾诉:有艾滋病不是最可怕的,大不了一死了之。最可怕的是没有了工作,没有了朋友,没有了家庭,还没有了另一半。这个社会根本不接受你,想你即刻消失。他不是想报复,而是被社会逼得绝望了……周盼行在楼顶的这一番倾诉,旨在呼吁社会、政府、亲人关注艾滋病患者生存的权利。私生活混乱者应该知错改错,但在没有伤害别人的情况下,既不违法也不犯罪,不应该受到任何人的指责和歧视。最后区若华自首,周盼行回到工作单位,他理直气壮地告诉上司:我不会辞职的,如果你要解雇我,我会像《费城故事》里的汤姆·汉克斯一样起诉你。可见,《艾滋初体验》这类关艾型影片申诉的是:艾滋病患者应当与正常人一样享有权利。这一时期还有许多相类似的关艾型作品,如杜国威导演的《地久天长》(2001)、刘德华导演的公益宣传短片《爱在阳光下》(2003)。

---

① 陈莉:《有关生命的权利和尊严——从〈费城故事〉说起》,《电影评介》2002年第11期。

(三) 多元型

多元型艾滋病影视作品则题材丰富，关注点不同，它包含故事片、纪录片和网剧等。这类作品的艺术效果、影响力悬殊，大多已经超出恐惧艾滋病、宣传艾滋病知识的水准，能够把艾滋病人当作正常的人来表现，关注艾滋病人的情感世界、教育问题、人际关系、家庭生活、患病起因、医治情况等。这类作品中，聚焦于艾滋病遗孤的教育问题的有《你是天使》(2007)、《冲动是天使》(2007)、《两个人的教室》(2007)、《情笛之爱》(2014) 等；关注艾滋病患者情感问题的有《青春的忏悔》(2003)、《夜来香》(2008)；此外还有关注艾滋病患者生存状况的纪录片《好死不如赖活着》(2003)、关注社会援助艾滋病遗孤的纪录片《颍州的孩子》(2006)、记录艾滋病患者家庭和感情生活的《宠儿》(2011)，以及根据文学作品改编的《最爱》(2011)。

在多元型的艾滋病影视作品中，凤凰卫视拍摄的艾滋病系列纪录片《中国艾滋病实录》(2011) 为典型代表，它包括《血之灾》《毒之祸》《同之恋》《尊严》《救赎》五集。凤凰卫视到艾滋病患者的集中暴发地进行拍摄，分别走访了卖血艾滋病村、海洛因艾滋村，以及成都最大的"同志"酒吧，对滋生艾滋病的典型场景进行全景式的拍摄，使观众看到中国艾滋病群体的大概全貌。该纪录片并没有流于走马观花，而是对村民卖血的动机、年轻人吸毒的原因，以及"男同"的内心世界进行了细致勘探。《中国艾滋病实录》是近年来少见的有深度、有力度、有积极影响的纪录片，不仅展示了中国艾滋病群体的全貌，同时也给艾滋病患者以希望，并警诫人们：艾滋病的蔓延已经从特定人群转向大学生和都市青年群体。它为人们敲响警钟。

中国艾滋病影视作品的三种类型有着清晰的时间脉络，此影视作品的发展与对艾滋病的认知和防控情况密切相关。简而言之，在对艾滋病缺乏全面了解时，影视作品中多出现令人恐惧的艾滋病人形象。在各国政府和卫生部门加大力度研制药物后，相关影视作品多是宣传艾滋病的可控性，加深公众对艾滋病的认识，此时以关艾型影视作品为主。近些年，艾滋病人得到很好的医治后，这类题材开始走向多元，这些多元型影视作品中不乏优秀的故事片、纪录片，但也存在一些明显的问题。

二 中国艾滋病题材影视作品中的他者形象

中国艾滋题材影视作品的症结在通过苦难叙事和隐喻修辞构建一个真实的他者形象。在影视作品中，艾滋病人有着与正常人截然不同的生活与生命状态，艾滋病患者常常与贫穷、吸毒、卖血、同性恋、淫乱等负面形象画等号，这种形象使艾滋病人处于弱势地位，失去自己的权利。这使得艾滋病从身体问题变成道德问题和社会政治问题。

（一）苦难叙事

艾滋病威胁人类的生命、健康、财产安全，无论从哪个关注点进行拍摄，苦难都是此类电影的标签。现代文明中，记录苦难，为苦难代言可为创作者提供天然的道德优势，但并不能提供天然的艺术优势。中国艾滋影视作品关于苦难的叙事很多，但少有对苦难的超越，缺乏对苦难的终极追问。"表现苦难生存背后的美与价值，是苦难叙事的魅力所在。"[1] 但许多艾滋题材影视作品在表达苦难时，给观众留下的是失落、彷徨、无助与消沉形象。中国艾滋影视作品中严重缺失悲剧的美学价值。朱光潜在谈论悲剧时说："它所表现的情节一般都是可恐怖的，而人们在可恐怖的事物面前往往变得严肃而深沉。"[2] 这种严肃、深沉就是美学意义上的崇高感，它可以让人们充满斗志，走出困境。英国导演约翰·格里尔逊认为：摄影棚影片大大地忽略了银幕向真实世界敞开的可能性，只拍摄在人工背景前表演的故事，纪录片拍摄的则是活生生的场景和活生生的故事。[3] 对于记录艾滋病这种"世纪瘟疫"来说，纪录片是不可缺席的。

纪录片按照不同的美学观点和创作方式可分为真实电影和直接电影。真实电影继承美国导演弗拉哈迪的观点和做法，它常与人类学交织在一起。真实电影学派认为，摄影机只能记录表面的真实，而它要探寻的是在表象之下的事物真实的本质，创作者常常促使被拍摄者说出平时不太会说出和做出的话与事。而约翰·格里尔逊则反对弗拉哈迪的看法，他拒绝对拍摄

---

[1] 斯炎伟：《当代文学苦难叙事的若干历史局限》，《浙江社会科学》2005年第6期。
[2] 朱光潜：《悲剧心理学》，人民文学出版社，1983，第31页。
[3] 〔英〕约翰·格里尔逊：《纪录电影的首要原则》，单万里主编《纪录电影文献》，中国广播电视出版社，2001，第501页。

对象进行预想，而是直接进行拍摄，让拍摄对象自己说话。

纪录片《好死不如赖活着》，既没有真实电影的精心编剧，也没有直接电影的干预力度和影响力。在记录艾滋病患者马深义、雷梅一家直面死亡的过程中，摄影机以夏秋冬春的时间顺序铺开摄像记录，缺少准确深入的提问。故事没有超越苦难，摄影机的镜头只对准马深义一家，缺少对群像的刻画，因此影片的历史观和世界观受到局限，缺乏一种纵深感。在影片中，我们没有看到文楼村的全貌、对于过去卖血历史的考察、整个文楼村患病者的生命状态，以及马深义所在的村、镇、县对于艾滋病患者的救助情况等，宏观视野的缺失，使马深义一家变成了缺失整体性的个体。影片对于个体的把握是不准确的，因为我们无从参照，只能靠想象和感悟去猜测这一群体面对死亡时的坚毅和不屈。事实上，影片所传递的价值就只有记录，是一部为了记录而记录的影片，正如片名《好死不如赖活着》，摄影机对准雷梅去世的身躯，黑黢黢的脸庞制造着惊悚的视觉效果，雷梅没有棺材，只是被席子随意卷裹，"好死"不存在，只剩消极与迷茫的"赖活"。这种对苦难的消费，是值得反思和警醒的。

（二）艾滋病的隐喻修辞

艾滋病是一种综合征，它包含着一长串的无止境的并发症或症候性疾病，它们共同组成了艾滋病。由于艾滋病形态的复杂性，它像是一个被建构或被定义的产物。什么是艾滋病，哪部分是可以治愈的疾病，哪些属于艾滋病的早期症状，这些完全取决于医生的决定。"而这种决定，依赖于这么一个观点，其原始隐喻色彩不亚于那种有关'完全成熟'的疾病的隐喻。'完全成熟'意味着艾滋病已处于无可挽救的致命形态。不成熟之物势必变为成熟之物，花蕾势必盛开（雏鸟势必长得羽翼丰满），医生们所使用的这种植物学或动物学隐喻使得发展或演化成艾滋病成了规则、规律。"[1]艾滋病的发展经历三个时期：急性感染期、潜伏期和发病期。在感染初期，感染者（HIV携带者）在感染后的2~6周，主要表现为流感样症状，发热、头痛、肌关节痛、咽痛、皮疹、全身淋巴结肿大，在此之后3~14天进入无症状期。无症状期就是潜伏期，从潜伏至暴发时间最短1年，最长15年，平均5~7年，因为感染者的个体差异很大。第三个阶段即发病期，感染者成

---

[1] 〔美〕苏珊·桑塔格：《疾病的隐喻》，程巍译，上海译文出版社，2003，第105页。

为艾滋病人，此时体内的免疫系统遭受严重破坏，如果没有良好的医治，艾滋病人会在半年至两年内死去。医学的进步可以准确地预判艾滋病发展的总趋势，这是当代医学的胜利。但胜利带来了膨胀，社会把艾滋感染者等同于艾滋病人，这种行为遮蔽了感染者长达数年的潜伏期，认为艾滋感染者与艾滋病人的结局一样——没有希望，只有死亡。事实上，当代医学已经有成熟的治疗方案，在感染之后，经过良好的医治，艾滋感染者可能达到与正常人同样的寿命。但社会对待艾滋感染者的态度，使艾滋病人的社会性死亡远远早于身体上的死亡，一旦感染者查出携带 HIV 病毒，他们最要紧的是保密，一旦病情曝光，他们身边的社会关系将迅速断裂。中国艾滋病题材影视作品中，大多都有意或无意地强化了这种隐喻修辞。

比如在恐艾型影片《艾滋病患者》中，影片开头是托尼的死亡，由于托尼的死，引起建筑系女学生的轻生，接着是王小雨自尽于熊熊大火中。影片强化了结局，这使艾滋病患者看不到希望，也使得观众在潜移默化中认可这种结局，把主流社会与艾滋病患者分化成不同的族类，艾滋病患者被打上了另类的标签和烙印。《阳性反应》中，阿成是一位小报馆职工，其本身自带这种阶层倾向，他不但处于底层，同时又是香港的新移民，属于边缘之边缘，这样的人设再被宣判成艾滋病患者，这像是编剧与主流社会的某种合谋。阿成从确诊至疯癫、神志不清也就短短数月，最终阿成选择结束生命，阿成的社会性死亡远远早于身体上的消亡，而电影则无意地强化了这种隐喻。

关艾型影片《艾滋初体验》《地久天长》中，艾滋病患者的人物塑造，则渐渐脱离了死亡与无望的隐喻。《艾滋初体验》中的律师虽然染病，但整个影片的篇幅更多地放在病人的权利诉求上，律师周盼行在公布自己患者身份后，仍然回归单位正常工作，这种叙事逻辑是值得肯定的。《地久天长》中的子鸶，虽然年幼输血时染上艾滋病毒，但他仍然与疾病抗衡，坚持读到高中。在抵御疾病的过程中，他坚持书写，最后出书，鼓励了许多患者。影片试图揭示艾滋病人虽然染病，但仍然拥有许多宝贵的生命时间，同样可以创造出非凡的意义。

在多元创作时期，《好死不如赖活着》《最爱》《血之灾》《毒之祸》等影视作品中，生命的消逝仍然是叙事的主要逻辑，这类影视作品无疑加速了艾滋病患者的社会性死亡。

斯图亚特·霍尔曾借用"他者"理论来论述美国文化是如何把黑人形

象差异化和定型化的："定型化强调差异，对差异加以简化、提炼，并使差异本质化和固定化。"① 中国艾滋病题材影视作品中，大量的苦难叙事以及固定的隐喻修辞，使得艾滋病感染者与贫穷、愚昧、落后、淫乱、吸毒、无助、死亡画等号。与别的病人相比，主流文化借用苦难叙事与隐喻，塑造出一个具有差异化的艾滋病感染者形象。这种差异化的形象，是由苦难叙事和隐喻修辞所致的，是现状亦是结果。

三　中国艾滋病题材影视作品的问题与思考

中国艾滋病题材影视作品经历了典型的三个阶段，在第一阶段和第三阶段中，苦难叙事与隐喻修辞，成为大部分电影的叙事基调和逻辑，这些共同的症状应当引起足够的重视与警戒。除此之外，一些为宣传而制作的公益电影，给人一种千人一面的感觉。还有一些根据小说原著改编而成的电影，在商业与艺术之间无法兼顾，偏离了原著的风貌与气质，同样也未获得商业上的成功。

在艾滋病题材电影中，公益电影存在单一化和同质化的倾向。《你是天使》《冲动是天使》《两个人的教室》聚焦艾滋病遗孤教育问题，故事梗概雷同。影片中的教师们有着"魏敏芝"式的倔强和奉献精神，对任何一个艾滋病孤儿不放弃不抛弃的剧作理念，令人想起影片《一个都不能少》。这种单一化和同质化的电影，在一定程度上起到宣传和关爱艾滋病遗孤的积极效果，但剧作上的偷懒和剧情上的雷同，了无新意，无法震撼人心，更不能启发观众深入思考和讨论，传播范围有限，影响有限。

根据长篇小说改编而成的影视作品《最爱》，并没有抓住原著的气质与精髓。小说是一部讲述艾滋病的魔幻现实主义小说，它看似在讲述艾滋病人群居互助、吃大锅饭、商琴琴与赵得意偷情再婚等，实质上关注的是乡土的伦理道德、人情、人性。正如王德威所说：作者的做法是"将……灾难放在更广阔的人性角度观察，而他的结论是……病不只是身体的病，更是'心病'，贪得无厌的心病。而在风格上，他运用已经得心应手的人物场景，甚至情节，变本加厉，务求烘托故事阴森怪诞的底色"②。而改编为电

---

① 〔英〕斯图亚特·霍尔主编《表征：文化表象与意指实践》，徐亮、陆兴华译，商务印书馆，2003，第261页。
② 王德威：《革命时代的爱与死——论阎连科的小说》，《当代作家评论》2007年第5期。

影后,《最爱》的中后段完全是围绕赵、商二人的爱情展开。影片所应表现的对现代性的批判、乡土伦理溃败的严肃议题,被浪漫爱情故事削弱。商琴琴为救发烧的赵得意,裸着身子跳进水缸降温,用冰凉的身躯给赵得意退烧。裸体画面满足了观众的窥淫癖,这更多的是商业考量,但这样一来,电影则变了味儿。

总之,中国艾滋题材影视作品经历了三个创作阶段,已经取得了一定的成绩。但遗憾的是,时至今天,我们还未看到能够代表中国水准的更多、更为优秀的艾滋病题材作品,艾滋病题材影视作品在表现的领域、形式、技巧以及内涵等方面都还有很大的提升空间。未来的艾滋病影视作品应克制使用苦难素材,甚至脱离对苦难叙事的依赖,避开艾滋病的隐喻修辞,让艾滋病患者成为普通的患者,最终消弭艾滋病的消极隐喻。随着人们的不断探索,相信中国艾滋病题材影视作品也会涌现出比肩《费城故事》《平常的心》的优秀影片。

论《失明症漫记》的看见与看不见

沈喜阳[*]

摘 要 萨拉马戈的寓言体长篇小说《失明症漫记》描绘了遭遇失明症时疫后，普遍人性的丧失和文明的坍塌，也揭示出在未曾失去理性和情感的医生妻子的带领下，失明症患者人性的回归和精神的救赎。失明症造成的看不见，既反映出盲人们丧失主体思考的奴性思维，也反映出统治者"'不看见'就是'不存在'"的自我欺骗逻辑。"能看就要看见"，活着的人们需要再生，找到失去的自我，成为真正的人。作家是社会的良心，知识分子是时代的眼睛，他们必须看见人性的幽暗，反思时代的病症，才能使人类经受灾疫的考验，保持人的尊严。

关键词：萨拉马戈 《失明症漫记》 失明症

Abstract Saramago's allegorical novel *The Blindness* describes the general loss of humanity and the collapse of civilization after the epidemic of blindness. It also reveals the blind's return of humanity and salvation of spirit led by the wife of a doctor who had never lost reason and emotion. The "invisible" caused by blindness reflected not only blind people's loss of thinking independently, but also the ruler's self-deception of "out of sight is out of existence". "If you can look, you must see." People alive need to "regenerate" to find their lost self and become real people. Writers are the conscience of society and intellectuals are the eyes of the times. They must "see" the

---

[*] 沈喜阳，华东师范大学思勉人文高等研究院博士研究生。

darkness of human nature and reflect on the illnesses of the times in order to make people stand the test of disasters and maintain human dignity.

Key Words Saramago; *The Blindness*; epidemic of blindness

若泽·萨拉马戈（1922.11.16～2010.6.18）是葡萄牙作家，也是迄今为止唯一获得诺贝尔文学奖的葡语作家。1995年，萨拉马戈的长篇小说《失明症漫记》问世，当年即获得葡萄牙语文学创作最高奖——卡蒙斯文学奖；三年后的1998年，萨拉马戈凭借《失明症漫记》获得诺贝尔文学奖，获奖理由是萨拉马戈"充满想象、同情和讽喻的寓言故事，不断使我们对虚幻的现实加深了理解"。把萨拉马戈的长篇小说定位为"寓言故事"，强调其作品的"寓言性"，可谓一针见血地揭示出萨拉马戈小说的本质特点。以《失明症漫记》为例，它描绘了遭遇失明症时疫后人性的丧失和文明的坍塌，也揭示出失明症患者在象征着未曾失去理性和情感的医生妻子的带领下对人性的回归和精神的救赎，其寓言性不言而喻。小说不指涉具体的时代和地域，所有的人物都没有名字；他的《复明症漫记》《死亡间隙》也是如此，《所有的名字》中只有一个与作者同名的"若泽先生"，也相当于没有人名。这种时空的模糊性和人物的无名化恰恰反映出萨拉马戈作品的普遍性和全人类性。也就是说，我们可以认为《失明症漫记》的故事发生在任何时代、任何地方、任何人身上，具有超时空的普遍性和永恒性。

一　失明与失明症

《素问·解精微论》云："夫心者，五脏之专精也，目者，其窍也。"《灵枢·大惑论》云："目者，心之使也。"[1] 这大约是"眼睛是心灵的窗户"的最早缘起。亚里士多德在《形而上学》的开篇中指出人们"喜爱视觉尤甚于其他"，因为视觉"最能使我们识别事物，并揭示各种各样的区别"[2]。眼睛在五种感官中位居第一，失明带来的痛苦也最难以承受。视觉功能的丧失在中国古代被称为盲，或者叫失明，"目不能决黑白之色则谓之

---

[1] 杨永杰、龚树全主编《黄帝内经》，线装书局，2009，第220、383页。
[2] 《亚里士多德全集》第七卷，苗力田译，中国人民大学出版社，1997，第27页。

盲"①，"目盲不可以视"②，"失明则盲"③。

若泽·萨拉马戈的长篇小说《失明症漫记》描述了一种奇怪的失明症。大略而言，普通失明与萨拉马戈所谓的"失明"区别有三。一是普通失明者是由于眼睛器官，比如角膜、巩膜、虹膜、视网膜或视神经的损坏而失明，而萨拉马戈所谓的失明症患者的眼睛器官完全正常，"没有任何部位发生异常"④。二是普通人双目失明以后眼前一片漆黑，普通失明者的世界是完全黑暗的世界，如同正常人在黑暗中一样一无所见。萨拉马戈所谓的失明症患者则眼前一片雪白，世界是完全雪白的世界，"好像掉进了牛奶海里"（第3页），如同正常人无法看见在白底色上用白色写的字或画的画一样。失明症患者的一片雪白中只有增加"一片漆黑"后，才能重新看得见（第272页）。陈家琪认为，在西方哲学传统中，"光明与黑暗、真理与蒙蔽、白昼与黑夜一直是对立的两极，但什么才是光明（真理）中的黑暗（蒙蔽）体验"⑤？所谓的光明和黑暗都是相对的。没有对立面就没有自我，也没有世界；没有白色，也就没有黑色。而光明中的黑暗或黑暗中的光明才是世界的最适合状态。当世界处于一种绝对的单色时，无论单一的黑暗（纯黑）还是单一的光明（纯白），人类的眼睛都一无所见，都患上事实上的失明。三是普通的失明是感官器质的损坏，而萨拉马戈所谓的失明症患者既有感官功能的丧失，还有理性上的失明，是一种极端的去人格化。"从心理学角度而言，去人格化是一种被改变的意识状态，首先被破坏的是意识的情感部分，而在严重的情况下，意识的理智部分也会遭到破坏。"⑥ 失明症患者不仅生理上失明，而且意识的情感和理智部分都遭到破坏。《失明症漫记》所要揭示的，正是失明症导致的正常人的情感和理智遭到破坏后的人性灾难，以及灾难之后的人性救赎。前者表现为"能看但又看不见"，后者表现为"能看就要看见"。

---

① 王先慎：《韩非子集解》，中华书局，2013，第147页。
② 杨永杰、龚树全主编《黄帝内经》，第7页。
③ 黄晖：《论衡校释》，中华书局，1990，第273页。有意思的是，中国古人把"失明"与"有罪"联系起来，受到王充的驳斥，参见黄晖《论衡校释》，第272~274页。
④ 〔葡〕若泽·萨拉马戈：《失明症漫记》，范维信译，南海出版公司，2014，第13页。下引仅随文标注页码。
⑤ 陈家琪：《"活着的人们需要再生"》，《读书》2001年第10期。
⑥ 〔美〕瓦季姆·鲁德涅夫：《20世纪文化百科词典》，杨明天、陈瑞静译，上海三联书店，2013，第337页。

二 "能看但又看不见"

医生认为失明症患者无辨别能力，"是缺乏认出所看到东西的能力"（第18页）。失明症患者能看，但不能看见；他们能看到一片白色，但缺乏认出所看到东西的能力。正如作者在本书开头引用的《箴言书》："如果你能看，就要看见，如果你能看见，就要仔细观察。"看和看见的区别在于，看指"看到东西"，看见指"认出所看到东西的能力"。朱立元指出，在西方中世纪，"'观看'不仅仅是指肉体的生理感官上的'看'，更包括所有理性的、超理性的观照之意"①。我们借用这个说法，即《箴言书》中的看，是指作为一种生理感官的肉眼之看；看见则指一种具有知觉理性的思维之观照。如果具备了这种知觉理性的观照能力，就要充分利用这种能力，不能马虎随意，亦即"如果你能看见，就要仔细观察"。

从看到看见，其间有从感觉到知觉、从感性到理性的差别。如果不能从感觉上升到知觉、从感性上升到理性，那就是小说结尾医生妻子所说的情况："能看但又看不见的盲人。"（第275页）虽然能看，但又看不见，所以虽然是明眼人，但仍是盲人。这正是中文成语"视而不见"之所指。《礼记·大学》说："心不在焉：视而不见，听而不闻，食而不知其味。"② 人之所以"视而不见，听而不闻，食而不知其味"，就在于他"心不在焉"。由于中国古人一直认为心是思维的器官，如孟子所说"心之官则思"③，所以"心不在焉"即"脑不在焉"之意，"视而不见"是由于大脑对眼睛所看到的不起作用。失明症患者能看而不能看见，是因为眼睛只不过是摄像镜头而已，"真正看到东西的是大脑"，他们"从眼睛到脑子的通道堵塞了"（第55页）。"视而不见"这种现象绝不仅仅表现在失明症患者身上，在现实生活中，也有许多不盲的人"从眼睛到大脑的通道堵塞了"，亦即从生理感官的肉眼到直觉理性的思维之通道堵塞了；所以他们常常只能看到表象，却看不见本质，甚至只能看到假象，看不见真相。

《失明症漫记》中的"视而不见"，表现为两类：一是被统治者盲人群体看不见自己的奴性思维，二是统治者集团不看见即不存在的自欺逻辑。

---

① 朱立元主编《西方美学范畴史》第二卷，山西教育出版社，2005，第210页。
② 杨天宇：《礼记译注》下册，上海古籍出版社，2004，第805页。
③ 金良年：《孟子译注》，上海古籍出版社，2004，第246页。

鲁迅曾愤激地指出:"孤独的精神的战士,虽然为民众战斗,却往往反为这'所为'而灭亡。"①"先觉的人,历来总被阴险的小人昏庸的群众迫压排挤倾陷放逐杀戮。"② 鲁迅的小说《药》中烈士夏瑜为民众战斗,就连"关在牢里,还要劝牢头造反",最终为这"所为"而死。鲁迅对国民奴隶性的批判在于揭示出两个时代的循环:"一,想做奴隶而不得的时代;二,暂时坐稳了奴隶的时代。"③ 民众的奴性思维造成战士与先觉者的悲哀。令人痛苦而绝望的是,鲁迅的论断在《失明症漫记》里盲人反抗歹徒暴力统治的过程中完全应验了。

在《失明症漫记》里,当被用作隔离失明症患者的精神病院里进来一群有组织的盲人歹徒后,他们利用手中的杀人武器抢走了当局派送给所有盲人们的食物,先是要求其他盲人们交出他们的财物来购买食物,后来又要求各个宿舍的女人们服淫役才发给他们食物,盲人们最终都屈辱地答应了。这是无组织的乌合之众面对有组织的歹徒的必然结果。也不是没有反抗的尝试,小说中写了四次反抗。一开始有个宿舍的八个好汉前往歹徒宿舍抗议歹徒们霸占食物,要求分得他们应得的食物,但是遭到歹徒们的子弹和棍棒的迎头痛击,导致整个宿舍"受到三天没有饭吃的惩罚";他们只好向其他宿舍乞讨,但是他们的英勇行为没有受到其他盲人的称赞,反而"不得不听尽风凉话和讽刺挖苦"(137页)。鲁迅曾批评中国的群众,"永远是戏剧的看客"④。那些没有参加反抗的盲人正是无动于衷的"看客",作为当事人的他们,放弃自己的责任而成为置身事外的旁观者。而所有向现行统治者进行抗争的失败者,其结局都是相同的:不但得不到众多接受奴役统治的民众的同情和支持,还要接受他们的嘲讽和鄙视。但是假如对现行统治者的抗争取得胜利的话,所有并未参加抗争的民众都会理直气壮地分享抗争的果实。这是抗争者们的宿命。

第二次反抗是医生的妻子一人进行的。她在遭受服淫役的屈辱和其中一个女伴被歹徒们奸淫致死后,与第二个宿舍服淫役的女盲人一起,混进

---

① 鲁迅:《这个与那个·二捧与挖》,《鲁迅全集》第3卷,人民文学出版社,1981,第140页。鲁迅在《答有恒先生》中说:"民众的罚恶之心,并不下于学者和军阀。近来我悟到凡带一点改革性的主张,倘于社会无涉,才可以作为'废话'而存留,万一见效,提倡者即大概不免吃苦或杀身之祸。"载《鲁迅全集》第3卷,第457页。
② 鲁迅:《寸铁》,《鲁迅全集》第8卷,第89页。
③ 鲁迅:《灯下漫笔》,《鲁迅全集》第1卷,第213页。
④ 鲁迅:《娜拉走后怎样》,《鲁迅全集》第1卷,第163页。

歹徒宿舍，用剪刀刺死了盲人歹徒的头目，并乘着混乱逃出来。继任的歹徒首领宣布从此不再分发食物给其他盲人吃。于是有男盲人认为，"要是不杀死他们的头目，我们不至于落到这般地步"，"如果像过去一样，女人们每个月到那里两次，满足一下他们本能的要求"，（第 162~163 页）就还能得到食物。这是在"想做奴隶而不得"之际怀念起"暂时做稳了奴隶"之时。有男盲人甚至说，"我们应当自己动手"，把杀死盲人歹徒头目的那个人"送去接受惩罚"（第 163 页）。这就是冒着生命危险为全体盲人杀死盲人歹徒头目、"孤独的精神的战士"、医生的妻子，将要遭遇的"为这'所为'而灭亡"的厄运。

正如医生所说："当初他们第一次来强行提出要求的时候，我们不懂得进行理应的反抗。"（第 161 页）即盲人们不懂得进行理所应当的反抗。他们没有想过，歹徒要他们拿财物去交换、让女人去服淫役所得的食物，本来就是他们应得的食物。然而他们在暴力威胁下，竟然心安理得地接受了奴役。他们不去控诉盲人歹徒们抢夺了本来属于他们的食物，反而嘲弄反抗失败的人们，责怪为他们报仇杀死歹徒头目的人。可以肯定，盲人们的这种反应并不是失明造成的，即使他们是没有失明的正常人，也同样会放弃作为主体的责任而成为事不关己的看客，他们同样会嘲弄失败的反抗者，甚至是牺牲生命给他们处境带来恶化的反抗者。当然如果反抗者成功了，他们同样会自然而然地享受反抗的成果。这是失明症患者们"能看但又看不见"的结果，也是全人类人性的丑恶，这种"思维的失明"——奴性思维——比被迫做奴隶更有害。这种奴性思维体现在：一是盲目接受暴力统治的现状而不肯运用理性思维辨别被奴役的根源；二是放弃主体的责任把自己变成置身事外的旁观者和冷漠的看客；三是既不知道跟随也不知道保护自己争取权益的反抗暴力的先知先觉者；四是成为暴力统治者奴役自己的帮凶，从而在客观上维持并加强奴役。简言之，奴性思维就是放弃理性思考和无条件服从。患了失明症的盲人们能看到他们被奴役的处境，但不能看见他们的奴性思维。

萨拉马戈认为，我们生活在一个把一部分人排斥在外的世界，排斥老年人，排斥艾滋病人。在《失明症漫记》中，则是排斥失明症患者。"排斥与己不同的、具有威胁性和有违常规的东西。那个社会企图排除一种灾祸，但是这种灾祸已经存在于那个社会之中，而且必不可免地要扩散开来，结果社会反倒最终被它所淹没。也就是说，把盲人送进过去的疯人院与世隔绝的企图注定是要失败的。"① 当失明症时疫发生时，社会要做的不仅是隔离失明症患者，而且是帮助他们像正常人一样生活，铲除像盲人歹徒那样的个别邪恶者。隔离不是过错，但隔离不是目的，隔离后加以救治才是最需要做的。然而权力当局仅仅把失明症患者一隔了之，根本不管他们的死活，放任盲人歹徒们胡作非为，则充分暴露了权力当局的失职和盲目。他们以为隔离了失明症患者，在正常人的生活中不看见失明症患者，从此失明症患者就不存在了。他们从来没有认识到，失明症绝对不是外在于社会的时疫，而是社会的时疫以失明症的形式表现出来，向人们示警，向人们求救。失明症患者就是展示社会时疫的人，把失明症患者隔离起来，把时疫排除在正常生活之外，当权者以为这样就解决了失明症时疫。正如小说中的团长所说，"盲人的问题只能靠把他们全部从肉体上消灭来解决"，"无须假惺惺地考虑什么人道主义"，这种"切除坏死的肢体以拯救生命"（85页）的思路，正是"解决问题的最好办法是解决提出问题的人"的思路。实际上失明症时疫就在社会之内，失明症时疫本身就是整个社会自身的一部分，每一个正常人都是潜在的失明症患者。暂时的隔离而不是救治失明症时疫，最终只能造成整个社会整个世界都被时疫感染，每个正常人都成为实际的失明症患者。

王小波的《花剌子模信使问题》指出，花剌子模国君认为："处死带来坏消息的人，就能根绝坏消息。"② 看来花剌子模国君解决问题的思路，正是《失明症漫记》中权力当局的思路，也正是社会上通过解决提出问题的人来解决问题的思路。更有甚者，《失明症漫记》中的权力当局，不敢正视失明症时疫的存在，"用白色眼疾的说法代替了难听的失明症"（第32页）。类比而言，失明症患者是社会时疫的提出者（相当于花剌子模国通报坏消息的信使），权力当局知悉了时疫的发生（相当于花剌子模国君知悉了坏消息），于是他们采取把失明症患者隔离起来任其灭亡的措施（相当于花剌子模国君处死通报坏消息的信使）。可以说花剌子模国君也是一种比喻意义上的视而不见：得到了坏消息，但是不能洞悉坏事实的后果；通过消除坏消息的来源，从而自以为切断了坏事实的后果。不看见即不存在的自欺逻辑，使统治者集团生活在他们圈定的太平世界中。他们不仅从眼睛到大脑的通

---

① 〔葡〕马·莱奥诺尔·努内斯：《一位有眼力的作家——访若泽·萨拉马戈》，孙成敖译，《世界文学》1996年第4期。
② 王小波：《花剌子模信使问题》，《读书》1995年第3期。

道堵塞了，而且眼睛观看世界的范围缩小了，通过有选择地不看世界上坏的一面，从而得出世界上不存在坏的一面的结论。正如《复明症漫记》中文化部长嘲讽内阁总理的想法："死亡是因为有了这个名字才得以存在的，任何我们没有为其命名的东西都不存在。"① 只要不命名某事物（"死亡"），该事物（"死亡"）就不会存在，这正是某些权力人物的反常思维和自欺逻辑：不看见、不命名、不承认即不存在。这种不看见即不存在的自欺逻辑造成的必然后果就是：从来不正视问题的存在，所以也就无法认真研究所存在的问题，更无法找到解决问题的答案；相反只会加重和恶化已存在的问题，并最终演变成不可收拾的局面——使人不成其为人。不看见即不存在的自欺逻辑放弃了人之所以为人的责任，不承担这份责任，也就是使人退化为非人。但是一个有良知的作家绝不会如此自欺欺人。面对生活的阴暗面，面对人性的邪恶性，萨拉马戈说："我们不会天真地否认它们，以为这样一来就可以使它们不复存在。"② 作家就是要做提前打鸣的公鸡③，揭示出时代的病症和社会的困境，"引起疗救的注意"④，亦即必须首先发现问题承认问题，然后才可能解决问题。

三　"能看就要看见"

医生的妻子曾自问："是什么无法解释的原因使我至今还没有瞎呢。"（第79页）小说中没有给出直接答案。这确实是一个好问题：为何所有人都感染了失明症，唯独医生的妻子没有感染？作者从写作的技术角度曾提供一个解释："决定让某个人物能够看到东西，看来这是简化叙述的一种手段"，"医生的妻子在全书的出现，起到了把不可见的变成可见的这样一种作用，让我有可能在那个恐怖的世界里使某种东西处于活动状态。作为修

---

① 〔葡〕若泽·萨拉马戈：《复明症漫记》，范维信译，南海出版公司，2014，第143页。
② 〔葡〕马·莱奥诺尔·努内斯：《一位有眼力的作家——访若泽·萨拉马戈》，孙成敖译，《世界文学》1996年第4期。
③ 吴泽霖在《扎米亚京〈我们〉开禁的再思考》（载《俄罗斯文艺》2000年第3期）一文中，曾引述扎米亚京所述的一个故事：在波斯有一只公鸡有个坏习惯，总爱比别的公鸡早打鸣一小时。主人很尴尬，最终砍下了这只公鸡的头；《我们》看来也是这只波斯公鸡。
④ 鲁迅：《南腔北调集·我怎么做起小说来》，《鲁迅全集》第4卷，第512页。

辞手段，我可以将其称作希望的影象（像）"①。这个解释提供了医生的妻子没有失明的理由：一是方便作者叙述，她代替了作者全知全能的叙述视角，而从能小说中唯一能看见的主人公的角度展开叙述；二是给读者以希望，我们生活的这个世界非常糟糕可怕，在一个完全失明的世界上，还有一个人没有失明，她愿意背负失明症患者的苦难，带领他们从失明症中走出来。由此看来，医生的妻子担任的是救赎者的使命，"医生的妻子总在救助他们"，因为她具有"某种不用眼睛的视力"（第167页）。也就是说，医生的妻子除了具备正常人眼睛所具有的视力外，还具有一种"不用眼睛的视力"，这种与眼睛无关的视力，才是一种更重要的看见能力。作为"救赎者"，医生的妻子就是促使人们不但要看而且要看见的人。

从头至尾，医生的妻子都担负起"在别人失明的情况下尽有眼睛的人的责任"（第210页），也就是在其他人失去正常人的理智和情感的情况下，她尽可能保持正常人的理智和情感。《失明症漫记》共分17章，前面12章可谓一部《伊利亚特》，后面5章可谓一部《奥德修纪》。前者是医生的妻子与盲人们反抗盲人歹徒的"特洛伊之战"，后者是医生的妻子带领盲人们找到事实上和理性上的"回家之旅"。

"在瞎子的世界里，谁有一只眼睛谁就是国王。"（第84页）在盲人歹徒们没有进入隔离区时，作为唯一看得见的人，医生的妻子不想做国王，她除了用自己的眼睛为别人做一些非常具体的服务外，更重要的是不厌其烦地告诉盲人，"如果我们不能像正常人一样生活，那么至少应当尽一切努力不要像动物一样生活"（第98页）。普通失明者只要仍保有正常人的情感和理性，就只是一个目盲的人；失明症患者因为失明而丧失人的情感和理性，才成为心盲的人。我们把目盲的人叫作"盲的人"，而把"心盲的人"叫作"盲于人"。"盲的人"和"盲于人"都是失明的人，他们的本质区别在于，前者仍保有人的情感和理性，而后者则丧失了人的情感和理性。在正常社会中，普通盲人生活在正常人之中，即使目盲也不会是"盲于人"，他们仅仅是"盲的人"；而从理论上说，即使是一个眼睛完好的人，如果任兽性的肆虐，也可能变成心盲的人，即"盲于人"。在极端情境中，人只有保有人的情感和心灵，亦即做到不是"盲于人"，不成为非人，才能称得上

---

① 〔葡〕马·莱奥诺尔·努内斯：《一位有眼力的作家——访若泽·萨拉马戈》，孙成敖译，《世界文学》1996年第4期。

是人。《失明症漫记》中的六个失明症患者在医生妻子的帮助下，仍旧保有人的情感和理性，他们虽然是"盲的人"，但不是"盲于人"，他们配得上人的称号，他们至少没有像动物一样生活。

当盲人歹徒们进入隔离区，按照丛林法则建立起他们的残暴统治时，医生的妻子默默进行坚决的反抗。她一个人乘着夜晚到歹徒宿舍去侦察，发觉歹徒团伙一共是二十人。尽管她把盲人歹徒哨兵想成是偷食物的贼、抢劫犯、童口夺食者，"她仍然不能对他感到蔑视，更没有一点儿恼怒，而只是对这个睡成一摊烂泥的躯体产生了一种奇怪的怜悯"（第133页）。医生的妻子看着丈夫"两眼发直，像个梦游者似的"爬到戴墨镜的姑娘床上，看着他们交合，等到丈夫要回到自己床上时，"她坐在床沿上，伸出胳膊抱住两个人的身子，仿佛要把他们搂在怀里"（第146～147页）。小说中没有写医生妻子此时此刻的心情，如果我们用一个词来形容，也许只能说是"怜悯"。作者曾说过，"在我所有的作品中，都存在着这种怜悯之情"[①]。失明症时疫是所有人身上所固有的病毒，人不可能通过拒绝承认或者将其切除而忽视它的存在，人必须学会与人类的病毒共存。医生的妻子之所以没有感染失明症，一方面是因为她对人性本身固有缺陷的深刻认知和巨大悲悯，另一方面是因为她对罪恶的严惩和对正义的伸张。正视人类的病毒、宽恕人性的缺陷、严惩兽性的罪恶，这种三位一体情感在医生的妻子身上交织成人性的光辉。

医生妻子刺死了歹徒的首领，逃出歹徒的宿舍，走了几步后几乎昏厥过去，她瘫软在地，涕泗横流，眼泪模糊了视线。虽然暂时产生从未有过的软弱，但是医生的妻子仍然知道，"如果有必要她还会杀"；而医生妻子之所以杀死歹徒首领，是因为"总得有人做这件事，而又没有别人能做"（第161页），理当由权力当局来维持秩序和彰显正义的事情，却只能由她来做。这正是权力当局不看见、不作为导致的严峻事实。然而她的英勇行为招致歹徒们不再派发食物的报复，她也险些被其他盲人的奴性思维所出卖，幸好戴黑眼罩的老人阻止她"失去理智"而要说出自己就是杀死盲人歹徒头目之人的冲动。戴黑眼罩的老人说："在我们被迫生活的这个地狱里，在我们自己打造的这个地狱中的地狱里，如果说廉耻二字还有一点意

---

① 〔葡〕马·莱奥诺尔·努内斯：《一位有眼力的作家——访若泽·萨拉马戈》，孙成敖译，《世界文学》1996年第4期。

义的话,应当感谢那个有胆量进入鬣狗的巢穴杀死鬣狗的人。"(第163页)。正是在医生妻子正义行为的感召下,盲人们在戴黑眼罩老人的带领下,对歹徒们进行了第三次反抗。虽然反抗再次失败,但这是盲人们看见自己的奴隶地位后的抗争,他们用残存的"当之有愧的尊严","为享有本属于我们的权力而斗争"(第163页)。这种斗争,实际上也是对盲人们奴性思维的斗争。在第三次反抗歹徒团伙失败后,第四次反抗是一个女盲人独自进行的,她同样是受到医生妻子的启示后,才完成了点燃歹徒宿舍床单、在火海中与歹徒同归于尽的壮举的。她知道是医生妻子杀死了歹徒头目,但她没有在盲人们奴性思维高涨之际检举医生的妻子,而是在医生妻子发誓要从歹徒们身上找回自己的尊严时,坚决响应医生妻子的号召,"你去哪里我就去哪里"(第164页)。如果没有医生妻子的"照明",这位勇于自我牺牲的女性是无法看清自己身上的反抗意志的。

如上所述,反抗歹徒的"特洛伊之战"共有四次,除了第一次是盲人们的自发行为外,其他三次都与医生的妻子有关。第二次是医生妻子杀死歹徒首领;第三次是男性盲人们被医生妻子杀死歹徒的义举所激发而向歹徒讨还公道;第四次是一位女盲人响应医生妻子的号召,以行动实践自己的承诺,从歹徒们那里找回自己的尊严。在女盲人与歹徒们一同葬身火海后,盲人们冲出被隔离的精神病院,来到因失明症时疫蔓延而成为文明废墟的城市,医生的妻子带着六个盲人踏上了"回家之旅"。这条回家之路并不漫长,却异常艰辛,因为不仅要回到生活之家,还要回到理性之家。

回到生活之家是相对容易的,只要记得街道名称就可以。在医生妻子的带领下,他们相继找到了戴墨镜姑娘的家、医生和医生妻子的家、第一个失明者夫妇的家,以及医生的工作之家——诊所。所有的生活之家已成为一片废墟,人类脆弱的文明被失明症时疫扫荡后分崩离析,人类退化为动物,不仅哄抢食物而且生食活的鸡、兔;成群结队的狗开始吞食人的尸体。在所有人的信仰之家——教堂里,医生妻子发现,"所有偶像的眼睛都被捂住了"(第267页)。"圣像们都失明了,他们那仁慈而屡屡忍受痛苦的目光只能看见自己的失明"(第269页),这个具有渎神意味的景象太可怕了。是即将染上失明症的信徒愤怒地捂住圣像的眼睛,还是教堂的神甫以这种激进的方式宣告上帝不值得一看?无论其寓意如何,都说明信仰之家遭到了失明症患者的洗劫,或者说反映了教徒对信仰的绝望。只有在医生及其妻子家里,在医生妻子眼睛的观照下,这一如诺亚方舟般的处所,还残存着人类的理性和希望,保护着六个失明症患者,未曾切断他们"与人类联结在一起的那根线"(第256页)。

在"回家之旅"中,第一个失明者的妻子渐渐找到了自我。当他们从作为隔离区的精神病院逃出来,来到戴墨镜的姑娘家里时,医生的妻子说是她杀死了歹徒头目,戴墨镜的姑娘说,"正义的报复是人道主义的举动,如果受害者没有向残忍的家伙报复的权利,那就没有正义可言了";第一个失明者的妻子说,"也就没有人类可言了"。(第213页)第一个失明者的妻子开始认识到没有正义的存在就没有人类的存在。在她和丈夫与医生的妻子回到自己家时,有位作家住在里面。当丈夫犹疑不决是否要作家搬出他们的家时,她断然反对作家搬到外面去,"这种事连想都不要想",并坚决提出"仍然维持现状"(第244页),从而使作家一家有了临时的栖息之地。

经历医生的妻子的观照,变化最大的是戴墨镜的姑娘,她获得了再生。在患上失明症之前,戴墨镜的姑娘虽不是为了钱而与人上床的娼妓,但确实在正常职业外,"利用剩余的时间使肉体得到某些欢乐"(第21页);她"无名无姓,无罪恶感,也无羞耻心"(第22页),此时的她并未失明,可是"无罪恶感、无羞耻心"的精神状态使她如同一具寻欢作乐的行尸走肉。失明症发生后,在隔离的精神病院,她对猥亵她的偷车贼踢了一脚,导致偷车贼想找卫兵处理伤口而被卫兵击毙,她感到"良心的痛苦"(第67页);她出于怜悯,把自己"奉献给戴黑眼罩的老人"(第144页);出于母爱,她从头至尾像母亲一样,照顾斜眼小男孩;为了清洗脏衣服,所有的盲人脱衣服时,她"突然产生了羞耻之心"(第227页);医生的妻子把她的头发剪下来后,"戴墨镜的姑娘亲自把那束头发挂在门把手上"(第255页),希望她的父母亲回家时能发现这是女儿的头发。最重要的是,经历非人的失明症时疫,她找到了自己的爱情;在恢复视力之后,她看见了皱纹堆垒、秃顶瞎眼的戴黑眼罩的老人,但仍然坚定地对他说,"你就是我愿意一起生活的那个人"(第274页)。感谢失明症,它把那具寻欢作乐的行尸走肉变成了一个真正的人——有了罪恶感、怜悯心、慈爱心和羞耻心,也有了真挚的爱情。医生的妻子说"不想看见的盲人是最糟的盲人",戴墨镜的姑娘说"我想看见"。(第249页)作为失明症患者,戴墨镜的姑娘想看见,这说明她心中有光,这正是她得救的理由。医生的妻子说:"活着的人们需要再生,从本身再生。"(第254页)在医生妻子的帮助下,戴墨镜的姑娘回到了生活之家,找到了情爱之家,失明症时疫使她再生为真正的人。

总之,"能看就要看见"确保人们维持住"与人类联结在一起的那根线",使之成为真正的人。"真正的人"是一个建构中的概念,而非一个完成了的概念,且对每一个人的定义都不可能完全一样。对医生妻子而言,成为真正的人即是正视人类的病毒、宽恕人性的缺陷、严惩兽性的罪恶;对第一个失明者妻子而言,成为真正的人即是找回原本不够清晰的自我;对与盲人歹徒同归于尽的女盲人而言,成为真正的人即是表现为终于看清自己身上的反抗意志;对戴墨镜的姑娘而言,成为真正的人即是从寻欢作乐的行尸走肉再生为一个既充满罪恶感、怜悯心、慈爱心和羞耻心,也拥有真挚爱情的人。而对我们每个人而言,"能看就要看见"就是促进我们更加人性化。

四 "知识分子是时代的眼睛"

如果说加缪的《鼠疫》有明显的现实影射,他是以奥兰城的鼠疫来隐喻欧洲的法西斯鼠疫;那么萨拉马戈创作的《失明症漫记》却没有一个具体的现实凭借,他纯粹是因经历个人的眼疾(右眼视网膜脱落,左眼白内障)而以超人的想象力虚构出一场惊心动魄的失明症时疫。然而这并不说明《失明症漫记》不是基于现实的深沉思考,他接受采访时告诉记者:"社会的进程给文学以影响。"[①] 孙成敖认为,萨拉马戈的创作和思考体现出对人类命运的深切关怀,"萨拉马戈无疑与20世纪三四十年代在葡萄牙兴起的新现实主义(社会主义现实主义在葡萄牙的称谓)有着相通之处,即强烈的社会参与意识"[②]。强烈的社会参与意识和对人类命运的深切关怀,是萨拉马戈文学创作的最深层动力。进入20世纪后半期,人类一方面享受着科技带来的便利,另一方面消费主义和阶层固化日益突出,非理性主义倾向明显抬头,人与人之间的隔膜更加严重,排斥异己的冲动更加蛮横,人类清明的理智和美好的情感被侵蚀,在物质生活愈加丰富和科学技术愈益发达之后,人却活得越来越不像人。正如萨拉马戈所说:"就像富人和穷人之间的鸿沟越来越深一样,识字的人和不识字的人之间的鸿沟也正变得越来越深。这是另一种理智上的失明。我们的知识现在正变成一种用手指头

[①] 〔西〕阿拉梅达:《访若泽·萨拉马戈》,朱景冬译,《外国文学动态》1999年第2期。
[②] 孙成敖:《虚构中的真实——萨拉马戈〈失明症漫记〉浅析》,《外国文学》2002年第2期。

去按键的技巧。我们正被极少数金融财团所左右。"① 这样的社会进程必然给萨拉马戈的文学创作带来深刻的影响。

约翰·多恩认为，没有人是自成一体的孤岛，每个人都是大陆的一片土；任何人之死都是我的亡失，因为我是人类的一分子；"不要问丧钟为谁而鸣，它也为你敲响"②，人是作为人类的一分子才成为人的，脱离了人类群体，人就无法成其为人，人类命运息息相关。一些人绝不能以任何理由把另一些人排除在外。这正是鲁迅在《这也是生活……》中说的"无穷的远方，无数的人们，都和我有关"③ 的理由。萨特认为："通过他人的显现本身，我才能像对一个对象做判断那样对我本身做判断。"④ 萨特也许过于强调他者对自我的负面作用，但是没有他者，就没有自我；没有社会，也就没有个人。人是群体性动物，没有群体的人，就不会有人类的文明。任何无视人类的困境、不顾别人的死活、排斥问题的存在的视而不见，只会导致人类文明的崩坏和恶化。《失明症漫记》以被隔离的失明症患者冲出被当作隔离场所的精神病院来表明，把一部分人排除在正常生活之外的自欺欺人是行不通的，人类命运是捆绑在一起的。小说一再强调"能看就要看见"，一再拒绝"能看但又看不见"，就是要维系人类文明于处于不坠之地，避免人不成其为人的恶梦，使人成为真正的人类。

殷海光曾引述《时代》的观点认为，知识分子必须符合两个条件：一是知识分子必须有独立精神和原创能力，二是知识分子必须是他所在社会的批评者和现有价值的反对者。当殷海光反思近百年来中国的社会文化问题时，他怀着深沉的感慨说："知识分子是时代的眼睛。这双眼睛已经快要失明了。我们要使这双眼睛光亮起来，照着大家走路。"⑤ 殷海光因为对知识分子的脱离时代深感忧虑，才对这双时代的眼睛的失明非常恐惧。"人实在是一种最奇怪的动物。当着他们不能勉力向道德境界升进时，就常会下降到受生物逻辑的作弄"⑥ 之地，人如果不朝着人的方向前进，就必然朝着

---

① 〔葡〕马·莱奥诺尔·努内斯：《一位有眼力的作家——访若泽·萨拉马戈》，孙成敖译，《世界文学》1996年第4期。
② 〔英〕约翰·多恩：《丧钟为谁而鸣：生死边缘的沉思录》，林和生译，新星出版社，2009，第142页。译文根据其他中译本略加改动。
③ 鲁迅：《且介亭杂文末集·附集》，《鲁迅全集》第6卷，第600页。
④ 〔法〕萨特：《存在与虚无》，陈宣良等译，生活·读书·新知三联书店，2007，第283页。
⑤ 殷海光：《中国文化的展望》，商务印书馆，2011，第570页。
⑥ 殷海光：《中国文化的展望》，第581页。

兽的方向堕落,逆水行舟不进则退,没有第三种可能性出现。正如医生妻子是所有失明症患者的良知和眼睛一样,知识分子是社会的良心,是时代的眼睛;时代的眼睛一旦失明或者因为为权力和金钱背书而"能看但又看不见",那整个人类将堕入万劫不复的深渊。任何有良知的知识分子,必须以独立精神和原创能力成为所在社会的批评者与现有价值的反对者,学会像萨拉马戈一样追问:"人类究竟出了什么问题?在我们每个人的生活历程中,是从何时开始我们走向了自己的反面,或是说越来越缺少人性的呢?或是让我们以另种方式提出问题,即人类走向人性化的道路竟是何其艰难与漫长呢?"① 可以说,萨拉马戈是一个执拗地向世界报告坏消息的信使,《失明症漫记》是一部残忍揭示人类生存真相的沉重之书。萨拉马戈说:"我们正在一天比一天失明,因为我们越来越不愿睁眼去看世界。归根结底,这部小说所要讲的恰恰就是我们所有的人都在理智上成了盲人。"② 萨拉马戈就是要报告"我们所有的人都在理智上成了盲人"的坏消息,就是要让我们不仅看坏消息的来源,而且看见坏消息的后果。如果我们所有的人都在理智上和情感上患了失明症,我们的世界就将变成动野兽的世界,就将成为人间地狱。而萨拉马戈报告这个坏消息,就是为了阻止此类后果的产生,就是为了创造一种真正的人类关系,"在这种关系中,占主导地位的是人的尊严和对他人的尊重";如果我们所有人都能照着"己所不欲勿施于人"的原则行事,"那么天下就太平了"③。

  灾疫终将过去④,而对于灾疫的反思却无有穷尽。"《失明症漫记》不过是这个世界的一个缩影罢了"⑤。如果人们能从一场虚构的失明症灾疫中学会看见人性的缺陷,洞悉文明的脆弱,发现权力的愚蠢,观照生命的价值,那就能够有勇气战胜真正的灾疫,获得人的尊严;哪怕在灾疫中会有死亡和伤痛,也会保持人的尊严和价值,而不会像猪狗一样活着,像豺狼一样死去。

---

① 〔葡〕马·莱奥诺尔·努内斯:《一位有眼力的作家——访若泽·萨拉马戈》,孙成敖译,《世界文学》1996年第4期。
② 〔葡〕马·莱奥诺尔·努内斯:《一位有眼力的作家——访若泽·萨拉马戈》,孙成敖译,《世界文学》1996年第4期。
③ 〔英〕何塞·维里卡特:《现实呼唤正义(外二篇)——诺贝尔文学奖得主葡萄牙作家若泽·萨拉马戈访谈录》,白凤森译,《文艺理论与批判》2002年第3期。
④ 根据萨拉马戈在《复明症漫记》(范维信译,第143页)中的说法,失明症时疫持续了"几个星期"。
⑤ 〔葡〕马·莱奥诺尔·努内斯:《一位有眼力的作家——访若泽·萨拉马戈》,孙成敖译,《世界文学》1996年第4期。

《流感》：戏剧化灾难叙事中的人性救赎

宫爱玲[*]

摘　要　瘟疫题材电影《流感》讲述了韩国盆塘地区暴发猪流感引发恐慌和灾难的故事。影片采用高度戏剧化的艺术手法讲述这一灾难故事，最典型体现便是贯穿始终的"最后一分钟营救"，具体表现为姜智久对美日的营救、金仁海对美日的营救、孟瑟对美日的营救和总统对民众的营救，密集而丰富的"最后一分钟营救"令影片自始至终都扣人心弦。《流感》通过戏剧化的灾难叙事，讴歌了人性善和人间爱，正是这人性至善和人间大爱拯救了深陷瘟疫灾难中的盆塘居民，帮助他们战胜猪流感瘟疫，重新迎来幸福美好的生活。在诸多瘟疫题材影片中，《流感》以其戏剧化的灾难叙事和环环相扣的情节设置而成为代表性佳作，但仍不可避免地存在叙事缺陷。

关键词：《流感》　戏剧化　灾难叙事　人性救赎

Abstract　The plague movie *Flu* tells the story of the panic and disaster caused by the outbreak of swine flu in Peng Tang region of South Korean. The film uses highly dramatic artistic techniques to tell the story of the disaster. The most typical embodiment of the dramatization is the "last-minute rescue" throughout the whole movie, it is embodied in Jiang Zhijiu's rescue of Mei Ri, Jin Renhai's rescue of Mei Ri, Menser's rescue of Mei Ri and the president's rescue of the people of Peng Tang region. At the same time, The

---

[*] 宫爱玲，山东科技大学文法学院副教授。本文系国家社科基金项目"新时期以来文学的电影化传播研究"（项目编号：17BZW164）的阶段性成果。

movie *Flu* with its dramatic narrative, is an ode to the goodness and love of humanity that saved the people of Pentang from the plague and helped them overcome the swine flu epidemic, to a life of peace and happiness. Although the movie *Flu* is a relatively successful plague theme film, but it has some inevitable narrative defects.

Key Words　　*Flu*　dramatization　disaster narrative　human redemption

一　戏剧化：灾难降临与灾难叙事

瘟疫题材影片在电影史上占据重要席位，此类电影因讲述疾病传染导致恐慌和死亡而被归类为灾难片。较为著名的瘟疫题材电影有《致命病毒》《传染病》《霍乱时期的爱情》《魂断威尼斯》《非典十年祭》等，这些影片真实再现了瘟疫来袭时给人类造成的巨大影响，具有重要的历史价值和独特的艺术价值。

瘟疫题材影片中的瘟疫灾难多为突发性、戏剧性的，譬如在美国电影《极度恐慌》中，瘟疫病毒来自丛林中的白脸猴，白脸猴通过向人类吐唾沫、抓伤人类皮肤导致人类感染致命传染性病毒。电影《传染病》中的病毒来自蝙蝠，蝙蝠将携带病毒的粪便屙到猪圈进而传染给猪，厨师则因处理生猪没做防护而被传染，女主角贝丝·埃姆霍夫则因和厨师握手合影而被传染，导致她从香港出差返美即发病身亡，而致命病毒引发了包括美国在内的全球性瘟疫。电影《釜山行》中的致命病毒则来自梅花鹿，它是生物科技园泄漏病毒的宿主，病毒经由梅花鹿传染到人，进而传播到整个城市。同样，在韩国灾难电影《流感》中，猪流感病毒也是意外降临韩国盆塘地区。无论《传染病》中的传染病、《致命病毒》中的传染病，还是《流感》中的传染病，都有一个共同特点，那就是传染性极强、死亡率极高，人类一旦患病，便咳嗽呕吐、流血腐烂，面相极为恐怖。概而言之，瘟疫电影以影像拟态再现了人类与瘟疫抗争的历史真相，也"呈现了瘟疫的暴发由头、瘟疫蔓延过程和为防止下一次瘟疫暴发的全景反思"[①]。

[①] 陶赋雯：《瘟疫电影：被表象的文化记忆、后启示录与"丧尸焦虑症"》，《电影艺术》2020年第3期。

《流感》讲述了韩国盆塘地区暴发猪流感引发的灾难故事。作为瘟疫题材影片,《流感》是一部扣人心弦、引人入胜的佳作,之所以能做到这一点,与影片环环相扣的故事情节、贯穿始终的戏剧冲突密切相关。其一,猪流感的降临和暴发颇具戏剧性,是因东南亚偷渡客乘坐集装箱偷渡到韩国,出发前就有人患上猪流感,但他为自保而隐瞒病情,最终导致除一位幸存者外,整个集装箱中的其他偷渡客都染病死掉。盆塘居民平静的生活因为偷渡客带来的猪流感而陷入混乱和恐慌中。其二,更重要的是,影片在讲述这场灾难故事时,采用高度戏剧化的艺术手法即戏剧化的灾难叙事,譬如爱情故事和"最后一分钟营救"的情节设置都是典型体现,而戏剧化的灾难叙事让这部影片自始至终都处于高度戏剧性的氛围中。

(一) 戏剧化的开端:瘟疫灾难叙事中的爱情故事

中外电影史上,很多电影中的爱情故事都颇具戏剧性,譬如在好莱坞经典影片《罗马假日》和《一夜风流》中,男女主角的相遇就极具戏剧性。同样的戏剧化相遇也发生在影片《流感》中,在这个恐怖的灾难故事中,影片还安排了一场浪漫的爱情,且在这爱情故事的叙述中,同样融入了极强的戏剧性,这首先体现在男女主人公的戏剧性相遇上。救助队员姜智久工作虽然普通,但意义重大,而且长相英俊、心地善良。医生金仁海身份虽不及《罗马假日》中的安妮公主那般高贵,也不及《一夜风流》中的艾丽那般富有,却也美丽动人,她和姜智久相遇于一场意外车祸,这场意外车祸本身也颇具戏剧性,即她开车上路竟然掉进正在施工的地下空间。姜智久最终有惊无险救出了金仁海,此举虽然不及刀下救人那般惊心动魄,但从情节模式来看,仍然属于传统的"英雄救美"模式,英雄救美为二人爱情发展做好铺垫。金仁海已婚生女似乎为二人爱情进展构成障碍,但经美日告知的金仁海的婚姻已然破裂,这为二人爱情的进一步发展做好铺垫。

(二) 戏剧化的极致:"最后一分钟营救"

影片《流感》把"最后一分钟营救"运用到了极致,从影片开端姜智久营救金仁海开始,到影片中间金仁海营救女儿,再到影片结尾姜智久救女孩美日,《流感》自始至终都在运用"最后一分钟营救"。"最后一分钟营救"其意为搭救蒙难者于千钧一发之际,是电影史上的经典艺术手法。众所周知,"最后一分钟营救"最早始于格里菲斯的《党同伐异》,自此以后便被广泛借鉴、运用,多为主人公即将被杀害的一刹那,神秘力量突然现身救人,观众由紧张担忧瞬间转为轻松,剧情发展也随之转折。因此,"最后一分钟营救"对营造紧张激烈的戏剧冲突、吸引观众跟进故事情节,具有极其重要的作用。影片《流感》先后五处运用了"最后一分钟营救",这使得影片自始至终都吊足了观众的紧张神经。

第一处是姜智久对金仁海的"最后一分钟营救"。女医生金仁海不慎坠入施工地下空间,面临车毁人亡的极度危险,救助队员姜智久在汽车坠落的最后一刹那救出了金仁海,二人因此相识相爱。

第二处是孟瑟对美日的"最后一分钟营救"。孟瑟对美日实施了两次"最后一分钟营救":第一次,作为偷渡客唯一的幸存者,孟瑟四处逃窜如丧家之犬,却仍保有善良,在看到汽车即将撞上美日的一刹那,将美日抱开救下。善良的美日则送他面包果腹,滴水之恩令孟瑟感动不已,这份感动让他对美日实施了第二次"最后一分钟营救",在美日马上病死咽气的最后一分钟,捐出血液救活美日。

第三处是金仁海对美日的"最后一分钟营救"。妈妈发现女儿患上猪流感,万念俱灰,初始她隐瞒实情,是出于不想和女儿分开的母爱本能。同时作为医生,她也深知女儿即使被带走隔离,也无药可救,同样死路一条。而从整个影片剧情发展来看,美日幸好被母亲留在身边,才有了母亲拼死为她输入血清机会,最终捡回一条命,也因此才救了全盆塘人民。母亲金仁海对美日施行的营救也是不折不扣的"最后一分钟营救",在美日染病即将咽气的节骨眼上,妈妈向唯一的幸存者孟瑟求助。作为医生,她深知孟瑟被感染却仍活着,身体已经产生抗体,可以用他的血液来救美日,虽未经过临床实践是否真正奏效,但走投无路的金仁海仍选择为女儿注射孟瑟血清,面对生死未卜的救治结果,面对门外疯狂的质疑和砸门,金仁海在被射中麻醉针的那一刹那,为女儿完成了最后的血清注射,最终奇迹出现,美日被救活。妈妈在万分紧急的情形下完成了对女儿的"最后一分钟拯救"。

第四处是姜智久对美日的"最后一分钟营救"。影片中姜智久对美日先后实施了三次"最后一分钟营救":第一次,美日在超市走丢,人们在超市哄抢打砸,患病医生对着美日疯狂咳嗽,危急时刻姜智久救出美日;第二次,美日被妈妈注射孟瑟血清后,因已感染被强行带走隔离并被扔到万人尸坑中,姜智久冒着被感染、被焚烧、被拘捕的危险疯狂闯入尸坑救出美日;第三次,美日被反动暴动头目抓走将被抽血的危急时刻,姜智久及时赶到救下美日，也救出了唯一的瘟疫解药抗体。

第五处是总统对盆塘人民的"最后一分钟营救"。同为瘟疫题材电影，韩国影片《流感》和美国影片《极度恐慌》有一处情节极为相似，都是军方出动军事武装封锁被传染病笼罩的小镇（城）并计划炸毁小镇（城）以保全首都。在《极度恐慌》中，面临被炸掉的是香柏溪镇，通过炸毁小镇以保全首都华盛顿；在《流感》中，面临被炸毁的是盆塘，通过炸毁盆塘来保全首都首尔。这里其实涉及伦理学中著名的"电车难题"伦理："在一辆失去控制的电车即将行驶过来的同时，有个疯子把五个无辜的人绑在了电车行驶而来的轨道上，稍后电车即将从这五个人身上碾压过去，幸运的事情是你现在可以拉一下电车拉杆，使其变换到另外的一条轨道上。但是问题又来了，疯子同时也在这个轨道上绑了人，只不过是一个人。"[①] 这辆失控的电车无论怎么行驶都会造成伤害，而哪一种伤害都违反人道主义的。具体到电影《极度恐慌》中，炸毁香柏溪镇可以保住华盛顿，拯救小镇则可能伤害华盛顿，无论采取哪种行动，都会伤害到美国人民。在电影《流感》中，同样炸毁盆塘可以保住首尔，而拯救盆塘则可能伤害首尔，无论采取哪种行动，都会伤害到韩国人民。在两部影片中，两个小镇（城）最终都免于被炸毁，皆因最后关头的"最后一分钟营救"，《极度恐慌》中军医山姆在最后关头找到"解药"白脸猴，《流感》中姜智久在最后关头救出"解药"美日。正因为救回了美日，总统才在"最后一分钟营救"了盆塘人民，这是因为在盆塘居民身陷瘟疫绝境时，两派政府官员也在激烈斗争，一派是以财阀总理和美国驻军代表为代表的邪恶派，他们不顾盆塘百姓死活，计划炸毁盆塘；另一派是以总统为代表的正义派，时刻谨记盆塘人民亦是其韩国子民，在被财阀总理和美国驻军代表架空权力之际，总统全力以赴实施了最后的反抗和营救，逼退美国轰炸机，保护盆塘百姓免于轰炸，正义最终战胜了邪恶。

二 灾难叙事中的人性暖流

瘟疫灾难降临初期，人类无不惊慌失措如临大敌，然而纵观人类文明发展史，人类能够最终战胜各种瘟疫灾难，除了依靠医学和科技外，还有

[①] 王一星：《从"电车难题"到人性灾难——以韩国灾难电影〈流感〉为例》，《电影评介》2013 年第 21 期。

一点非常重要，那就是人性之善和人类之爱。这两点缺一不可，没有医学和科技，人类很难发明疫苗找到解药；同样，没有善良和爱，人类也将走向灭亡。这在几部瘟疫灾难影片中表现得极为普遍而突出，譬如在《极度恐慌》中，华盛顿参谋本部已经决定投放空气燃烧弹炸毁小镇，在此危急时刻，美国传染病研究所上校军医山姆冒着被逮捕、被杀害的风险去寻找唯一能够救治小镇的白脸猴，最终克服重重困难，找到猴子，制出血清，拯救了自己深爱的前妻，也拯救了整个小镇居民。整个过程山姆既体现出治病救人的医生职责，也体现出救世主般的人道主义大爱，而执行轰炸任务的美军士兵公然违抗上司炸毁小镇的指令，将炸弹扔到海里，保护了小镇居民，体现出来自人类灵魂深处的善良。

同样的人间大爱和人性良善也体现在《流感》中，电影中环环相扣的善良与爱最终拯救了盆塘居民。"支撑人类这个命运共同体度过无数历史劫难的，是让人与人之间紧密连接的爱。"[1] 影片虽然也表现了灾难暴发后的人性恶，譬如议员的无知狂妄、暴动司令的自私自利、无辜民众的超市哄抢、财阀总理的冷酷自私、美国军代表的霸道无情，但人性善始终是影片的主流。无论猪流感还是人性恶，最终都被人性善和人间爱所战胜。人性善和人间爱是《流感》中的强力情感暖流。

就影片表现出来的人性良善而言，《流感》给人印象最深刻的是首先是姜智久的善良。他先后救了金仁海、超市被困居民、宠物狗、女孩美日。如果说救助金仁海和宠物狗是出于工作职责，救助女孩美日是出于个人之爱，那么救助超市被困居民则突显其善良。金仁海为他求来乘坐飞机离开的宝贵逃生机会，却被他拒绝。姜智久完全可以和金仁海一起逃离混乱和瘟疫，但他出于责任和善良选择留下来救助被困居民。其次是美日心地善良，她拿面包去喂流浪猫，偶遇孟瑟后施给面包，最终善有善报，被孟瑟拯救，而她也最终救了盆塘居民。最后是偷渡客孟瑟人性善。孟瑟有违法偷渡的一面，但也有无辜善良的一面，他不幸被传染猪流感，作为唯一的幸存者，他惶惶不可终日，无处藏身，即便如此，他仍然凭借善良救下了即将被汽车撞倒的陌生小女孩美日，他和美日谈起了自己妹妹时脸上流露出难以掩饰的温情，这些情节足见他的善良，而他初始拒绝后来同意输血

---

[1] 刘永昶：《在绝望与希望之间——析瘟疫题材电影的速度与时空》，《电影评介》2020年第6期。

给美日也是出于对美日赠予面包的感恩回报。

除人性良善外，《流感》还充斥着浓浓的人间大爱，最为突出的是男女之爱、母子之爱和亲情之爱。影片有两条贯穿始终的叙事主线：一条是爱情线，一条是瘟疫线。爱情线讲述姜智久和金仁海的爱情故事，当姜智久因为救助邂逅金仁海，此后陷入对这位美丽女医生的爱恋之中，为了帮她拿出包中重要资料，他不惜再次到危险的地下空间取包，令因丢失资料而备受苛责的金仁海欣喜若狂。之后他帮助金仁海找到走丢的美日，在疫情暴发后他时刻关心母女二人的安危，这份救助既出于救助员的职责，也出于对金仁海的爱情，假若没有这份爱情，没有姜智久的帮助，金仁海必将遭受失女的剧痛。影片结尾处为二人间接、含蓄地表达了"有情人终成眷属"。

除了爱情故事，影片还有感人的亲情叙事。这亲情既有感人的母女亲情，也有感人的兄弟亲情。先看母女与母子亲情。作为单亲妈妈，工作忙碌的金仁海很少有时间照顾孩子，但母女情深、感情甚笃，美日对妈妈非常依恋，这既体现在日常生活中对妈妈工作的支持，还体现在影片结尾处美日张开双臂保护被枪射中的妈妈。除了金仁海和美日，影片中还有一个亲情故事令人印象深刻，执行任务的士兵意外发现自己的母亲被感染要被带走隔离，他深知母亲一旦隔离等于送死，为此这个士兵不惜开枪射击来保护母亲。再看兄弟亲情，韩国蛇头朱秉宇、朱秉基兄弟二人手足情深，弟弟不幸感染猪流感死亡，哥哥为给弟弟报仇捅死孟瑟，虽手段残忍，却令人深切感受哥哥痛失手足的极度痛心。

作为贯穿故事始终的主干人物，姜智久还关联另外一条叙事线索，那就是友情线。姜智久和同事敬烨是不折不扣的铁哥们儿，二人生活中无话不谈，工作时则配合得天衣无缝。每逢姜智久陷入困难，好兄弟敬烨便会及时出现，譬如姜智久徒手救助超市被困居民时，敬烨带着切割工具及时出现；美日被暴动头目抓住将被抽血的危急时刻，敬烨再次出现帮助姜智久救下美日。

三 影片的叙事缺陷

在众多瘟疫题材影片中，《流感》以其环环相扣的情节设置、惊心动魄的戏剧冲突、清晰明快的故事叙述、善良温情的人性表达、圆满美好的故事结局而成为同类影片的佼佼者，但影片仍存在叙事缺陷。首先，金智久自始至终都没被感染，即使他和美日密切接触，即使他闯入体育场的万人尸坑，即使他救下昏厥跌下电梯的妇女，从医学角度来说，他身体健康，对传染病有着强大的免疫力，不被感染病毒可以讲通，但仍让观众感到稍有牵强。其次，美日的走丢。妈妈去医院救治传染病人，美日独自在家，拿面包出来喂流浪猫，差点被车撞倒，后遇陌生人孟瑟，被其传染。从情节设置来看，美日患上猪流感为她后面拥有抗体救人埋下伏笔，是一处巧妙的情节枢纽设置。但将尚在上幼儿园的女儿独留家中导致她离家走失，其做法违背常理。最后，姜智久先后两次放下美日去救人，第一次昏厥的女士将从滑动的电梯上滚落，情形十分危急，此时姜智久把美日暂放旁边躺椅，飞身去救人，情有可原；第二次，周围遍布暴动人群，姜智久竟然放下美日出去救别人，这直接导致美日被暴动头目抓走，差点遇害，为了去救别人而置美日安危于不顾，此处情节亦不合情理。

结　语

　　纵观电影史上的瘟疫题材影片，虽国别不同、故事不同，但多以瘟疫灾难故事表达丰富的主题指向和隐喻功能，譬如电影《盲流感》中，不明原因的流行性眼盲症突然暴发象征了人类无法预测和解决的危险，"它潜伏在文明的阴影中，在毫无征兆下突然发作，让人猝不及防"[1]。电影《传染病》则以致命传染性病毒展示了人类由于对自然生态的干预与破坏，最终自食恶果地制造了一个封闭生物链环。[2] 同为韩国灾难电影，有"亚洲第一丧尸片"之称的电影《釜山行》，以致命丧尸病毒蔓延引发灾难来批判了人性的贪婪和丑恶。相比较而言，电影《流感》呈现出来的仍是乐观的人类中心主义的疫情解决思路，[3] 它保留了韩国电影对体制和人性的拷问、对人性丑恶的批判，以及对韩国财阀政治的讽刺，但更多彰显和赞扬的是人类的善良和正义，这善良和正义成为人类战胜瘟疫灾难的强大武器，也是人类文明史上熠熠生辉的双子星座。

---

[1] 陶赋雯：《瘟疫电影：被表象的文化记忆、后启示录与"丧尸焦虑症"》，《电影艺术》2020年第3期。

[2] 陶赋雯：《瘟疫电影：被表象的文化记忆、后启示录与"丧尸焦虑症"》，《电影艺术》2020年第3期。

[3] 曾一果：《疾病的隐喻与弱者的武器——瘟疫电影中的"生态危机"》，《电影评介》2020年第6期。

其他论文

作为未来诗学的生产者诗学

——本雅明、鲁迅的对照阅读

李茂增[*]

摘　要　20世纪30年代，本雅明和鲁迅不约而同地提出了一种以"生产者"为中心的现代诗学理论。这一理论认为：现代艺术正在发生深刻的变革，传统文艺的神秘性将不复存在，取而代之的是文艺的大众化和政治化；文艺的功能不再是审美，而是震惊和行动；传统的文学形式已不能适应现代政治情势，新的文学体裁正在急剧的重铸融合之中；文艺作品的作者将不再是作为创造者的作家，而是生产者。在移动互联网时代，"生产者诗学"仍具有重要的理论意义。

关键词：生产者诗学　本雅明　鲁迅

Abstract　In the 1930s, Walter Benjamin and Lu Xun put forward a modern poetics theory centering on "producer". This theory holds that modern literature and art is undergoing profound changes. The mystery of traditional literature and art will no longer exist and will be replaced by the popularization and politicization of literature and art. The function of literature and art is no longer of aesthetic appreciation, but of shock and action. Traditional literary forms can no longer adapt to the modern political situation, and new literary genres are being rapidly remolded and integrated. Authors of literary and artistic works will no longer be viewed as creators, but as producers. In

---

[*] 李茂增，广州大学人文学院教授、文学思想研究中心研究员。

the mobile internet era, the "Producer Poetics" still bears its theoretical significance.

Key Words　producer poetics; Walter Benjamin; Lu Xun

1934年4月27日，瓦尔特·本雅明在巴黎法西斯主义研究院发表题为《作为生产者的作者》的演讲，号召作家作为生产者进行写作："知识分子在阶级斗争中的位置只能根据他在生产过程中的地位来确定，或者贴切地说，来选择。"① 无独有偶，几天后的5月4日，在题为《论"旧形式"的采用》的杂文中，鲁迅提出了"生产者的艺术"的概念："我们现在所能直接见到的，都是消费的艺术。它一向独得有力者的宠爱，所以还有许多存留。但既有消费者，必有生产者，所以一面有消费者的艺术，一面也有生产者的艺术。古代的东西，因为无人保护，除小说的插画以外，我们几乎什么也看不见了。至于现在，却还有市上新年的花纸，和……连环图画。这些虽未必是真正的生产者的艺术，但和高等有闲者的艺术对立，是无疑的。"②

以往的文学理论对"生产者诗学"偶有提及，但一般是将之作为艺术起源说之一种进行讨论的。比如，对于鲁迅的"杭育杭育"说，一般认为这是对远古时期文学萌芽情形的一种描述。按照这种解释，生产者的艺术是一种原始、低级的艺术。但无论鲁迅还是本雅明，都是以预言、号召的姿态来讨论"生产者诗学"的，两人都认定，现代文艺正在经历一场深刻的变革，生产者的艺术正是现代文艺的方向。针对梁实秋看似公允的"无产文学不失为一种新文学"的说法，鲁迅说："无产者文学是为了以自己们之力，来解放本阶级并及一切阶级而斗争的一翼，所要的是全般，不是一角的地位。"③ 又说："现在，在中国，无产阶级的革命的文艺运动，其实就是惟一的文艺运动。因为这乃是荒野中的萌芽，除此之外，中国已经毫无其他文艺。"④ 这就使得我们在讨论当代诗学问题时，有必要重新检讨曾经被视为未来诗学的"生产者诗学"。

---

① 〔德〕本雅明：《作为生产者的作者》，王炳钧等译，河南大学出版社，2014，第16页。
② 鲁迅：《论"旧形式"的采用》，《鲁迅全集》第6卷，人民文学出版社，2015，第24页。
③ 鲁迅：《"硬译"与"文学的阶级性"》，《鲁迅全集》第4卷，第212页。
④ 鲁迅：《黑暗中国的文艺界的现状》，《鲁迅全集》第4卷，第292页。

一 "生产者诗学"之发生论：艺术祛魅或艺术的大众化/政治化

本雅明和鲁迅都认为，现代文艺正在发生一场深刻的变革：古典文艺的神秘性将不复存在，取而代之的是文艺的大众化和政治化，生产者艺术于焉发生。

（一）本雅明：机械复制与艺术大众化

在《机械复制时代的艺术作品》（以下简称《机械》）这篇堪称现代艺术之宣言的论文中，本雅明依据马克思生产方式和上层建筑理论指出，艺术在当代生产条件下，正呈现出一种新的发展趋势。

本雅明所谓当代生产条件，是指以摄影和电影为代表的机械复制技术。复制技术古已有之，但机械复制彻底改变了原作与复制品的既有关系：机械复制比手工复制更加独立于原作，对机械复制技术来说，根本就无所谓原作与复制品的区分；机械复制能把模本置入原作无法达到的地方。随着机械复制时代的到来，传统的艺术概念，诸如创造性与天才、永恒价值与神秘等，都将被摒弃，取而代之的将是全新的评判标准。

传统艺术作品的价值主要表现为膜拜价值，人们笃信，任何一件艺术作品，都具有其基于此时此地的无可替代的独特性，也即"灵韵（灵光）"。复制品之所以不能与原作相提并论，就是因为它无论如何都不能复制原作的灵韵。

机械复制技术粉碎了传统艺术的膜拜价值。摄影和电影诞生之初，人们试图依据二者与绘画、戏剧表面上的相似性，将之收编到传统艺术的阵营之中。在本雅明看来，这完全是一种不得要领的自作多情，摄影和电影是两种崭新的艺术形式。摄影家阿特热压根儿就没有想过要去讨好、归附绘画艺术，相反，"他下手的头一个对象就是'灵光'……即把实物对象从'灵光'中解放出来"[①]。在阿特热的作品中，排成长列的短靴、杯盘狼藉的餐桌呈现的是与传统艺术截然不同的展演价值。

[①] 〔德〕本雅明：《迎向灵光消逝的年代》，许绮玲、林志明译，广西师范大学出版社，2004，第32页。

相比于传统艺术,摄影和电影能够更深入地穿透现实。画家作画有如将手搭在病人手上的巫医,总与眼前事物有天然的距离,而摄影和电影则像深入病人体内进行手术的外科医生,能够进入事物的组织中。画家的图像是整体性的,摄影师的图像则是支离的,它的各个部件是按照新的法则组接起来的。借助于特写和镜头的运用,电影不仅猛烈地深入了现实之中,而且将彻底摧毁现实:"在电影出现之前,人们被囚固于小酒馆、城市街道、办公室、塞满家具的房间、火车站和工厂。电影则以十分之一秒的炸药摧毁了这个牢笼世界,从此人们可以在四处飞散的废墟间从容地历险、旅行。"[1]

摄影和电影对现实的深度介入,带给观众的是一种迥异于传统艺术的心理效果。传统艺术带给人的是审美愉悦和宗教般的静穆,摄影和电影则因"其非比寻常的清晰度与自然的忠实再现,造成了令人极为震惊的效果"[2]。

最重要的是,摄影和电影使得大众与艺术的关系发生了前所未有的变化。传统艺术和大众是隔绝的,享受和欣赏作品只是少数人的特权。复制技术的出现彻底打破了艺术与大众的隔膜,艺术成了人人可以接近的东西。更重要的是,大众在面对复制艺术时,观赏的乐趣与专业评判者的态度前所未有地直接结合在了一起。这种结合乃艺术进步的一个重要标志。

借助于穿透现实、震惊效果、大众参与等特性,现代艺术生而具有一种特殊的政治功能。本雅明认为,面对法西斯主义的兴起,必须主动放弃传统的文艺形式及其价值标准,充分利用新兴的现代艺术形式,到大众之中寻求革命的可能。这是一场严峻的斗争。因为法西斯同样深知大众的力量,并试图在不触动无产阶级要求消灭的所有制关系的前提下,对新生的无产阶级进行组织。法西斯的方法乃政治的审美化。"法西斯主义以领袖崇拜强迫大众屈膝伏地,与对大众的这种压制相一致的,是对机器的压制,即使机器为生产膜拜价值服务。"[3] 法西斯主义政治审美化的极致是鼓吹并美化战争。就在本雅明写作《机械》前后,德国出现了由作家恩斯特·容格尔主编的论文集《战争和战士》,以及由著名女导演莱尼·雷芬斯塔尔执

---

[1] 〔德〕本雅明:《机械复制时代的艺术作品》,《经验与贫乏》,王炳钧、杨劲译,百花文艺出版社,1999,第284~285页。译文略有改动。

[2] 〔德〕本雅明:《机械复制时代的艺术作品》,《经验与贫乏》,王炳钧、杨劲译,第16~17页。

[3] 〔德〕本雅明:《机械复制时代的艺术作品》,《经验与贫乏》,王炳钧、杨劲译,第290页。

导的《意志的胜利》等神化希特勒、鼓吹法西斯军国主义的文艺作品。本雅明认为，这些作者之所以会如此幼稚地对所谓的英雄精神顶礼膜拜，正是因为他们以一种"为艺术而艺术"的原则审视战争："（军人）制服代表了他们的最高目的，是他们内心最渴望的东西。使他们穿上制服的环境则无关宏旨。"[①] 共产主义要抵抗法西斯的政治审美化，就必须针锋相对，以"艺术政治化"进行回应。

（二）鲁迅：将文字交给一切人

本雅明将现代文艺之大众/政治品性的获得归功于技术的发展，而鲁迅则认为，文学天然就具有大众/政治品性，现代文学所要做的，不过就是恢复这一被遮蔽的品性而已。

和本雅明一样，鲁迅认为，古典文艺具有神秘性，但不同的是，鲁迅认为古典文艺的神秘性并不是客观的历史现象，而是特权者制造出来的一种效果。作为文学的载体，文字原本就产生于民间。造字的方法也很简单，最初就是象形、会意等。史官出于记事之需要，将民间的文字采集起来，以弥补"结绳而治"之不足，这是最早对文字的专门化使用。至于文学家用文字来写"阿呀呀，我的爱哟，我要死了"之类的"佳句"，则完全是坐享其成，并不足道。但随着文字逐渐被特权者收揽，特权者为维护特权，不但用种种手段将文字神秘化（如将文字发明权附会于四只眼睛的仓颉），并且严格限制平民学习和使用，从而使得文字变得越来越神秘玄奥、堂而皇之，但个中关键无非是特权者故弄玄虚而已。譬如道士的符箓，其驱邪治病的威力无非在于这些好像是字的东西，但除道士以外，谁也不认识的缘故。

即使在文字被特权者所把持的时代，文学也自有其大众的、不神秘的一面。因为，在生产者中，始终存在着一种不依赖文字的文学和不识字的作家。连话也不会说的原始人，因为抬木头的需要，叫出了"杭育杭育"，在鲁迅看来，"这就是创作；大家也要佩服，应用的，这就等于出版；倘若用什么记号留存了下来，这就是文学；他当然就是作家，也是文学家，是'杭育杭育派'"[②]。诚然，这样的作品还十分幼稚，但被奉为经典《诗经·

[①] 〔德〕本雅明：《德国法西斯主义的理论》；转引自刘北成《本雅明思想肖像》，上海人民出版社，1998，第158页。
[②] 鲁迅：《门外文谈》，《鲁迅全集》第6卷，第96页。

国风》里的很多诗作，如东晋到齐陈的《子夜歌》《读曲歌》之类，唐朝的《竹枝词》《柳枝词》之类，甚至古希腊的《荷马史诗》，原都是诸如此类幼稚的、无名氏的创作。从这个意义上说，现在流传的民谣、山歌、渔歌等，就是不识字的诗人的作品；传述着的童话和故事，就是不识字的小说家的作品。只不过，这些不识字的诗人和小说家的作品被有意地遮蔽了而已。

总之，文学并不神秘。只消普及文字，文学的神秘性便荡然无存："要这样的作品为大家所共有，首先也就是要这作家能写字，同时也还要读者们能识字以至能写字，一句话：将文字交给一切人。"① 从世界范围看，这也正是普遍的潮流："古时候，无论那一国，能用文字的原只是少数人的，但到现在，教育普及起来，凡是称为文明国者，文字已为大家所公有。"② 但中国的文字普及工作却极其艰难，除了汉字的繁难外，还有更为重要的："士大夫们也正愿其如此，如果文字易识，大家都会，文字就不尊严，他也跟着不尊严了。"因此，每当有提倡大众语文的声音，便被指责为"本意在于造反"，并横加摧残："（反对新文字的人）深知道新文字对于劳苦大众有利，所以在弥漫着白色恐怖的地方，这新文字是一定要受摧残的。……中国的劳苦大众虽然并不识字，但特权却还嫌他们太聪明了。"③ 这从反面说明，文学从根本上说，是政治的。

二 "生产者诗学"之功能论：审美与震惊/行动

现代文艺天然就是大众的、政治性的，这意味着文艺的功能也必将随之发生改变。

（一）本雅明：从移情到间离

《机械》宣告了现代艺术的革命性转折，但文章并没有如愿赢得法兰克福社会研究所领导人的欣赏，相反遭到了阿多诺异常严厉的批评。阿多诺认为：第一，本雅明对以电影为代表的大众文化寄予了过于乐观的希望，实际上电影作为资本主义文化工业的一部分，只是粉饰现实的麻醉剂。第

---

① 鲁迅：《门外文谈》，《鲁迅全集》第 6 卷，第 97 页。
② 鲁迅：《中国语文的新生》，《鲁迅全集》第 4 卷，第 118 页。
③ 鲁迅：《关于新文字》，《鲁迅全集》第 4 卷，第 166 页。

二，对艺术审美价值的态度过于极端，没有看到自律艺术的当代意义。第三，过高估计了大众的力量。

本雅明没有接受阿多诺的批评。在本雅明看来，大众虽然缺乏应有的觉悟，一直名声不佳，甚至被斥为"末人""乌合之众"，但大众终归是革命和解放的主体，因此，表现大众、启蒙大众是现代艺术不容回避的任务。诚然，大众艺术、大众文化泥沙俱下，但其中蕴藏着巨大的政治潜能，"大众是温床，当今对待艺术作品的所有惯常态度都在此重新滋长"①。更重要的是，资产阶级已经在利用大众文化，共产主义者决不能拱手相让。正确的原则是：不要从好的旧东西开始，而要从坏的新东西开始；当什么东西正在衰落时，应该给它最后一击。

但面对阿多诺的批评，本雅明不得不思考如何使大众文艺、大众文化成为真正行之有效的政治力量？

本雅明的答案是，作家既要有正确的政治倾向，也要有正确的文学形式，以便发挥作品的组织功能："对于作品的组织功能，倾向是必要条件，但不是充分条件。作品的组织功能还要求写作者有指引与教导的姿态。"②正是在这个意义上，本雅明高度评价布莱希特的史诗剧，认为史诗剧在形式上为现代艺术树立了一个典范。为此，他再次受到阿多诺的批评，但本雅明的回复是："赞同布莱希特的作品是我全部立场中最重要的战略据点之一。"③

在本雅明看来，既有的艺术形式，包括新生的摄影和电影，并不具有保证其政治作用的组织功能。比如，电影镜头的快速切换，往往容不得观众进行深入思考。很多时候，观众是被画面牵着鼻子走的。法西斯电影大行其道，正是利用了电影的这一特点。而史诗剧则是一种在形式本体的意义上便足以保证作品政治倾向的文学形式。"在布莱希特竭尽全力、试图通过吁请观众作为专家发表意见这样一种方法——但是绝不是通过纯粹的文化参与的方式——来激起戏剧观众的关切和兴趣的过程中，政治将必然占

---

① 〔德〕本雅明：《机械复制时代的艺术作品》，《经验与贫乏》，王炳钧、杨劲译，第 288 页。
② Benjamin, *The Author as Producer*, *Selected Writings* (2), Cambridge, Massachusetts, and London England: the Belknap Press of Harvard University Press, 1999, p. 777.
③ Gershom Scholem and Theodor Adorno (ed.), *The Correspondence of Walter Benjamin, 1910 – 1940*, Trans. by Manfred R. Jacobson and Evelyn M. Jacobson, Chicago: The University of Chicago Press, 1994, p. 519.

据上风。"① 史诗剧试图最大限度地激发观众的思考，以开启一种新型的现代政治。史诗剧因此具有了一种革命性意义。

从某种意义上说，以亚里士多德为代表的传统戏剧理论也强调戏剧的政治性，但这种政治性是基于移情作用的"教化"政治。亚里士多德认为，城邦公民在性情上应该持中守节、不偏不倚，但在实际生活中，人们往往偏于极端，悲剧的作用正在于廉顽立懦，使性格极端者达到理想的中庸状态。唯其如此，悲剧主人公要比一般人好一点但又不能好太多，因为这样的人与观众心理距离最近；悲剧的动因应该是主人公的过失，因为非此不足以让观众共情；在情节方面，则应该通过突转和发现来吸引观众，使观众始终全神贯注于戏剧情境，从而最大限度地达到净化观众心理的效果。

布莱希特认为，移情式的教化政治并不可取，因为移情只是一种朦胧的、下意识的心理作用，只有清醒的、理性的认识才能够对行为产生持久、有力的影响。而且移情是一柄双刃剑，它可以为无产阶级的政治教化服务，也可以被法西斯的政治宣传所利用。因此，史诗剧致力于将观众从移情中唤醒，使之在基于放松的"震惊"状态中成为思考的主体，进而成为行动的主体。"史诗剧之所以为史诗剧，不在于产生了移情，而在于产生了震惊。"② 布莱希特无所不用其极地运用了一系列间离手段，都是为了达到这一效果。

（二）鲁迅：静穆与热烈

在阿多诺和本雅明就现代艺术进行争论的同时，鲁迅也介入了一场类似的论争中。

1935 年 12 月，朱光潜应邀撰文解释唐代诗人钱起"曲终人不见，江上数峰青"这两句"人人都觉得好，但苦思不得其解"的诗之妙处。朱光潜认为钱诗之妙，在于启示了一种"消逝中有永恒"的哲学意蕴，呈现出一种"泯化一切忧喜"的静穆境界，而这正是艺术之极境。相比之下，中国诗里却少有静穆之境界。"屈原、阮籍、李白、杜甫都不免像金刚怒目，愤愤不平的样子。陶潜浑身是'静穆'，所以他伟大。"③

---

① 〔德〕本雅明：《什么是史诗剧》，《写作与救赎》，李茂增、苏仲乐译，东方出版中心，2017，第 148 页。
② 〔德〕本雅明：《什么是史诗剧》，《写作与救赎》，李茂增、苏仲乐译，第 150 页。
③ 朱光潜：《说"曲终人不见，江上数峰青"》，《朱光潜全集》第 8 卷，安徽教育出版社，1993，第 396 页。

朱光潜的文章甫一发表，鲁迅便给予了激烈的批判。鲁迅以为，钱诗不过是科举试律诗的俗套之作，单论其中两句，是不顾全篇、全人的寻章摘句，是"以割裂为美"。对于朱光潜借题发挥，立静穆为文艺最高境界，鲁迅尤其不满，因为"静穆"说既不合于希腊文学之实际，也不能成为匡定中西文艺的标准。朱光潜为了论证这一虚设的文学之"极境"，不惜打杀屈、阮、李、杜等中国最优秀的诗人，但"放出眼光看过较多的作品，就知道历来的伟大的作者，是没有一个'浑身'是'静穆'的。陶潜正因为并非'浑身'是'静穆'，所以他伟大"。①

对于发生在鲁迅与朱光潜之间的这场论争，学界见仁见智。对鲁迅持批评态度者，往往强调鲁迅缺乏对"为艺术而艺术"的基本同情。作为当事人的朱光潜就认为，鲁迅"把他的全部身心都投入了复杂的社会矛盾之中而不能自拔……文学其实并不具有这种伟大的功能，政治的目的应当用政治的手段去实现，……鲁迅放弃小说创作而致力于杂文'投枪'，他在巨大的痛苦和愤怒中过早地去世，这无论如何也是中国文学的巨大损失。我们中国人似乎从来不懂得 Art for art's sake（为艺术而艺术）"②。李长之甚至认为："鲁迅是一个颇不能鉴赏美的人——虽然他自己却可创作出美的文艺，供别人鉴赏的。因为，审美的领域，是在一种绰有余裕，又不太迫切，贴近的心情下才能存在，然而这正是鲁迅所缺少的。……他自己说：'对于自然美，自恨并无敏感，所以即使恭逢良辰美景，也不甚感动。'……他是枯燥的，他讨厌梅兰芳的戏片子，他不喜欢徐志摩那样的诗，这都代表他的个性的一个共同点。"③

说鲁迅看重文学的政治性当然不错，但说鲁迅不能鉴赏美，不懂得"为艺术而艺术"的价值，则不啻是对鲁迅天大的误解。早年鲁迅其实也是纯文学的鼓吹者："由纯文学上言之，则以一切美术之本质，皆在使观听之人，为之兴感怡悦。文章为美术之一，质当亦然，与个人暨邦国之存，无所系属，实利离尽，究理弗存。"④ 即使是在转变为左翼理论家之后，鲁迅

---

① 鲁迅：《"题未定"草（七）》，《鲁迅全集》第6卷，第444页。
② 金绍先：《"曲终人不见，江上数峰青"——忆朱光潜与鲁迅的一次分歧》，《文史杂志》1993年第3期。
③ 李长之：《鲁迅批判》，北京出版社，2011，第149页。要说明的是，李长之并没有直接评价鲁迅和朱光潜的论争，但其观点具有相当的代表性。
④ 鲁迅：《摩罗诗力说》，《鲁迅全集》第1卷，第71页。

身上其实也不乏他所批判的文人式的审美意趣，如自诩"毛边党"，亲自设计书籍装帧，抄书、补书、藏书，收集石刻画像，编辑《北平笺谱》等。即使对于他激烈批判的钱起诗，鲁迅私下里其实也颇为称赏。查鲁迅日记可知，就在1935年12月5日，即鲁迅撰文批判朱光潜之前几天，他赠送友人书法作品，其中一幅正是《省试湘灵鼓瑟》。①

从鲁迅一方来看，这场论争既是文艺的性质之争，毋宁说更是艺术的新旧之争。对鲁迅而言，与其说"静穆说"是一种不合文艺实际的虚妄的诗学观，不如说它是一种旧式文人的"消费"诗学观。对朱光潜的批评，其实也包含着鲁迅的自我批判。从20世纪20年代后期开始，鲁迅开始明确否定早期的"为艺术而艺术"的观点，并且一再否定自己的文学家身份，以及文学的作用："文学文学，是最不中用的，没有力量的人讲的；有实力的人并不开口，就杀人。"②与之相应，文学的政治性则被突显出来："完全超于政治的所谓'田园诗人'、'山林诗人'是没有的。"③总之，静穆与热烈、"为艺术而艺术"与"为政治"，既代表着两种在性质上对立的文学，还代表新旧两种文学：

> 十九世纪以后的文艺，和十八世纪以前的文艺大不相同。十八世纪的英国小说，它的目的就在供给太太小姐们的消遣，所讲的都是愉快风趣的话。十九世纪的后半世纪，完全变成和人生问题发生密切关系。我们看了，总觉得十二分的不舒服，可是我们还得气也不透地看下去。这因为以前的文艺，好像写别一个社会，我们只要鉴赏，现在的文艺，就在写我们自己的社会，连我们自己也写进去……以前的文艺，如隔岸观火，没有什么切身关系，现在的文艺，连自己也烧在这里面，自己一定深深感觉到；一到自己感觉到，一定要参加到社会去！④

旧文学是消遣的、愉快的、隔岸观火的文学，而新文学则是切身的、连自己也烧在里面的、让人"十二分的不舒服"的文学。对于旧文学，我

---

① 鲁迅：《日记》，《鲁迅全集》第16卷，第565页。
② 鲁迅：《革命时代的文学》，《鲁迅全集》第3卷，第436页。
③ 鲁迅：《魏晋风度及文章与药及酒之关系》，《鲁迅全集》第3卷，第538页。
④ 鲁迅：《文艺与政治的歧途》，《鲁迅全集》第7卷，第120页。

们只要取鉴赏的态度即可，而新文学则不仅要让人感到"不舒服"，还要让人参与到社会中去。

三 "生产者诗学"之文学形式论：报纸、杂文与反文学的文学

生产者的艺术往往被认为是一种低级的艺术。但在鲁迅和本雅明看来，文学形式从来就是因时而变的，既有的文学形式已不能适应新的政治情势；以"反（旧）文学"姿态出现的报纸、杂文虽然还粗糙、幼稚，却有着广阔的未来。

（一）本雅明：报纸与语言之涅槃

本雅明认为，技术条件和政治情势决定了旧的文学体裁，如小说、悲剧、史诗等已成明日黄花，文学形式正处在一个急剧融合的时代：

> 必须从尽可能广阔的视域出发，并充分考虑当前形势下的技术条件，来重新思考有关文学形式或体裁种类的观念，以便找到构成当前文学活力切入点的表达形式。小说既非天生自在，也非长生不死，悲剧、宏大史诗同样如此。评论、翻译，甚至那些带有剽窃性质的游戏之作，也不总是处于文学边缘的表现形式，……我们现在处于一个文学形式剧烈融合的进程之中。在此进程中，我们的思维所习惯的许多对立面都可能失去它们的力量。①

本雅明认为，最能体现当前文学活力的乃报纸；正是报纸，为生产者的写作提供了一条新生之路。

本雅明认同许多批评者的看法，现代社会，写作处于一种前所未有的混乱之中，"科学和纯文学、批评和文学生产、教育和政治，全部分崩离析为一种混乱无序的状态"。而造成这种混乱的最大的"事故现场"乃报纸："它的内容，也即'题材'，排除了任何其他的组织形式，而完全由读者的不耐烦所左右。"但这种不耐烦，不只是指政治家对信息的期待、投机家对

---

① Benjamin, *The Author as Producer*, *Selected Writings* (2), p. 771.

股市内幕的渴望，还是指作为读者的这样一些人的不耐烦：他们被排除在外，却认为自己有权利看到自己的利益被表达。一般的批判者看到的是，为了满足读者的不耐烦，报纸不断开设新专栏，以迎合读者的疑问、意见和抗议。于是，对各种事实不分青红皂白地拼盘杂烩的出版商，与同样不分青红皂白照单全收的读者携手走到一起，成为了合作者。但本雅明却从这种混乱中发现了一个"隐而不显的辩证时刻"：

> 资产阶级新闻业的写作走向衰败已成定局，因为它已经以另一种方式迎来了新生。随着写作重新赢得了它因为深度而失去的广度，长期以来由新闻业造成的作者和公众之间的界限正以一种令人鼓舞的社会化方式归于消失。读者随时都可能变成作者，即描绘者，甚至规划者。作为专家（也许不是某一领域的专家，但是可能是他所任职的岗位上的专家），他赢得了作者的资格。劳动本身终于有了开口发言的机会。而且对于劳动来说，通过言说来表征自己，已经变成了其自我锻炼必不可少的能力的一部分。文学能力的获取不再通过专门的训练，而是以工艺专科学校的教育为基础，并且因此而变成了公共财富。概言之，生活条件的文学化主宰了在其他情况下不可调和的矛盾。正是在被无限贬低之地即报纸中，语言做好了涅槃更生的准备。[1]

当然，本雅明也注意到，在20世纪30年代的西欧，报纸还不是作家手中有用的生产工具，它仍然属于资本。但是，在苏维埃俄国，报纸已经呈现出一种新的气象，生产者的写作已经成为可能："（文学形式的）剧烈融合的进程不仅动摇了体裁之间、作家与诗人、学者与通俗作家之间的传统区分，甚至改变了作者与读者的划分。报界乃这一进程的关键范例，任何把作者作为生产者的观察都必须将其纳入范围之中。"[2]

（二）鲁迅：拒绝进入"艺术之宫"的杂文

和本雅明一样，鲁迅也高度重视报纸之与现代写作的关系，并以杂文这一文体实践了本雅明所谓的"作为生产者的"写作。

---

[1] Benjamin, *The Author as Producer*, *Selected Writings* (2), pp. 771-772.
[2] Benjamin, *The Author as Producer*, *Selected Writings* (2), p. 772.

从 20 世纪 20 年代后期开始，鲁迅逐渐放弃了小说和散文写作，同时也放弃了到大学教书的机会，而选择作为一名自由撰稿人，从此进入其杂文写作时代。对于鲁迅的这一选择，善意者为之感到可惜，恶意者则攻击鲁迅因为写不出小说才写杂文。

但是，如同本雅明认为旧的文学形式已经不合时宜一样，鲁迅对杂文的执着背后，恰恰是他对诗歌、小说的失望和否定。汪卫东曾经分析过鲁迅从"诗歌鲁迅"到"小说鲁迅"，再到"杂文鲁迅"的两次转变。救亡图存的近代情结、晚清知识分子的激越精神、青年人特有的刚健气质与英雄情结，使得日本时期的鲁迅神往于高蹈奋发的摩罗精神，在文学形式上更钟情于诗歌。归国后现实的冷酷，使得鲁迅养成了"现实主义"的亦即"科学的"态度和方法。对国民劣根性的认识及对其批判的使命感，使得鲁迅在五四文学革命的将令号召下，由诗性青年变成了冷静的中年小说家。这一时期的鲁迅，一方面有将令可听，另一方面也有启蒙的信念。但第二次绝望，使鲁迅失去所寄托的一切，只剩下孤独的个人。在此情境下，诗歌自不必说，就连小说式的虚构也无异于一种自我欺骗，唯一的希望乃基于当下的困兽犹斗式的挣扎。要之，"'杂文自觉'基于对当下性的发现，及由此催生的自我行动（生存）的迫切感，产生时不我待，直接诉诸行动的自我欲望，失去虚构的耐心"①。

唯其如此，鲁迅从来拒绝将杂文纳入所谓"文学"范畴，反而一再将自己的杂文与此前的小说和散文切割开来。"（杂文）不过是一些拉杂的文章，为'文学家'所不屑道"，"也有人劝我不要做这样的短评。那好意，我是很感激的，而且也并非不知道创作之可贵。然而要做这样的东西的时候，恐怕也还要做这样的东西，我以为如果艺术之宫里有这么麻烦的禁令，倒不如不进去"②。作为五四新文学的开创者，鲁迅很清楚，就在不久前，小说和戏曲还在拼命地为自己争地位，现在地位一旦确立，却反过来压制

---

① 汪卫东：《鲁迅杂文：何种"文学性"？》，《文学评论》2012 年第 5 期。鲁迅对"当下性"的发现，与本雅明颇为相像。在《历史哲学论纲》中，本雅明借对保罗·克利的画作《新天使》的解读，批判了进步论历史观："在我们看来是一连串事件的地方，他（历史天使）看到的只是一场灾难。"在本雅明看来，真正的历史学家不会像把玩一串念珠那样去谈论历史事件，而是不遗余力地去打碎虚幻的历史连续体，从变动不居的当下捕捉历史的可能性："历史作为一个主体，其结构并不是坐落于同质而空洞的时间之中，而是坐落在为当下所充盈的时间里。"参见〔德〕本雅明《写作与救赎》，李茂增、苏仲乐译，第 47 页。

② 鲁迅：《题记》，《鲁迅全集》第 3 卷，第 3 页。

杂文。对于这样的变脸术，鲁迅自然不屑一顾。更重要的是，在鲁迅看来，高居于艺术之宫中的文学，已经垂死，相比之下，杂文更有生机："第一是使中国的著作界热闹，活泼；第二使不是东西之流缩头；第三是使所谓'为艺术而艺术'的作品，在相形之下，立刻显出不死不活相。""文学概论"诗歌门里的"诗"，"那里能够及得这些杂文的和现在切贴，而且生动，泼刺，有益，而且也能移人情。能移人情，对不起得很，就要搅乱你们的文苑……"①

显然，鲁迅对杂文的执着，意味着他对写作的解构和降格。如前所说，鲁迅认为，从起源上看，写作不过是生产者在劳作过程中自然而然的情感表达，既不神秘，也不高贵。对于那些以公理专家自居的知识分子、喜欢自我神秘化的文学家，鲁迅向无好感。唯其如此，鲁迅说自己写作时，宁肯执滞于身历其境的私事、小事。李国华认为，这意味着"鲁迅的写作是从切身利害出发的……鲁迅表现得像个小农经济的生产者，在以自己所感为限的神域内，写作出独异的文章来"②。

对鲁迅来说，杂文还意味着一种独特的介入现实的姿态，意味着现代文学的一种政治品性。如果说，作家的文学创作、学者的著书立说所设定的言说对象是知识分子、有力者、消费者的话，杂文设定的读者则扩展到了生产者、大众。同时，借助于报纸这一媒介，杂文可以更迅速、更直接、更自由、更深入地介入社会，与大众发生关联。钱理群认为，鲁迅的杂文好比是今天的网络文学：

> 鲁迅正是通过杂文，自由地出入于现代中国的各种领域，最迅速地吸纳瞬息万变的时代信息；然后作出政治的、社会历史的、伦理道德的，以及审美的评价与判断，作出自己的回应；然后又借助传媒影响，立即为广大读者所知晓与接受，并最迅速地得到社会的反馈。随着现代媒体对现代生活日益深刻的影响，杂文就真正深入现代生活中，成为其有机组成部分。可以说，杂文作为媒体写作的一种方式，不仅使鲁迅终于找到了最适合他的写作方式，创造了属于他的文体，而且在一定意义上，逐渐成为鲁迅的生活方式。③

---

① 鲁迅：《集徐懋庸作〈打杂集〉序》，《鲁迅全集》第6卷，第302页。
② 李国华：《生产者的艺术》，《中国现代文学研究丛刊》2015年第1期。
③ 钱理群：《鲁迅杂文》，《南方文坛》2015年第4期。

这应该是对鲁迅杂文的一个深刻理解。

四 "生产者诗学"之作者论：作为生产者的作者和生产者成为作者

通过对现代文艺之大众性和政治性的多维论证，本雅明和鲁迅把文学艺术从神坛降格到了阶级斗争和社会生产的层面上。两人都明确反对作家的神秘化，否认作家可以像上帝一样，凭空地、神秘地变出东西来。毋宁说，作家的正确身份乃一个生产者，作家的工作和"农夫耕田，泥匠打墙"并没有什么不同。不同的是，本雅明主要针对德国左翼作家的观念化倾向，号召作家进入具体的生产关系之中，成为一名生产者；而鲁迅则基于对知识分子的厌恶和失望，认为只有真正的生产者成为作者，才是中国文艺的未来。

（一）本雅明：作为生产者的作者

本雅明明确反对浪漫主义所标榜的"自主型"作家。他在《作为生产者的作者》开篇中即为因为驱逐诗人而屡遭谴责的柏拉图鸣冤、叫屈。本雅明认为，柏拉图论及的诗人与共同体的关系问题是一个久被遗忘的重要问题。本雅明借此区分了两类作家：一类是主张"想写什么就写什么"的资产阶级"自主型"作家；一类是能够认识到当前的社会处境，并主动抉择"为谁服务"的进步作家。在本雅明看来，其实所有的作家都在抉择，资产阶级的消遣作家不承认抉择，但事实上"却在为一定阶级利益服务"；进步作家则"承认这种抉择，他基于阶级斗争而做出的抉择是：站到无产阶级一边。这意味着他扔掉了自主权。他的活动以对无产阶级在阶级斗争中有利为准"[①]。

问题是作家的政治选择能否保证文学的质量？本雅明认定："呈现正确倾向的作品也必然呈现所有其他质量。"[②] 理由是："只有当一部作品的倾向在文学上也是正确的，它才可能在政治上是正确的。这就是说，政治上的正确倾向包含了文学倾向。"[③] 对于这一近乎同语反复的论证，本雅明说，

[①] Benjamin, *The Author as Producer*, *Selected Writings* (2), p.768.
[②] Benjamin, *The Author as Producer*, *Selected Writings* (2), p.769.
[③] Benjamin, *The Author as Producer*, *Selected Writings* (2), p.768.

要深刻理解作家倾向与作品质量的关系问题,必须将这一问题置于社会关联之中去讨论"作品和时代的社会生产关系有怎样的关系"。而要讨论作品与时代的生产关系的关系,又必须追问:"它在生产关系中是怎样的?这个问题直接指向作品在一个时代的文学创作生产关系中具有的功能。换言之,它直接指向作品的创作技术。"①

本雅明认为,俄国作家特列季亚科夫为回答上述问题提供了范例。特列季亚科夫是一个"行动的作家",在他看来,"作家的使命不是报道,而是斗争;不是扮演观众的角色,而是积极进行干预"。特列季亚科夫长期深入公社,召集群众会议,筹集购买拖拉机的款项,说服单干农民加入集体合作社,办墙报,主编集体合作社报刊,推广收音机和流动电影院,等等。唯其如此,特列季亚科夫的作品对集体经济的完善产生了重要影响。有人认为,特氏作品具有明显的政治宣传性,算不上真正的文学作品。但在本雅明看来,真正的"生产者的艺术"并不谋求什么文学价值和文学史地位。特氏作品的确不符合旧的文学标准,但从宏阔的历史视野出发,恰恰是这些与生产者紧密结合,在生产关系中发挥了积极作用的作品,代表了文学的发展方向。

与特列季亚科夫相反,德国的一些左派知识分子,如行动主义派和新写实派,虽然在观念上经历了革命的发展,却没有能力对自己的工作以及工作技术进行真正革命性的思考,结果是这些"所谓左派文学的很大一部分除了总是从政治局势中获得新的娱乐公众的效应外,根本没有别的社会功能"。"他们的作用,从政治上看,不是产生政党而是产生帮派,从文学上看,不是产生流派而是产生时髦,从经济上看,不是产生生产者而是产生代理人"。②

正反两方面的例子说明,对作家来说:一方面,必须通过行动真正进入具体的生产关系之中,否则,"一种政治倾向,不管它显得多么革命,只要作家只是在观念上而不是作为生产者与无产阶级团结在一起,那它就只能起反革命的作用"。另一方面,必须实现作家作为知识分子的功能转换,即如布莱希特所说"不提供没有在社会意义上按照可能性准则加以改造的生产机器",这也就意味着,"作品不再是具有个体色彩的经历(具有作品

---

① Benjamin, *The Author as Producer*, *Selected Writings* (2), p. 770.
② Benjamin, *The Author as Producer*, *Selected Writings* (2), p. 776.

特点），而更多是以对一定的机构的使用（改造）为目的"。①

（二）鲁迅：作为生产者的作者

本雅明虽然也预言未来的写作将不再有读者和作者、生产者和作家的区别，但总的来说，他更为关注的还是作家作为生产者而写作。与之不同，鲁迅虽然也有作为生产者进行写作的自觉，但在理论层面上，他所谓的"生产者的艺术"，主要是指真正的生产者即工人、农民的艺术。针对左翼文艺思想影响下平民文学风起的情况，鲁迅特别强调，平民文学只能是真正出自平民之手的文学，而不能是文人、作家、知识分子表现平民的文学：

> 有人以平民——工人农民——为材料，做小说做诗，我们也称之为平民文学，其实这不是平民文学，因为平民还没有开口。这是另外的人从旁看见平民的生活，假托平民底口吻而说的。眼前的文人有些虽然穷，但总比工人农民富足些，这才能有钱去读书，才能有文章；一看好像是平民所说的，其实不是；这不是真的平民小说。②

鲁迅对"真正的生产者"的艺术的强调，当然和他一直以来对自命不凡，以公理持有者、青年指导者自居的文人知识分子的不屑有关。在鲁迅看来，那些打着冠冕堂皇旗号的种种"公理"学说，实则不过是公理专家们的消遣罢了；那些标榜"为艺术而艺术"的文学家的文学，不过是无关痛痒的消费者的文学。与之相反，对生产者来说，写作并非必需之事，也非可以用来标榜身份的高雅之举，有时反倒会影响自己的劳作和生活，因而不到非写不可的时候，生产者绝不会去写于生计毫无帮助的文字。唯其如此，比之于消费者的文学，生产者的文学刚健、清新、真实、有力量。至于有人担心生产者文字粗糙无文，缺乏消费者文学的美感，鲁迅认为，这完全是杞人忧天，即使是在民间讲故事的传统中，一个无趣的讲述者也不可能赢得听众。从20世纪20年代后期开始，受俄苏文艺理论影响，鲁迅进一步强化了对消费者文学的拒斥。鲁迅尤其重视普列汉诺夫"美为人而存在"的看法，认为"在一切人类所以为美的东西，就是于他有用——于

---

① Benjamin, *The Author as Producer*, *Selected Writings* (2), p. 774.
② 鲁迅：《革命时代的文学》，《鲁迅全集》第3卷，第441页。

为了生存而和自然以及别的社会人生的斗争上有着意义的东西"①。

鲁迅对"真正的"生产者的强调时,还赋予"生产者诗学"以一种普遍的文化政治的意义。五四时期,鲁迅的写作以批判国民性为主旨,笔下的生产者愚昧、自私、狭隘、麻木,是需要疗治和拯救的对象。从20世纪20年代后期开始,受左翼思想影响,鲁迅越来越将工农视为中国革命的未来。在《铁流》《毁灭》等苏联小说中,鲁迅看到,原本同样麻木、自私、愚昧的工农在革命的洪流中,日益成长为具有自觉的历史意识的革命主体,而这正是苏联革命成功的关键。因此,鲁迅晚年对中国工农革命极为关注,并将中国无产阶级也即生产者的文艺,视为中国文艺唯一的未来。诚然,20世纪30年代的中国尚未有真正的无产阶级文学,"左翼作家中,还没有农工出身的作家",这"一者,因为农工历来只被按压,榨取,没有略受教育的机会;二者,因为中国的象形——现在是早已变得连形也不象了——的方块字,使农工虽是读书十年,也还不能任意写出自己的意见"②。但鲁迅认为,只要给农民、工人以读书识字的机会,他们自会发出自己的声音。

近一百年过去了,鲁迅所希望的"把文字交给一切人"早已实现,本雅明为之欢欣鼓舞的机械复制技术已经几度脱胎换骨,而"生产者诗学"作为一种现代诗学理论,不仅在《在延安文艺座谈会上的讲话》中得到了更为深刻的阐发,也在社会主义文学中被付诸实践。移动互联网时代,生产者和作者之间的界限已经被彻底打破,每一个生产者都可以是一个作者。"生产者的艺术"似乎正在从预言变为现实。这使得我们有理由在当代技术条件下,继续对"生产者诗学"展开讨论。

---

① 鲁迅:《〈艺术论〉译本序》,《鲁迅全集》第4卷,第269页。
② 鲁迅:《黑暗中国的文艺界的现状》,《鲁迅全集》第4卷,第295页。

伪命题还是真问题？
——关于中国语境中"理论之后"讨论的思考

和 磊[*]

摘 要 伊格尔顿在《理论之后》中所讨论的核心问题是理论的效用或现实阐释力问题。但是，纵观这十几年国内学者关于"理论之后"或"后理论"的讨论，我们发现，这次的讨论似乎并没有真正把握到伊格尔顿《理论之后》的精髓：一是没有像伊格尔顿那样去反思在中国教授和传播的理论（包括中国的本土理论）阐释中国现实的能力；二是过多地去概括所谓"后理论"时代的普遍特征，这与伊格尔顿《理论之后》的关注点是相悖的；三是几乎没有对现实进行深入的探讨或反思，放弃了作为知识分子应有的现实关怀。

关键词： 伊格尔顿《理论之后》 阐释力 现实关怀

Abstract The core issue discussed by Eagleton in *After Theory* is the utility of theory or the interpretation power of reality. However, the discussion in China does not really grasp the essence of *After Theory*. Firstly, it does not reflect on the interpretation power of theories (including Chinese native theories) in China. The second is to overgeneralize the general characteristics of the after theory era, which is contrary to Eagleton's focus in *After Theory*. The third is that there is little in-depth discussion or reflection on reality, giving

---

[*] 和磊，山东师范大学文学院教授。本文为国家社科基金项目"文化研究接受史研究"（批准号16BZW008）的阶段性成果。

up the responsibility to care for reality that an intellectual should has.

Key Words　Eagleton；*After Theory*；interpretation power；reality concern

关于"理论之后"(或"后理论",但"理论之后"之名应更为准确)的讨论已经热了很长时间了,如果从 2005 年王宁发表《后理论时代的文化理论》(《文景》第 3 期)[①] 算起,也有 10 多年了,发表的文章也有近 200 篇,按理说也应该对这个问题有了清晰的认识(即便没有实际的成果)。但是纵观这十几年的讨论,我们发现,这次的讨论似乎并没有真正把握到伊格尔顿《理论之后》的精髓,没有在中国语境中吸收、借鉴或批判性地讨论《理论之后》所涉及的相关问题,在很多讨论中,"理论之后"更多的只是一个引子或帽子,很少涉及伊格尔顿《理论之后》此著的核心思想,似乎仅仅借用了伊格尔顿的这个题目。如此一来,我们就怀疑,这样的讨论是否是一场真正有问题意识、有针对性的讨论,如果不是,这样的讨论就是一场伪命题的讨论。近来"后理论"作为一个独立话题所进行的讨论,几乎与伊格尔顿没有任何关系,不在本文讨论范围之内。

由于"理论之后"的相关讨论是由伊格尔顿的《理论之后》引发的(即便仅仅作为一个讨论的由头),因此我们需要首先了解一下《理论之后》到底说了什么。

一 《理论之后》的基本内容

伊格尔顿在《理论之后》中几乎是不容置疑地指出,包括文化研究在内的后现代主义文化理论的黄金时代已经消失了,像列维-斯特劳斯、雅克·拉康、阿尔都塞等人的开创性著作已成明日黄花。但是,对于伊格尔顿来说,文化理论的黄金时代之所以消失,并不是因为这些理论家去世了,或者说这些理论没有了,而是这些理论已无力去阐释现实了,甚至已经背离了现实,与现实脱节了。这主要体现在以下几个方面。一是研究的主题

[①] 需要注意的是,王宁在《"后理论时代"西方理论思潮的走向》(《外国文学》2005 年第 3 期)中提到的这篇文章的名字是《"后理论时代"的文化理论之功能》,疑为发表时期刊修改了文章名,但是很多人没有查找发表时的原文,只是根据王宁的说法而延续使用了王宁所说的那个题目名。

走向微观化，比如更多地去关注一些像性这样的吸引人的主题，甚至是像吸血鬼、挖眼睛、肚脐眼的挂饰等这些耸人听闻、滑稽可笑的主题，从而抛弃了以前的宏大主题或宏大叙事。二是与日常生活靠得太近，对大众文化毕恭毕敬，导致了批判现实的能力丧失。三是历史感的消失，对于曾经抵抗资本主义的民族主义运动、第三世界民族革命的历史，出现了集体性的记忆丧失。① 伊格尔顿指出，所有这些带来的最大的后果，就是文化理论把一切都文化化了，遮蔽了这个世界依然存在的阶级的、种族的、性别的、国家间的种种不平等。伊格尔顿在2000年出版的《文化的观念》一书的最后部分对文化理论提出的批判：

> 我们在新千年面临的首要问题——战争、饥饿、贫穷、疾病、债务、吸毒、环境污染、人的易位——根本就不是特别"文化的"问题。它们首先不是价值、象征、语言、传统、归属或同一性的问题，而最不可能是艺术的问题。作为具体文化理论家的一般文化理论家，不能为这些问题的解决做出多少可贵的贡献。②

伊格尔顿《理论之后》的根本任务，就是批判这种把一切都文化化的文化理论，而后现代主义文化理论正是在这种对现实的文化化中背离了现实。与此相关，伊格尔顿批判了后现代主义文化理论的其他相关特征，比如，过度强调差异、反对权威、反对规范、反本质主义等，这些导致了后现代主义对规范、整体、共识或永恒的规避，而这在伊格尔顿看来是"一场政治大灾难"③，因为现实并不总是那么易变，有些东西，像父权制、种族歧视等并不就消失得那么快。抛弃了规范、共识或永恒，也就抛弃了对全世界仍然处在底层的民众，如工人阶级、穷人的关心，也就无法真正团结起来，建立一个真正公平正义的世界。由此，伊格尔顿批判文化理论，目前是要重新关注这个严峻的现实，关注现实中的各种不平等，以及不平等背后深刻的政治、经济原因，而不是用"文化"一词概而论，似乎这样世界就平等了。

那么如何关注现实、理解现实，甚至改变现实呢？伊格尔顿并没有提

---

① 〔英〕特里·伊格尔顿：《理论之后》，商正译，商务印书馆，2009，第3~7页。
② 〔英〕特瑞·伊格尔顿：《文化的观念》，方杰译，南京大学出版社，2003，第151页。
③ 〔英〕特里·伊格尔顿：《理论之后》，商正译，第16页。

出一个如文化理论这般宏大的体系,而是通过考察一些我们常见的概念,如"客观性""道德""真理""德性""邪恶""宗教"等,来补救文化理论阐释现实能力的不足和缺陷,力求通过这些概念重新阐释世界,进而去改变现实。比如,他通过对"真理"的考察,强调真理虽然具有相对性,但依然存在绝对真理或绝对真实;比如"种族歧视",就不存在相对性问题,它就是一个绝对错误的行为。正是真理的绝对性才能使我们理解世界的真相,而"了解真相是组成我们尊严的一部分"[1]。通过"客观性"这个概念,伊格尔顿批评那种过分注重主观而放弃客观事实的观念。通过"德性"和"道德"的概念,伊格尔顿强调德性就是促进相互的自我实现,或如马克思所说的,每个人的自由发展是所有人自由发展的条件,而积极地参与政治生活本身就是善行。对于"宗教",伊格尔顿强调救赎是政治事务,而不是宗教事务,即真正的救赎是实现人与人之间的平等。针对自杀性爆炸这样的邪恶事件,伊格尔顿指出,这是那些受苦受难、一无所有者的绝望体现,而他们的武器就是绝望本身。总之,伊格尔顿通过这些概念,对社会现实进行了深入的分析,批判了这个世界存在着的严峻的不平等,呼吁每个人要有直面现实的勇气,都要参与政治生活,团结一致,进而形成如他在《文化观念》中所重点论述的"共同文化"。唯有如此,这个世界才会进步,才会有更光明的未来。

由此我们可以看出,伊格尔顿写作《理论之后》的宗旨:一是清算后现代主义文化理论的弊端和局限性,因为这些理论脱离了现实,失去了其阐释现实的能力,甚至遮蔽了现实,让人们看不清社会真相,进而也就不可能真正行动起来去改善现实;二是批判社会现实,因为社会现实存在着诸多的不平等;三是探索重新看清社会的路径,即透过一些习以为常的概念,深入理解世界不平等的政治经济根源;四是在前面分析的基础上,呼求人们共同参与政治生活,团结一致,努力去改变现实,因为世界的进步与美好,不是通过文化和通过主观意志就能解决的。总之,《理论之后》的核心是关注现实,并试图去改变不平等的现实。

之所以较为详细地概括伊格尔顿此书的内容和写作宗旨,是因为由此书所引发的中国学者关于"理论之后"的讨论,几乎与此书所涉及的内容或主题不搭界,很多的讨论甚至根本就不提此书的内容,仅仅就"理论之

---

[1] 〔英〕特里·伊格尔顿:《理论之后》,商正译,第105页。

后"或"后理论"这个词语去谈什么西方理论终结了,中国学者有机会赶超了,等等。这等于是自说自话,后理论只是一顶讨论问题的帽子而已。

二 国内关于"理论之后"的讨论

国内关于"理论之后"的讨论,基本上集中在两个问题上:一是关于"理论之后"或"后理论"时代的基本特征;二是关于"理论之后"对于中国文艺学学科建构的启示。

(一)"后理论"时代的特征

早在伊格尔顿2003年出版《理论之后》之前,1995年,王宁就发表了《"非边缘化"和"重建中心"——后现代主义之后的西方理论与思潮》(《国外文学》1995年第3期)一文。此文对后现代主义之后西方理论的探讨与其后来关于"后理论"的探讨是相通的,或者说此文开启了王宁对"后理论"的研究。在此文中,王宁认为,后现代主义之后,西方文论界"进入了一个真正的多元共生的时代",这个时代的基本特征是:没有主流,多种话语相互竞争、"杂糅共生"又彼此沟通、对话。"多元"、"杂糅"、"共生"和"对话",几乎成为此后中国学者概括"后理论"时代特征的基本词语。

2005年,王宁发表《后理论时代的文化理论》,这应该是国内第一次出现"后理论"这一词语(中文版的《理论之后》2009年才翻译出版)。在此文中,王宁指出,"后理论"时代是一个群芳争艳但没有主潮的时代,各种话语力量和批评流派都试图同时从马克思主义和解构主义的思想库里攫取自己需要的资源,原先被压抑在边缘地带的话语力量不断尝试从边缘到中心进而消解中心,而全球化对文化的影响更是进一步消解了"欧洲中心主义"的思维模式。这样的观点与上文是相通的,与其后来发表的关于"后理论"的重要文章,如《"后理论时代"西方理论思潮的走向》(《外国文学》2005年第3期)、《再论"后理论时代"的西方文论态势及走向》(《学术月刊》2013年第5期)等,观点也基本相同,只是论述的详略和侧重点不同,比如,在后文中,王宁强调在"后理论"时代,理论并没有死亡,只不过不再具有以往的那种所向披靡和无所不能的效应,但是依然还能够有效地解释当代文学和文化现象。同时,他强调了西方理论在阐释非西方文化和文学现象时应该"语境化"。可以说，王宁谨慎地面对"后理论"时代所谓"理论之死"的观点，不是一味否定后现代主义文化理论的有效性，这是比较清醒的认识。

除了王宁之外，很多学者①也指出或强调了"后理论"时代的这一特征，还有学者强调"后理论"时代的对话性。比如王岳川就指出，当代西方文论是与整个世界前沿话语相关联的，其重要语境是全球化和多元化构成的特殊张力场，"多元文论对话"既不是抹杀各民族自身的特性，也不走向所谓的"本土化"和"冲突论"，而是坚持通过对话求同存异，从而在"本土化"和"全球化"之间达到协调，在"冲突论"与"融合论"之间获得良性互动。②

除了强调"后理论"时代的多元性或对话性之外，周宪等人则强调"后理论"时代理论的具体化和小化的特征。周宪指出，"后理论"的特征之一就是告别"大理论"，它不是要雄心勃勃地创造某种解释一切的大叙事，而是转向了对各种可能的"小理论"的探索。这种"小理论"更多的体现在理论的具体性上，即针对某一具体领域甚至某一具体现象的理论。周宪指出，"大理论"作为一种知识的系统生产，其知识构成具有一种"学科帝国主义"的局限性，这种"学科帝国主义"在其知识系统急剧膨胀中，扩大了某些问题，但同时也遮蔽了另外一些问题。而且，"学科帝国主义"缺乏自身的反思批判性，不能调整知识生产的策略和视域并形成另类视域，而与之相反，"小理论"则在某种程度上提供了这样的可能性。周宪也指出了这种小化所隐含着的一种危险倾向，那就是走向琐碎，使得一些无足轻重的事物进入了理论探究的领域，这是我们所要警惕的。③ 王一川在《"理论之后"的中国文艺理论》（《学术月刊》2011年第11期）中也提出了这一"由大到小"的观点，即"理论之后"的理论从"大理论"转变为"小理论"，从"宏大叙事"转变为"小叙事"。而所谓"小理论"，不是以往的那种恒定不变的，力图容纳万有的、独断自负的宏大理论模型，而是对具体文艺现象的个别性与普遍性相互缠绕方面加以具体分析的理论形态。

---

① 可参阅陆涛、陶水平《理论·反理论·后理论——关于理论的一种批判性考察》，《长江学术》2010年第3期；李小海《后理论时代文艺理论变化的再思考》，《学术交流》2010年第9期；等等。
② 王岳川：《"后理论时代"的西方文论症候》，《文艺研究》2009年第3期。
③ 周宪：《文学理论、理论与后理论》，《文学评论》2008年第5期。

其他学者也基本认同这样的观点。[1]

那么,"后理论"时代理论走向哪些"小理论"呢?这方面的论述相对要少。王宁曾提出"后理论"时代的文化理论的发展方向包括:后殖民理论的新浪潮、"流散"现象的突显及流散写作研究、全球化与文化问题的研究、生态批评和后现代生态环境伦理学建构、文化研究的跨文化新方向、性别研究、女同性恋研究和怪异研究、图像批评与视觉文化建构、走向世界文学阶段的比较文学等。[2] 这些主题几乎可以看作文化研究的主题,由此可以看出王宁对文化研究的重视,或者说,"后理论"时代的理论走向,将还是文化研究,只是这里的文化研究更注重对具体领域、具体现象的研究。[3] 此后,王宁又从更为开阔的视野,把"后理论"的理论渊源回溯到了1999年出版的一本名为《后理论:文化理论的新方向》(*Post-Theory: New Directions in Criticism*)的研究文集,并分析了他认为的当下最有影响的三种形态的"后理论":后人文主义、性别理论,以及生态批评和动物研究。[4] 这样的研究显然扩展和发展了我们对"后理论"的研究,我们肯定这样的理论延展,但与此次由伊格尔顿引发的"理论之后"的讨论关系不大了。

(二)"后理论"对于中国文艺学建构的启示

"后理论"时代促进了文学研究的转向,即文学研究向文学回归。这是诸多学者从"后理论"那里获得的对中国文艺学建构的重要启示。

周宪就指出了"后理论"时代理论的一个特征:"文学回归"。他指出,文学作为一种符号的社会建构,在关注大问题的同时,其审美感性经验的一面在理论的意识形态分析中消失了。但是在文学的理论构建中,感性分析仍然不可或缺,正如桑塔格在《反对阐释》一书中所指出的:"需要更多地关注艺术中的形式。如果对内容的过度强调引起了阐释的自大,那么对形式的更广泛、更彻底的描述将消除这种自大。"而所谓的"形式",实际上指的就是艺术本身。[5] 姚文放也认为,文学研究如果刻意与文学批评和作

---

[1] 如徐亮《后理论的谱系,创新与本色》,《广州大学学报》(社会科学版) 2019 年第 1 期。
[2] 王宁:《"后理论时代"中国文论的国际化走向和理论建构》,《北京大学学报》(哲学社会科学版) 2010 年第 2 期。
[3] 王宁:《"非边缘化"和"重建中心"——后现代主义之后的西方理论与思潮》,《国外文学》1995 年第 3 期。
[4] 王宁:《论"后理论"的三种形态》,《广州大学学报》(社会科学版) 2019 年第 2 期。
[5] 周宪:《文学理论、理论与后理论》,《文学评论》2008 年第 5 期。

品阅读隔绝开来，而偏好那种令人望而生畏、玄虚晦涩的论说文体，那么，最终会导致对于文学研究正业的偏离。[①] 诸多学者都表达了与此相同或相近的观点[②]，认为"后理论"之后的文学理论必须要走向文学，重视文学的阅读经验，要从这些经验、领悟和感受出发，把感性经验和直观表象反复抽象、提炼和概括，以重构文学理论的自觉。但是，至于如何走、怎么重构中国的文学理论则论述得很少，不过也有学者对此进行了具体的探索。

王一川从中国文论的特质出发，结合宗白华的论述，强调文艺理论要加强对艺术境界的发掘，培育人的臻美心灵。艺术境界之美在于人类的臻美心灵与自然景象的"交融互渗"。这样的艺术境界恰是文艺理论企求的。[③] 这基本上是强调理论的美育功能。陈太胜在《新形式主义：后理论时代文学研究的一种可能》（《文艺研究》2013年第5期）一文中，则试图运用伊格尔顿将形式分析和政治批评结合起来的做法，建构新形式主义，并以此重读了食指写于1968年至1970年的几首诗，批判了人们此前对这些诗歌思想内涵的通常认识。这算是对中国文学批评的一次具体的实践。

除了以上学者探讨了"后理论"对文艺学建构的启发之外，王宁也注重"后理论"时代为中国文论及学者走向世界所提供的机遇。王宁在不同的文章中一再强调这一点，认为我们应当抓住这一机遇，尽力提升我们自身的理论水平，以便可以达到与国际前沿理论直接对话的水平，这样也许能最终影响世界文学和文化理论发展的方向。[④] 王宁还以《诺顿理论批评文选》（第2版）于2010年首次收入李泽厚的论文《美学四讲》为例指出，这一事件实现了英语文学理论界对中国当代文学理论的认可和接纳。[⑤]

[①] 姚文放：《从理论回归文学理论——以乔纳森·卡勒的"后理论"转向为例》，《文学评论》2013年第4期。
[②] 如刘阳《"后理论"的文学走向及其新型写作可能》，《华东师范大学学报》（哲学社会科学版）2018年第4期；王冠雷《"后理论"的三种文学转向》，《福建师范大学学报》（哲学社会科学版）2018年第4期；郜智毅《"后理论"时代文学理论建构方式的思考》，《求索》2017年第12期；张玉勤《走向"后理论"时代的文学理论》，《广西社会科学》2010年第1期；张伟《"理论之后"的理论建构》，《文艺评论》2011年第1期；宋一苇《"后"时代的文学理论何以可能》，《解放军艺术学院学报》2004年第3期；赖大仁《"后理论"转向与当代文学理论研究》，《学术月刊》2015年第2期；等等。
[③] 王一川：《"理论之后"的中国文艺理论》，《学术月刊》2011年第11期。
[④] 王宁：《再论"后理论时代"的西方文论态势及走向》，《学术月刊》2013年第5期。
[⑤] 王宁：《"后理论时代"中国文论的国际化走向和理论建构》，《北京大学学报》（哲学社会科学版）2010年第2期。

三 对此次讨论的分析与批判

我们必须承认，诸多学者对"理论之后"的讨论有一定的价值，对我们理解理论的发展具有重要意义，但是我们也应当看到，这次讨论存在诸多问题，与伊格尔顿所关注和讨论的问题，甚至与其思想主旨存在很大的偏差，给人一种自说自话的感觉，并没有真正把握住"理论之后"的根本问题。

我们看到，我们的讨论基本上是跟在伊格尔顿之后，承认、肯定甚至欢呼西方的后现代主义文化理论已经走向了"后理论"时代，或者走向了终结，并没有由伊格尔顿而反观自身，去反思和分析西方的后现代主义文化理论在中国是否也失去了其对中国现实的阐释力，或走向了终结；或者进一步说，我们并没有去反思，目前我们正在教授或传播的诸多理论（或仅限于文学理论）是否也失去了其阐释中国现实的能力。理论的效用或阐释力问题是伊格尔顿《理论之后》所关注的一个根本性的问题，但是我们并没有由此观念出发去反思我们的理论现状。当然，也有人肯定会说，我们也有对自己理论的反思性批判，比如，关于中国文论失语症的讨论。但是，这个命题的提出基本上是基于国际对话中的话语权问题而不是基于理论的效用性问题提出来的。实际上，话语权应建立在效用基础之上，如果一个理论连基本的阐释力都存在问题，又如何与其他理论进行对话，甚至赢得所谓的话语权？至于进行所谓的古代文论的现代转换，似乎更多的是一种民族自信的张扬，到底有多少真正的学理存在，还是值得怀疑的。毕竟，我们似乎还没有看到多少真正不让我们"失语"的成果出现，如果我们承认我们的文论"失语"的话。

因此，如果我们真正由《理论之后》展开讨论，就应当首先反思我们的理论效用，这才是讨论的重点。有学者在此方面做出了一定的努力。段吉方就指出，"理论之后"这样的问题是一种"西学话语"。而这种"西学话语"由来很久，声音、面目、立场也不一样，涉及面很广，并具有深刻的哲学背景，这就更需要我们做出审慎的理论把握。而就中国文论界来说，"理论之后"这样的观念的出场与形成的热议，并不是理论本身的问题，而是当代西方在学科互涉中所展现出的理论融通困难与阐释裂隙问题，也就是理论的限度问题，即理论的发展在某种程度上已经接近它的极限，所以才会在理论知识的生产与接受中出现问题。但在中国，仍然是一个西方理论的本土接受与本土应用问题。段吉方由此指出，在中国不会出现"理论之后"，这在过去没有，现在没有，未来也很难有，原因就是，我们其实还一直处在理论的缺失状态中，也就是缺失那种因真正具有原创性而拥有思想启迪与穿透力的理论。因此，我们根本没处在"理论之后"，而是处在"理论之中"。[①] 段吉方清楚地指出了中国有的学者热捧所谓"理论之后"的症结所在。

可惜，这样的讨论还是太少了。我们看到更多的是，很多人似乎在为西方理论的所谓终结而沾沾自喜，甚至自认为我们终于有机会可以赶上西方理论了。可是，伊格尔顿所言的"理论之后"，指的就是西方理论停滞发展或终结了吗？这显然是一种自我臆想。在伊格尔顿那里，所谓"理论之后"，只是对西方理论的一种性质上的判断，而不是一个时间上的判定，好像西方理论在大约21世纪初就终结停滞了。徐亮指出"后"有两个维度：反对、否定以及超越、改进。与此相对应，"后理论"就有了两种不同的走向：一种是主张回到理论之前，吐槽和反对理论的一些基本原则和做法；第二种是更新和发展理论，从而使理论有一种新的气象。由此，所谓"后理论"并不就是一种理论，而是一种对理论的期待和敞开，并无所谓终结或停滞之意。实际上，理论的发展不就是一个不断"之后"的过程吗？并不仅仅在后现代主义文化理论上才发生所谓的"理论之后"，在后现代主义文化"理论之后"，西方理论依然在持续地发展着。[②]

正因为"理论之后"的敞开性特性，伊格尔顿并没有去概括"理论之后"时代的什么普遍特征，或者他根本不屑于去总结，因为他所关注的是我们该如何更加有效地去阐释现实。可是我们的很多学者往往热衷于去概括所谓的普遍性特征，这显然并没有真正理解伊格尔顿的含义。可即便如以上我们所引述的诸多学者所概括的"后理论"时代的特征，也未必就是恰当的。所谓杂糅、共生、对话，不是理论发展的一种常态特征吗？任何时候的任何一种理论不都是在这种状态下产生的吗？至于说"后理论"时代是从宏大理论走向小理论，也误解了伊格尔顿对宏大理论的理解。在伊格尔顿那里，宏大理论之大，是大而不切实际，大而空，由此而不能阐释

[①] 段吉方：《文学研究走向"后理论时代"了吗——"理论之后"问题的反思与批判》，《社会科学家》2011年第9期。

[②] 徐亮：《后理论的谱系，创新与本色》，《广州大学学报》（社会科学版）2019年第1期。

现实，与其对应的应当是真正阐释现实的"实理论"，而不就是所谓的"小理论"。在《理论之后》的后几章中，伊格尔顿所使用的几个概念，如"客观性""道德""真理""德性""邪恶""宗教"等，不就是宏大概念吗？但是依然可以由此去阐释现实，看清现实之真相。因此，理论无大小之分，只有能否阐释现实之别。

关于"理论之后"带给中国文艺学的启示，即向文学的回归，怎么看都有世纪之交关于文化研究讨论的影子。① 或者说，这样的讨论更多是借用了"理论之后"的帽子，却多少在重弹以前对文化研究批判的老调。实际上很明显，回归文学并不就是"理论之后"讨论的应有之义，或者说，"后理论"并不必然带来向文学的回归。伊格尔顿在书中并未涉及这一点。当然，这样的讨论也不是没有任何意义。

四　情势主义下的反思

我们前面所分析的伊格尔顿对具体社会现实的关注与批判，中国学者也基本没有涉及。当然我们可以说，我们是文艺理论研究者，不是政治家、社会学家，应当以文艺为核心，而在中国语境中如何去关注现实，是一个比较复杂的问题。但是，如果我们联系一下前一段时间关于"没有文学的文学理论"的讨论，我们就会发现，问题并不就那么简单。提出并批评"没有文学的文学理论"的观点，其实质是要固守所谓的纯文学的观念，强调文学的审美性。但是，我们不是早就确定了"文学是人学"的观念了吗？既然如此，所有关于人的理论都可以运用到文学研究中，那还有什么"没有文学的文学理论"与"有文学的文学理论"之分吗？在笔者看来，这样的论调同样是前几年对文化研究批判的一种遗留。非审美地研究文学也是研究文学的一条路径，如文化研究，而这种研究并不是要否定审美研究，两种研究并行不悖。那种固守所谓"一定要有文学的文学理论"的论调，实际上是一种画地为牢的做法，只能导致故步自封，甚至为自己不关注现实、不批评现实寻找借口。非常清楚的一个事实是，当下我们所教授和传播的文学理论，除了俄国形式主义、英美新批评外，还有几个是所谓纯正

---

① 参阅陶东风、和磊《当代中国文艺学研究（1949—2009）》下卷，第二十四章，中国社会科学出版社，2019。

的"文学的"理论？在文学理论已经进入更为广阔的社会现实、介入当下、反思批判社会现实之时，我们如果还在谈论什么有没有文学的文学理论，实在是没有多大的意义和价值的。文学理论如果远离了现实，不管拥抱文学有多么得紧，在笔者看来其意义和价值都要大打折扣。理论的现实效用依然是衡量和判断理论生命力的唯一标准。如此一来，我们在这次讨论中根本就没有涉及伊格尔顿所强调、呼吁的共同参与政治，或建构共同文化，也就不足为奇了。在"强制阐释"①的讨论中，张江教授最终落脚到"公共阐释"②，是一次重要的认识，可是并没有再进一步深入下去。③因此，以文学研究者的职业为名，规避介入现实的责任与义务，不是一名知识分子应有的。

在这里，我们可以通过美国文化研究代表性学者格罗斯伯格（Lawrence Grossberg）的"情势主义"（conjuncturalism）理论，对此做进一步的分析。格罗斯伯格一直强调文化研究必须关注语境和情势，并由此提出"激进语境主义"（radical contextualism）和"情势主义"两个概念。所谓"激进语境主义"，简言之，就是要关注事件发生的语境，并由此去分析此语境所反映出的更为深广的社会的、政治的或文化的意义，而不是就事论事。格罗斯伯格对美国摇滚乐的研究正体现了这一点。④所谓"情势"（conjucture，又可译为"关键时刻"），简单地说，就是力量获得一种暂时平衡或稳定的状态。情势与语境密切相关，任何语境都包含着不止一种情势，情势可以看作对语境的具体分析，包括对语境中各种矛盾的接合、聚集、凝缩的分析。构成情势总体的是其"问题性"（problematic），它通常以一种社会危机的形式存在。根据葛兰西的论述，危机有有机的、影响深远的危机，也有小规模的危机，或一时的危机。此外，情势分析必须考察情势的社会－物质的、现存经验的以及本体论的现实的非必然的接合。⑤在一次与刘康的对话中，格罗斯伯格更为清晰地对情势作了概括，他指出，关键时刻（即情

---

① 张江：《强制阐释论》，《文学评论》2014年第6期。
② 张江：《公共阐释论纲》，《学术研究》2017年第6期。
③ 也有学者对此进行了探讨，如卓今《公共阐释对文学精神的推动和塑造》，《山东师范大学学报》（人文社会科学版）2019年第5期。
④ Lawrence Grossberg, *We Gotta Get Out of This Place: Popular Conservatism and Postmodern Culture*, New York: Routledge, 1992.
⑤ Lawrence Grossberg, *Cultural Studies in the Future Tense*, Durham and London: Duke University Press, 2010, pp. 40 – 43.

势）和语境是文化研究的两大基本问题。"情势"应当成为文化研究的核心概念，这一点在我们的学术研究实践中必须坚持。所谓"情势"是对社会构成的一种描述，是社会矛盾激化、集结、凝缩的时刻，是各种社会力量通过不同的实践（包括斗争、谈判和妥协）来谋求暂时的力量均衡的时刻。①

不管是对语境的关注还是对情势的强调，在格罗斯伯格那里，文化研究的核心都是要关注现实，深入分析当下语境的复杂性。这是文化研究的使命，也应当是人文学科研究的目的。为此，格罗斯伯格批判那种理论先行、政治先行的做法，认为这两种做法都是让现实服从和符合先在的理论或政治观念，而这种做法最终会断送文化研究发现真正问题的宗旨，导致一种糟糕的故事，进而导致糟糕的政治。② 如要避免讲述糟糕的故事，格罗斯伯格一再强调，就要明确我们所在的位置，认为这是我们进行斗争的开始，只有知道开始，才能确定我们的走向和目的地。"政治的问题不是我们想去哪儿，而是我们怎样从现在我们的位置到达我们想要的位置"③。

由格罗斯伯格的情势主义反观此次讨论可以看出，此次讨论并没有真正把握住问题之所在，没有把握住伊格尔顿提出"理论之后"这一命题的语境，由此也就没有深入分析这一命题在中国的情势，对于中国社会现实及对于文学（文化）理论现状都几乎没有涉及，更多的只是跟在伊格尔顿的后面，做了几个注脚而已。如此我们如何知道我们当下所处的位置，又怎么知道走向哪里呢？其实，这种情况并不单出现在这次讨论中，在稍早关于文学阐释学的讨论中同样存在这样的问题。在这次讨论中，许多学者力图证明我们自己也有像西方一样的文学阐释学，并试图建构我们自己的文学阐释学理论体系，但是这种所谓的建构并没有真正把握住我们的问题之所在，甚至带有很强的政治先行的倾向。正如有学者所批评的，中国的阐释学研究与西方阐释学研究并不相同乃至相通，西方阐释学研究的发展一直有其自身内在的学理根据与问题意识，但是中国的阐释学研究似乎不是这样。中国阐释学研究不是要解决当代中国社会与学术的什么问题。对于大部分中国学者来说，应当是既无此心亦无此力的。如果说是为了引进

---

① 〔美〕劳伦斯·格罗斯伯格，刘康：《对话：关键时刻的语境大串联》，《中国图书评论》2007年第4期。
② Lawrence Grossberg, *Cultural Studies in the Future Tense*, p. 54.
③ Lawrence Grossberg, *Cultural Studies in the Future Tense*, p. 94.

西方理论以扩大我们的眼界，虽不是没有意义，但大可不必如此兴师动众。如果说是为了更好地反思与总结我们自己的阐释传统，这也并不是当下中国的当务之急。如果说是为了总结出一套"具有中国特色的"阐释学理论，以与西方争短长高低，进而证明中国学术其实并不比西方差，我们也有自己的独特理论，这其实是一种自卑又自大的封闭心态，而非自尊、自主的理性追求。作者甚至"斗胆地说"，中国的阐释学研究至今都还没有明确我们应该面对的真正的中国问题，没有自己的问题意识与学理依据，因此，中国目前的阐释学研究并不具有充分的合法性。[①] 中国阐述学讨论中所体现出的这种问题意识的缺乏与政治先行倾向，在此前中国学界关于中国文论失语症以及古代文论的现代转换的讨论中同样存在。

总之，这次中国语境中关于"理论之后"的讨论，并没有讲好故事，而在当代中国文论兴起的一波又一波看似热火朝天的讨论中，好故事同样也不多，中国文论现实阐释力的孱弱也正源于此。当然我们可以说，在中国关于"理论之后"的讨论中，伊格尔顿的《理论之后》只是个由头或引子，我们不能批评或苛责此次讨论偏离了伊格尔顿《理论之后》的思想主旨，而且这些讨论的确获得了很大的延展，取得了一定的成就。但是，本文要指出的是，尽管如此，单就中国语境中的讨论来看，关注中国现实，反思我们自己的文学（文化）理论，把握住我们自己的问题，也应当是讨论或理论建构的应有之义。任何没有阐释力、远离现实的理论，即便再深刻、再富有理论性或哲理性，在笔者看来也没有多大的意义和价值。要真正在国际理论对话中有我们自己的声音，不是跟在西方理论后面跑，而是跟着中国现实跑，否则失语症还会继续下去。

[①] 李清良：《中国阐释学研究的合法性何在？》，《河北学刊》2004年第5期。

中国科幻新名片与后人类时代的中国故事
——以《流浪地球》的电影改编为中心

刘昕亭[*]

摘　要　刘慈欣等中国科幻作家群体取代"第五代"和"第六代"导演，成为近来国际舞台上备受瞩目的中国文化新名片，而以吴京为代表的中国男性的拯救故事，正在置换90年代以来银幕上的中国女性故事，成为西方客体化的凝视对象。电影《流浪地球》对刘慈欣原著小说的改编，显示为从人文主义崩溃的多重真相的后人类文本，到父子相继、家国同构的民族主义叙事的变化。这种变化生发了电影的相较于小说的三个新维度，即从地球的末日危机到中国拯救世界的大国叙事，从科幻电影的冷战阴影到中国崛起故事，从"谋女郎"的欲望面孔到吴京的硬汉动作。电影《流浪地球》书写的新自我认同，正是"逆全球化"时代里中国的困境与新契机。西方世界对这一新文化名片的接纳和认可，显影后金融危机时代调整乃至重构他者的进程。

关键词：《流浪地球》　刘慈欣　后人类　幻灯片事件

Abstract　Chinese science fiction writers such as Liu Cixin have replaced the "Fifth Generation" and "Sixth Generation" directors to become the new name card of Chinese culture on the international stage, while the salvation story of Chinese men represented by Wu Jing is replacing the objec-

---

[*] 刘昕亭，中山大学中文系副教授。本文为中央高校基本科研业务费专项资金项目"当代西方文论中意识形态问题研究"（项目编号：11100-31610522）的阶段性成果。

tified western gaze on Chinese women stories on the screen since the 1990s. The adaptation of Liu Cixin's original novel in the film *Wandering Earth* shows the changes from the post-human text with multiple truths and the collapse of humanism to the nationalist narration with father and son in succession and the isomorphism of family and country. These variations give rise to three new dimensions of the film compared with the novel, that is, the narrative of China saving the world as a great power, the rise of China in the post-financial crisis era, and the Wu Jing's tough actions. The new self-identity written in the film *Wandering Earth* is exactly the dilemma and new opportunity of China in the era of "anti-globalization". The acceptance and recognition of this new cultural name card in the Western world also reveals the process of adjustment and even reconstruction of others in the post-financial crisis era.

Key Words　*Wandering Earth*；Liu Cixin；post-human；slide events

2015年刘慈欣摘得世界科幻文学雨果奖，令这位之前只是在科幻文学圈享有盛名的"大刘"倏忽间吸引了主流媒体的聚光灯。2017年西方著名哲学家和文化理论家斯拉沃热·齐泽克（Slavoj Žižek）在接受媒体访问时谈道：极为赞赏中国作家刘慈欣的《三体》，其新书甚至会以小说《三体》作为开篇，但是不喜欢同期在西方上映的张艺谋新片《长城》。因扎克伯格的点赞、美国前总统奥巴马的催更，[①]在西方人的视野中，作家刘慈欣置换了导演张艺谋，这似乎显示着西方文化的一点变调，"谋女郎"被囚于铁屋子的东方面孔，以及贾樟柯描绘的急遽现代进程中的小镇青年，现在在西方人的眼中都让位给了风头正劲的"中国科幻新浪潮"。

本文以刘慈欣小说《流浪地球》及其电影改编为中心，分析从小说到电影的三重置换，即：刘慈欣的"后人类"（post-human）写作对传统人文主义价值的置换，电影改编的中国男性的拯救故事对"第五代导演"的民

[①] 齐泽克的观点可参见腾讯视频"世界说"栏目对齐泽克的现场采访，https://v.qq.com/x/page/l0375hewwlk.html。2015年扎克伯格在其个人Facebook账户上推荐刘慈欣《三体》，并与《三体》英译者刘宇昆留言互动。奥巴马曾在多个场合表达对《三体》的喜爱，刘慈欣在接受国内媒体访问时也确认奥巴马读过《三体》。国内相关报到可参见澎湃新闻，https://www.thepaper.cn/newsDetail_forward_1388027，南方周末，http://www.infzm.com/wap/#/content/121611。

族寓言的置换，以及西方新近出现的新的中国故事对冷战文化的置换。尽管这些置换是混杂和多重的，但对中国来说，一种新的民族想象与自我认同正在浮现，一种新的中国故事和视觉经验正在生成。对于2008年后一直陷入金融危机泥淖的西方世界而言，刘慈欣引发的掌声显示着自我－他者的坐标正在重新得以校正，有关中国的故事正在被改写为一个逆势而上的男性英雄故事，而刘慈欣本人，也是这个西方世界所接纳的新的中国故事的一部分。

一 刘慈欣的后人类写作与当前西方人文主义的困境

刘慈欣获得的世界关注不是偶然的，这与越来越多的中国科幻作家亮相国际舞台有密切关系。与此同时的是西方理论界后人类思潮的崛起，这一后人类思潮不仅是对眼下大热的赛博写作的理论回应，同时也是对传统人文主义一系列二元对立的彻底解构，还是对当下人工智能、生物基因工程等引发的新社会伦理问题的直接回应。这股后人思潮既包括了以唐娜·哈拉维为代表的文化左翼的赛博宣言，也吸纳了曾经在冷战终结时段就迫不及待终结历史的弗朗西斯·福山对人类终结的最新布道。此间，刘慈欣通过设定一个末日情境所开启的后人类叙事，激进地剖裂了人文主义的价值内核。今天，他的小说和人类一起抵达了石油文明的末日，取得了后人类写作的中国高度。

齐泽克曾经批判当下西方伦理学、政治学正困厄于一种"苏菲的选择"[①]的伦理困境中，《苏菲的选择》小说所描述的两难情境为：在集中营里，纳粹医生强迫母亲苏菲在两个孩子中选择一个，另一个则被送进焚尸炉。这一"苏菲的选择"构成了所谓"伦理学复兴"的母题，一个被迫选择的两难情境及其牺牲与拯救意涵，成为后奥斯维辛时代最好的催泪叙事；中国电影《唐山大地震》等影视作品也将"苏菲的选择"进行了本土化。然而在小说《流浪地球》中，刘慈欣这样写道：

---

① 《苏菲的选择》(1979)是美国作家威廉·斯泰伦创作的一部长篇小说，它以奥斯维辛集中营幸存者苏菲在第二次世界大战前后的悲惨经历为中心。苏菲面临的几次选择，构成了20世纪80年代以来西方伦理学讨论"苏菲选择"的原初情境。中译本小说为《苏菲的选择》(上海文艺出版社，谢瑶玲译，2014)，改编的电影为《苏菲的抉择》(1982)等。

古代曾有过一个伦理学问题：当洪水到来时，如果一次只能救走一个人，是去救父亲呢，还是去救儿子？在这个时代的看来，这个问题很不可理解。①

刘慈欣采取的这一激进伦理态度，正像齐泽克这样的西方哲学家所热切渴望的那样，是真正的伦理行动——拒绝选择本身。只要在人文主义的框架中，上述选择无论先救哪一个，都是错误的，伦理行动恰是拒绝二选一这个选择本身，不管付出何种代价。齐泽克就此高度肯定了从安提戈涅、美狄亚到托尼·莫里森《至爱》的文学文本序列，同时在中国作家刘慈欣那里找到了共鸣。刘慈欣在文学创作中做出的选择，跟齐泽克在理论生产中做出的选择是一致的，那就是将这个选择本身跟"前太阳文明"一起埋葬。在这个意义上，无论电影改编将母亲作为弃子，从而造成了父子罅隙（17年前父亲刘培强放弃了对重病在床的妻子韩朵朵的治疗，将进入地球地下城的资格留给了岳父韩子昂和儿子刘启），还是怀抱人文主义理想的电影观众担心35亿人不能进入地下城，都是把刘慈欣遥遥领先的思想，再度拉回到传统人文主义的框架中。

刘慈欣的《流浪地球》小说的主要情节是，以第一人称"我"作为叙事者所经历的流浪地球计划从开始实施到被叛军粉碎，再到太阳确实氦闪的全过程。当组成了联合政府和星际移民委员会的5000多名"地球派"人被处决后，太阳果真由于氦闪爆发而毁灭。在刘慈欣的小说中，"流浪地球"自身就是一个滑动的能指，是在真相与骗局、科学家与乌合之众、精密演算与眼见为实之间不断摆荡的能指；小说文本始终模糊了流浪地球计划的真正所指，即它究竟是一个少数科学精英们编造的谎言，还是真实存在的地球危机？

这一自身就充满悖论的危机叙事，真正开启了一个后人类想象。处于末日的人类早已经放弃了"前太阳时代"的传统人文主义信念和以家庭为核心的观念，现在"学校教育都集中在理工科，艺术和哲学之类的教育被压缩到最少——人类没有这份闲心了"②。上中学时期的主人公完全接受这样一个现实，即父亲另有所爱，搬去跟小学老师共同生活一段时间后再回

---

① 刘慈欣：《流浪地球：刘慈欣短篇小说精选》，四川科学技术出版社，2019，第93页。
② 刘慈欣：《流浪地球：刘慈欣短篇小说精选》，第87页。

来找"我"和母亲；而母亲则在地壳岩浆突然渗入的紧急情况下，按照婴幼儿优先的撤离原则被永远遗弃在了地下城里；环境的严酷导致法律规定，每三对新婚夫妇中只有一对有生育权利，全球都是如此，且由抽签来决定；新生儿被送进联合政府管辖的育儿所，由机器人保育员照料……原著小说中最惊心动魄的描述，除了地球在近日点和远日点之间摆动的气象奇观外，还有对人类社会自身的解构。在地球发生急剧灾变、资源极度匮乏的情境下，人已经不能作为传统的人继续生存下去了，四季更迭、生老病死和人之为人的价值观念，都不复存在。小说开始于"我"的独白："我没见过黑夜，我没见过星星，我没见过春天、秋天和冬天。我出生在刹车时代结束的时候，那时候地球刚刚停止转动。"在这个"没有天也没有夜"的新生存情境下：

> 人们在看四个世纪以前的电影和小说时都莫名其妙，他们不明白，前太阳时代的人怎么会在不关生死的事情上倾注那么多的感情。当看到男女主人公为爱情而痛苦或哭泣时，他们的惊奇是难以言表的。在这个时代，死亡的威胁和逃生的欲望压倒了一切，除了当前太阳的状态和地球的位置，没有什么能真正引起他们的注意并打动他们了。这种注意力高度集中的关注，渐渐从本质上改变了人类的心理状态和精神生活，对于爱情这类东西，他们只是用余光瞥一下而已，就像赌徒在盯着轮盘的间隙抓住几秒钟喝口水一样。[①]

小说《流浪地球》凸显的是刘慈欣一直以来的后人类追问，那就是在人类被抛入一个极端的灾变情境时，人类将如何继续作为人而存在，就此闪耀了几个世纪的人文主义光辉、文明的核心价值现在都作为重重疑点，推动情节铺陈。这一"去道德"的末日叙事，正好切合了后金融危机时代西方世界正在进行的伦理和政治转向，呼应了人工智能、生物基因工程推进过程中的人文主义危机。于是，20年前山西娘子关电厂的一位中国工程师的科幻脑洞，对于正陷入泥淖中的西方世界来说，显示了来自他者（东方）的救赎力量。

解释刘慈欣何以会受到西方世界的由衷喜爱乃至追捧，并不困难。对

[①] 刘慈欣：《流浪地球：刘慈欣短篇小说精选》，第89页。

于西方文化来说,这不是第一次也不是最后一次,中国作为一个异质性的他者,为西方文明自身的调整点燃了思想火花,从拉康对庄子的偏爱,到被"垮掉一代"视为精神偶像的唐代禅僧寒山,中国不断充当着这样一个想象的他者,反之亦然。但是在全球性的后人类理论热潮中,刘慈欣成为中国文化的一张国际新名片,这一多重置换的故事,以及其思想文化意义,都值得重视。

二 电影改编:中国的位置与难题

就在好莱坞就《三体》的电影改编权,频频向刘慈欣暗送秋波之时,中国年轻导演郭帆改编自刘慈欣小说《流浪地球》的同名电影于2019年春节档上映,在成功取得46亿人民币票房收入的同时,也引发了空前的文化争议。这些争议,早已超出了小说改编为电影成功与否的讨论;在21世纪第二个10年即将结束的时候,《流浪地球》及其引发的话题,正在浮现21世纪中国民族想象与自我认同的新图景。

电影《流浪地球》遭遇"原著党"的讨伐,原因在于改编后的电影至少在情节和思想上与原著相去甚远,很多观众甚至认为电影和小说是两个不同的作品,类似于"同人文"而非经典意义上的电影改编。电影将原著小说这一极具后现代意味的多重真相确认为事实,并增添了一个新的危机情境,即由于木星引力突然增强造成地球上3000多座行星发动机停摆,地球将在30多个小时后撞上木星。于是,原著刻意模糊真相的具有后现代意味的科幻小说,被改编为一个众志成城、灾难无情人有情的自救故事。这是改编后的第一重变奏。改编后的第二重变奏在于,当电影将小说的滑动能指固定的时候,谁来肩负这个拯救地球的重任,就成为影片改编的微言大义,即文化民族主义叙事的凸显。与小说中联合政府主要由科学家组成不同的是,电影中中国人主导了这次拯救地球的重任,尤其是在重启发动机的官方救援失败后,是中国少年刘启即影片的叙事人灵光一闪地提出了点燃木星方案,并说服已经放弃的各国救援队重新加入这一中国方案的执行中。继《战狼Ⅱ》(2017)之后,中国电影观众再一次在好莱坞式的视觉冲击中看到了吴京(刘启)的硬汉面孔,是他率先察觉了空间站的背叛,也是他果断打破了空间站的承载人类文明继续寻找新家园的"火种计划",而选择拯救地球和地球上的孩子们。如果我们将影片放入吴京自导自演的"战狼"序列

(他亦是电影《流浪地球》的出品人）中，那么以《战狼Ⅱ》《流浪地球》的空前票房收入为成功标志，吴京就正在示范一种新的中国男性英雄拯救故事。

电影改编，一方面积极肯定了以家庭为核心的价值观，以父子和解的叙事完成了一个从姥爷到爸爸再到刘启的牺牲的价值认同故事，另一方面在围绕刘家三代人展开的叙事线索中，随着父子冰释前嫌达成和解，家国同构的民族主义感召也抵达叙事高潮，令已经踏上告别之路的各国救援队纷纷调转车头，加入这一中国方案的执行中，认同中国领导和中国人奉献牺牲的"人类救援共同体"。概括起来，从小说到电影的变奏，是从人文主义传统崩溃后的、末日论的多重真相叙事，向父子相继完成使命的家国同构的文化民族主义叙事的转变。电影中的对主流价值观念的坚守、对人类主观能动性的歌颂，与理性主义甚至带有一点精英主义色彩的刘慈欣的价值观相距甚远，这也是广大"原著党"最为诟病的一点。

电影选择了"举球同力"走上流浪道路的方式。于是在迫切需要树立堪比经济实力的所谓文化自信力的时候，吴京式的"中国英雄"只是以好莱坞式的逻辑重复塑造好莱坞式的英雄，实践好莱坞式的普通人拯救地球方式，只不过这一次是由中国人来主导而已。电影《流浪地球》的叙事模式与20世纪90年代以来的好莱坞灾难大片（从《后天》到《2012》）几乎没有差别，都是困顿于家庭危机的普通男人，意外地卷入一场阴谋／横祸／机遇，在拯救了地球的同时与妻儿重归于好，男人在拯救了地球时也拯救了家庭，只不过《流浪地球》选取的是青春期少年的认同和父子和解之路。刘慈欣原著质疑的人类困境，在电影中变成了要捍卫的终极价值；刘慈欣取得国际瞩目的写作突破口，现在却被电影改编重新"缝合"（suture）了。正是由于影片将一个人文主义崩溃后的故事，置换为保卫地球的家国叙事，电影《流浪地球》就更像是电子游戏的打怪升级，千方百计、排除万难完成任务，一旦此路不通便立即启动加时赛（新的点燃木星计划），再造奇迹。虽然电影《流浪地球》遗憾地放弃乃至消解了刘慈欣小说创作的先锋性，但在西方的关注对象上，它成功地实现了对"第五代"和"第六代"导演所塑造的中国形象的另一重置换。

三　后人类时代的中国故事：从张艺谋到刘慈欣

如果在视觉理论和后殖民主义的脉络中观照小说写作与电影制作的这

一错位，那么相较于文字表达，以电影为代表的视觉媒体对于第三世界的民族认同的塑造，则始终是处于他者的苛刻目光之中。

这意味有如下两个方面内容。其一，第三世界国家的现代民族意识（反帝反侵略的独立自主的民族国家意识），是在西方文化的侵略中，凝聚起的共同体社群意识。其二，按照西方文化的标准，像中国这样的后发现代性国家，只有对自身民族文化进行暴力阉割才能委身于西方艺术长廊。根据周蕾等海外中国学者对鲁迅所提的"幻灯片事件"的重访可知，即这一"事件"（event）是重构中国现代文学的起源，学者们试图揭示的是鲁迅在愤而弃医从文背后，真正经历的是现代性的视觉震惊和民族创伤。鲁迅在《〈呐喊〉自序》（和《藤野先生》）中记叙了仙台学医时课间观看日俄战争纪录片的故事，作为满堂学生中的唯一一位中国人："我在这一个讲堂中，却须随喜我那同学们的拍手和喝彩。"①

周蕾指出，"鲁迅的故事不单纯是一个著名作家对自己创作生涯的自述，亦是一个关于在后殖民的'第三世界'中某种新的话语生成的故事，它就是技术化视觉性话语"②。对鲁迅来说，他的愤怒与羞赧不仅来自银幕上中国人被迫害的惨状（第一重观看），也来自影片中围观的中国人目睹同胞被杀时的麻木不仁，即他后来在《藤野先生》中描述的"围着看的也是一群中国人"（第二重观看），还来自放映现场日本同学兴致盎然地观看鲁迅遭受羞辱的反应（第三重观看）。鲁迅用文字表述的这一多重观看，是一种遭遇民族羞辱时的自我震惊感，即透过鲁迅自己的看的行为可知，他所面对的是一种看似无须中介就可以传播的新媒体的透明效应，一种新媒体力量与行刑本身暴力的契合。③ 周蕾就此将视觉楔入第三世界国家的民族文化书写中，这一来自西方的看始终内在于现代中国的民族意识与自我认同中，而这一非西方文化的中国文化，如果想要在当代世界占有一席之地，就必须服从于西方的看。此间备受封建男权摧残的中国女性（以张艺谋为代表的"第五代"电影导演所塑造的中国女性）、急遽的现代化和城市化进程中被牺牲的弱势群体（以贾樟柯为代表的"第六代"影导演所塑造的中国女性），就先后成为世界文化市场上被展示和被接纳

---

① 鲁迅：《〈呐喊〉自序》，《鲁迅全集》第一卷，人民文学出版社，2005，第438页。
② 周蕾：《原初的激情：视觉、性欲、民族志与中国当代电影》，孙绍谊译，台北：远流出版社，1995，第23页。
③ 周蕾：《原初的激情：视觉、性欲、民族志与中国当代电影》，孙绍谊译，第27页。

的中国形象：

> 当代中国电影在这些多重意义上是文化的翻译。有意识地通过对中国的异国情调化和将中国的肮脏秘密暴露给外面的世界，中国导演是暴力的翻译者，而中国文化正是经由这种暴力被最初装配在一起的。在其银幕令人炫目的色彩中，女性的原初者既揭露了腐朽的中国传统，又滑稽模仿了西方的东方主义。她们是天真的符号以及耀眼的连拱廊，通过她们中国得以跨越文化，旅行到不熟悉的观众之中。①

如果说中国现代文学起源于一种技术化视觉性话语，或者更准确地说，是起源于一种在纵横交错的目光中，中国人对在（发达）世界眼中自己意味着什么的震惊性意识，那么电影《流浪地球》的意义恰是在"逆全球化"时代对这一视觉性话语的改写。当刘慈欣的小说为人类文明书写黑暗丛林法则时，电影《流浪地球》则继续谋求抗衡并超越丛林法则支配下的西方中心论。

《流浪地球》显示了对既有视觉性话语的多重改写。首先，银幕上的中国形象正在被置换为逆势而上的改写人类命运的拯救者与自我牺牲者。如果说过去视觉性话语曾经在银幕上将中国人凌迟处死，那么现在视觉性话语正在银幕上为中国胜利者加冕，五星红旗高高飘扬。始自以张艺谋为代表的"第五代"导演所讲述的古老中国卑微与悲惨故事——他们将被压迫的女性作为民族自指以符合西方视觉文化中的中国形象——已经成为过去。现在中国女性不再作为东方情调奇观（张艺谋在《长城》中仍然坚持对景甜的身体进行特写），也不再是被侮辱与被伤害的弱势群体，以吴京为代表的中国男性置换了长期占据西方视觉性话语中的中国女性，一种新的中华民族叙述话语正在悄然兴起，且逐渐充注并刷新西方的视觉世界。

然而，这一有待中国主导的位置是含混而暧昧的。首先，这一置换过程中，暴力仍然主导了民族主义叙事。鲁迅所描述的视觉暴力，是置身于世界目光中所体认到的身为中国人所遭受的暴力；"第五代"和"第六代"中国导演所遭遇的暴力，则是一种后冷战情境的文化挤压，他们不得不暴力地自我阉割民族文化以进入西方电影市场；而在以吴京为代表的中国硬

---

① 周蕾：《原初的激情：视觉、性欲、民族志与中国当代电影》，孙绍谊译，第292页。

汉动作片的崛起中，一种暴力刻画甚至以暴易暴刻画，成为新民族主义感情的巨大召唤力量。《流浪地球》较于吴京之前影片的不同，就在于它正在想象一个含混的、多重借重的主体位置，女性形象再度成为这个父子相继、血脉延续的家庭核心故事之外的异质性力量。

影片的叙事高潮是少年刘启带领中国救援队克服重重险阻，启动点燃木星计划这一中国方案的叙事。恰是在这一场景中，韩朵朵这一刘慈欣原著根本不存在的人物发出了一个柔化的"询唤"（interpellation）认同。在吴京代表的父辈中国撞向木星的自我牺牲、刘启代表的少年中国以智取胜、救援队长王磊矢志不渝的努力三条叙事线索的平行剪辑中，一个脆弱的、哀告的少女正在向全世界广播哭求，一个没有威胁的少女的哭泣，平行剪辑着父亲的牺牲、兄长的努力和同胞们奋不顾身的镜头。她不能提供理性的科学论证，在点燃木星计划被以色列科学团队证明行不通之后，各国救援队员何以要放弃与家人的最后团聚，听从她的劝说加入中国方阵？她也不能为救援提供任何行之有效的行动指南，何以这一没有威胁的、哀告低泣的少女哭求，最终拉回了各国救援队？中国正在想象性地占据少女韩朵朵的文本位置，这一位置既不是"谋女郎"的欲望面孔，亦不是吴京硬汉片的以暴易暴形象，而是一个没有威胁的、少女的"询唤"。

在欧盟四分五裂、美国重修隔离墙的"逆全球化"时代，在这个后冷战、后金融危机时代，电影《流浪地球》的意义就在于：它凸显了时代留给中国的位置，也显示了占据这一位置的难题。

四　后人类时代的他者：新的中国故事

2018 年，在齐泽克提到的以刘慈欣小说《三体》作为开篇的英文著作中，他选择将刘慈欣的末日想象作为参照，提出当前资本主义世界正在陷入一种根本的困境中，他在这本新作中阐述的核心观点是，资本主义正在光天化日之下公开解体，并转变成另一种东西（后人类资本主义），而西方的哲学和马克思主义理论却没有觉察到这种持续的转变。在他看来，刘慈欣的科幻著作敏锐捕捉乃至预言了这一新的正在生成的全新世界。在这本分析当前资本主义危机的著作中，齐泽克阐述了一个正在西方流行起来的新的中国故事，即在电子通信产业的迅速发展中，天眼、声纹识别等监控系统"被指认为另一个关于中国的故事"[①]。在后人类时代,新的中国故事混合中国在电子科技领域的突破性发展,被重新编码成一个新的西方想象中的中国形象。

尽管科幻小说可以被视为玛丽·雪莱《弗兰肯斯坦》所代表的浪漫主义传统的接续,但真正的科幻文化(科幻小说和科幻电影)的黄金时代却始于20世纪40年代。诞生于美苏冷战这个历史语境中的科幻文化,不可避免地、深浅不一地烙印着冷战痕迹。科幻作品中的外敌入侵、灾难暴发的核心设定,都不难在冷战时代的现实政治局势中获得一一解码。大量有关科幻电影和科幻小说的卓越研究亦已经指认了好莱坞电影中的外星人、异形等天外来客的起源,对于外来者他者的影像建构及其变奏,正是冷战语境中对于邪恶敌人及其引发的日常焦虑的想象性解决。在这个意义上,似乎科幻文学/文化先天就是民族国家的,它的诞生、发展始终与20世纪两大阵营、两个对手的争霸故事不可分割。但是当科幻作品将人类目光引向浩渺星河的时候,它再度打开了朝向未来的希望空间,再度开启了乌托邦/异托邦的叙事闸门,这就是詹明信、齐泽克这些文化理论家关注和讨论科幻文化的原因所在。我们固然很容易在作为大众文化的"硬科幻"作品中甄别出冷战的印痕,如对邪恶他者的想象、对灾难/新世界大战一触即发的末日恐惧,但是科幻文化始终以想象一个另类方式预知了未来故事。

如果延续科幻文化与冷战的亲缘关系之思考,将刘慈欣作品的成功放置于后冷战的坐标中,重点观照小说原作与电影改编的差异与错位的话,那么其文化政治含义就早已超越改编是否成功这个简单命题。刘慈欣原著的文本裂隙,标识着后冷战时代对敌人想象的困境,即随着冷战的终结和"大和解"时代的到来,我们想象一个外在的、邪恶入侵者的他者故事,已经困难重重。小说《流浪地球》中对立的两派先是"地球派"和"飞船派",即流浪地球计划的支持者和主张借助飞船逃离地球者,随着情节的展开,两派的对抗逐渐转向联合政府与叛军之间的冲突,但是人民的突然觉醒与叛军如入无人之境地直捣中央控制室,并没有在文中做出任何明确的情节交代,没有阴谋、缺乏对峙。刘慈欣的"三体"序列作品以新的宇宙想象,建构了"三体"这一地球文明的他者,从而突破了后冷战时代的科幻困境;他将原本朝向外来者的利刃调换方向,指向人类文明自身,即摧

[①] Slavoj Žižek, *Like a Thief in Broad Daylight*, UK: Allen Lane, 2018, p.38.

毁地球文明的他者正是人类自己。

正是在西方世界对刘慈欣的掌声中，一个来自西方话语内部的调整正在显影。美国马克思主义文化理论家詹明信，在写于20世纪80年代的著作中认为，第三世界文学与文化仍然是现实主义的、民族寓言式的写作，这一命名与标签深刻影响了现当代中国文学的批评话语。但是眼下这一论述正在发生改变：今天的中国作家跟西方作家一样，正在进行后人类写作与探索。这个重新确立的他者形象，不再是90年代的异域他者的东方故事，一方面他者跟西方越来越相似，另一方面这个曾经的他者似乎正在超越西方。中国作为一个正崛起的电子科技巨人，与刘慈欣科幻写作的关系，都内置于这个调整中的自我 - 他者的框架中。正是在对刘慈欣的接纳中，西方文化开始接受一个新的中国故事。

自2008年美国次贷危机引发全球金融危机以来，以《战狼Ⅱ》（2017）、《红海行动》（2018）和《流浪地球》（2019）为代表影视作品，正在逆势而上讲述新的中国故事，它们以中国为叙事/行动主体勾勒了一个新的全球救赎图景，并在大众文化层面收获了集中好评。《流浪地球》所呈现的危机、灾难已然降临的末日想象，未尝不是对后金融危机时代中美贸易战悬而未决的焦虑性表述。但与20世纪90年代不同的是，这一轮民族主义潮流是与中国综合国力的大幅跃升紧密相关的，它不再是21世纪初加入世界贸易组织后所面临的民族兴亡的紧迫感与挤压感的体现。《流浪地球》作为近年来几部现象级大片中的佼佼者，它（相较于20世纪90年代的民族寓言式写作）已同步于西方世界的后人类写作，中国科幻电影作为一种民族志书写，正在与其他文艺作品一起共同生成一种新的中国表述。

当代中国健身运动的身体经验生成及其潜能

丁文俊[*]

摘 要 健身运动日渐成为当代中国的时尚潮流,舒斯特曼和阿多诺的两种观点可以为理解健身文化提供理论参照。舒氏着重阐述身体经验对于日常生活的积极意义,阿多诺则警惕文化工业对身体外观的控制。当前中国健身文化受到资本的塑造,大众过度关注如何塑造身体外部的健美形态,将卡路里数值作为管理生活的依据。有必要在健身实践中转向关注身体经验的生成,将健身房建构为一个独立于受资本主导和工作规训的场域,激活身体经验的生命政治潜能。由此,身体美学为当代批判理论如何激活身体的积极内涵提供启示,即促成个体属性从"可测量"转向"经验性"。

关键词: 健身文化　身体经验　生命政治　身体美学

Abstract Fitness is becoming the fashion in contemporary China. The views of Richard Shusterman and Theodor Adorno can provide a theoretical reference for understanding the fitness culture. Shusterman focuses on the positive meaning of physical experience for the daily life, while Adorno warns of cultural industry's control over body appearance. At present, China's fitness culture is shaped by the capital, and the mass are overly concerned about how to shape the body's external bodybuilding form, and the calorie value are

---

[*] 丁文俊,中山大学中文系助理研究员、科研博士后。本文系中山大学中央高校科研基本业务费青年教师培育项目"让-吕克·南希的'审美-共同体'理论研究"(项目编号:20wkpy116)的阶段性成果。

used as the basis for managing life. It is necessary to turn to the becoming of the physical experience from the fitness practice, which to construct the gym as a field that is independent to the capital domination and work discipline, and to activate the potential of the biopolitics from the physical experience. Therefore, Somaesthetics provides inspiration for how to activates the positive aspect of the body to the contemporary critical theory, promoting the nature of the individual to be transformed from "measurable" to "experiential".

Key Words fitness culture; physical experience; biopolitics; somaesthetics

中国商业健身产业起始于 2000 年前后，经过国际健身公司和本土企业对市场的开拓，在 2010 年之后开始成为众多中产阶层的运动选择之一，截至 2019 年 8 月，各类健身房或工作室合计达到了 4.605 万家，"光猪圈"、Keep 等新兴多媒体模式为健身运动提供了便利化的指引。[1] 相比于各种球类运动或者跑步，人们将参与健身视为一种兼具运动锻炼和彰显品位的时尚活动，更多的锻炼时间被转移到健身房。

笔者意图研究的健身运动指狭义上的健身房锻炼，涵盖有氧、无氧的个人身体锻炼和杠铃操、普拉提、动感单车等由健身房开设的团操项目，而非涵盖所有运动方式的广义健身概念。健身运动已经成为今天中国大众的一种时尚潮流，有多个年龄段的群体参与其中，有必要从文化研究的角度审视健身文化所包含的各种话语间的张力性互动，以及个体主体性的塑造前景。当前研究集中关注权力、技术的规训功能和消费文化的收编功效等整合性的方面，尽管研究者也注意到健身参与者在运动过程中具有一定程度的主动性，然而这种主动性更多被解读为一种主动的规训，健身文化依然被视为一种由资本主导的亚文化思潮。[2] 中国学界对于健身文化的研究，很大程度上依然局限在福柯的规训理论或者消费文化批判的视域，突出强势话语的主宰作用，而较少关注个体在健身运动过程中被激活的身体经验所具备的潜能。笔者试图结合不同类型的理论对身体的理解，从多重

---

[1] 参见张津京《中国健身产业三十年》，36Kr，2019 年 8 月 9 日，https://36kr.com/p/5233757，最后浏览时间：2020 年 7 月 8 日。

[2] 参见高昕《权力规训视域下的健身实践——以健身房为例》，《中国青年研究》2019 年第 12 期；林琳《读图时代的健身文化》，《中国图书评论》2019 年第 3 期。

角度展现中国当代健身文化内部的张力性结构，进而立足于参与者对健身活动的独特体验，探究身体经验对于资本主导的文化生产所具备的抵抗性和逾越性之可能。

一 身体理论的两种范式：舒斯特曼和阿多诺的分歧

对于消费社会时代管控身体的研究，中国学界普遍援引福柯的理论资源，不仅揭示各类身体指标对于运动训练、饮食习惯、交往方式的规训性功能，而且从自我规训的角度解释个体以聘请私人教练、使用身体检测设备等方式对身体进行训练和管理的现象。例如，高昕指出："外部规训并不等同于机械、压抑的规范，而是与内部规训机制一起转变成一种激励机制，形成积极、主动的规训力量作用于健身者个体。"[1] 这种研究范式的弊端是，仅仅关注健身运动的外部形式，类似的观察可同样适用于球类运动、长跑或者广场舞。从哈特和奈格里对福柯的阐释中可以看到："这里福柯的注意力主要集中在操控生命的权力上——或者说，管理和生产生命的权力（上）——这种权力通过对人口的管治而得以运作，如管理他们的健康、再生产能力等。"[2] 福柯关于身体管控的研究，立足于揭示政治权力在微观层次的运作机制，而中国的健身产业在很大程度上是一种市场行为。国家发布的多个版本的全民健身纲要是为了鼓励民众广泛参与各类体育运动或户外活动，无论在体育或者经济产业配置等领域，商业性健身在国家政策规划中都明显处于边缘的位置。因此，过度强调社会权力对于健身参与者的规训作用，是一种理论的误用。

作为身体训练的倡导者和践行者，舒斯特曼的身体美学理论为理解当代健身文化提供了正面视角。舒斯特曼重构"身体"的内涵："'身体'这个术语所表达的是一种充满生命和情感、感觉灵敏的身体，而不是一个缺乏生命和感觉的、单纯的物质性肉体。"[3] 通过援引苏格拉底、第欧根尼等重视身体练习的传统，以及东方文化接续身心调节和世界的思维方式，舒

---

[1] 高昕：《权力规训视域下的健身实践——以健身房为例》，《中国青年研究》2019年第12期。
[2] 〔美〕迈克尔·哈特、〔意〕安东尼奥·奈格里：《大同世界》，王行坤译，中国人民大学出版社，2015，第45页。
[3] 〔美〕理查德·舒斯特曼：《身体意识与身体美学》，程相占译，商务印书馆，2011，第11页。

斯特曼重新定义身体，肯定身体所包含的情感体验和肌肉感觉的积极性价值，摒弃身体工具论的思维模式，将身体置于和主体性相同一的地位。尽管舒斯特曼肯定福柯将身体引入哲学的思考路径，然而他倾向于将福柯对于极限欲望和性体验的追求视为身体运用的极端状况，而非可以广泛推广的案例。换言之，身体所负载的情感体验和生命感觉，在一般情况下需要和个人的身体健康与社会总体状况相适应，这是一种可以和日常生活普遍结合的实用性身体观念。舒斯特曼使用新的词语 Somaesthetics 来描述身体美学的理论构想："身体美学致力于对一个人的身体——作为感官—审美欣赏和创造性的自我塑造场所——经验和作用进行批判的、改善的研究。因此，它也致力于构成身体关怀或可能改善身体的知识、话语、实践以及身体训练。"① 身体美学理论可以从三个层次予以理解。其一，身体美学侧重于关注身体经验，而非将身体确立为一种外在于精神的形体，这不仅意味着身体所触发的真切经验的正当性和价值得到承认，而且同时避免将身体等同于其外部特征所表征的政治资本或经济资本；其二，身体美学致力于提高身体的功能，通过身体训练等不同方式改善身体状态和技能，从而以提升个体对于身体经验的敏锐感知的方式，促进审美鉴赏能力和想象创造力的提升；其三，身体美学的实用目标落实于个体对外部世界的介入，身体状况的改善有助于提升个体认识自身和世界的理性思辨水平，增进个体介入和参与公共事务的能力。

简言之，身体美学聚焦于身体经验的培育和改善，这并不是一种将注意力禁锢在自身形体的价值取向，而是将身体感觉和改善个人在生活中的认知、行动能力结合在一起，即"美学是公共的"②。遵循身体美学的路径可以对健身运动进行新的思考，健身作为一种改善心肺功能和提升力量的综合训练方式，参与者运动过程中的身体经验和提升中的身体状态，并不能仅仅理解为一种完全遵循外部权力规训的自我管制，身体的新奇体验和日常生活之间的通道有待发现。

尽管舒斯特曼的身体美学构想可以为正面积极评价健身运动提供理论参照，但是健身运动和当代消费文化的兴起密切相关，尤其在中国，健身

---

① 〔美〕理查德·舒斯特曼：《生活即审美——审美经验和生活艺术》，彭锋等译，北京大学出版社，2007，第 185～186 页。
② 汤拥华：《身体、美学与新实用主义的经验论——以罗蒂、舒斯特曼之争为中心》，《文艺争鸣》2019 年第 4 期。

文化正是以消费主义为导向的身体审美化思潮在当下的代表性分支，参见陶东风的论述："这里，'审美化'指的是实用功能淡出之后对于身体的外观、身体的视觉效果、观赏价值以及消费价值的突出强调。"[①] 商业健身在近年快速扩张，和大众提升形体的审美效果的消费需求密切相关，消费逻辑大规模渗透到身体运动的过程和预期效果的评估。正如费瑟斯通对于当代大众身体消费的研究："苦行般的身体劳作所带来的回报不再是对灵魂的救赎或是好转的健康状况，而是得到改善的外表和更具市场潜力的自我。"[②] 健身运动具有明显的"身体劳作"特色，中国健身群体更倾向于将减重视为健身的首要目标，这种对于外部形态的追求割裂了身体和个体之间的同一性关系，和身体美学对于身体经验的推崇相左。这种特征正是学界使用权力规训的理论进行研究的现实原因，然而中国的健身产业更类似一种围绕健康文化构建的文化工业形态，和福柯的生命权力理论着重于揭示政治权力的理论模型存在差异，阿多诺的文化工业理论则是理解健身文化的负面形象的更有针对性的理论工具。这种判断可以从舒斯特曼的研究中得到确认，《启蒙的辩证法》对身体消费的批判正是身体美学予以对话和质疑的对象："这些反驳或许是强有力的，但它们都基于将身体美学解释为这样一种理论：将身体贬低为一个外部客体，也就是一个机械工具：它充斥着零散部件、可以度量的表面以及美的标准化规范。"[③] 舒斯特曼的回应是将身体区分为表象性和体验性两种不可分割的模式，认为阿多诺关于身体完全由文化工业的消费逻辑所控制的论断，是一种将身体置于精神之下的"唯智论者的教条"[④]。然而，阿多诺观点的合理性恰恰可以通过舒斯特曼的上述批评得以佐证，舒斯特曼并没有否认阿多诺所揭示的商业资本对于塑造表象性身体的导向性功能，假如个体仅仅将精力投放于形体的改造，却缺乏对身体内在性的关注，则意味着阿多诺的文化工业理论具备有效性。

阿多诺着重揭示等价交换的资本逻辑如何深刻渗透到大众文化的生产和消费过程中，"在文化工业中，个性就是一种幻象，这不仅是因为生产方

---

① 陶东风：《消费文化语境中的身体美学》，《马克思主义与现实》2010年第2期。
② 〔英〕迈克·费瑟斯通：《消费文化中的身体》，龙冰译，汪民安、陈永国编《后身体：文化、权力和生命政治学》，吉林人民出版社，2003，第324页。
③ 〔美〕理查德·舒斯特曼：《身体意识与身体美学》，程相占译，第46页。
④ 〔美〕理查德·舒斯特曼：《生活即审美——审美经验和生活艺术》，彭锋等译，第204页。

式已经被标准化。个人只有与普遍性完全达成一致,他才能得到容忍,才是没有问题的"[1]。首先,在大众文化的生产过程中,为了快速匹配不同群体的文化消费诉求,几种常见的主题以不同方式进行组合,营造了文化多样性的假象,实际上不同类别的大众文化均遵循标准化的制作和宣传模式。其次,大众在消费过程中只能在同质的文化类型中做出选择,大众的想象力和思维视域只有和文化工业所宣扬的标准模式相符合时才能获得社会的接受与承认,个体陷入"伪个性化"的生存境况。具体到身体范畴,阿多诺指出:"从'金色的野兽'到南海群岛的岛民,所有这些偶像化的生命现象,都会被用在为维生素药丸和护肤霜制作的'沙龙电影'和广告招贴画中,只是为了公众的内在需要服务:不管是新奇的人、伟大的人、漂亮的人、高贵的人,还是领袖和他风卷残云般的部队。"[2] 在大众文化的生产模式下,身体被转换为和灵魂相分裂的机械性肢体,在同一性的逻辑中被移置为商业电影或宣传广告的影像,大众受到鼓动为了塑造健康英武的形象进行消费,由身体所激发的切身经验和精神体验被受众所忽略。阿多诺进一步指出:"他们在使用身体及其各个部分的时候,仿佛这些部分已经从身体上被卸下了一样。"[3] 假设大众没法重建以异质性为根基的主体意识,将不可避免地为了获得他人的认可而遵循外部标准对身体进行的各种改造,陷入将身体肢解化和机械化的错误认知中,也就会错失通过身体经验连通日常生活和精神思考的契机。近年来风靡各地的健身比赛所展示的身体形象,以及种类细致的各种身体数据,成为健身运动需要严格遵循的标准,这些例证均贯彻了同一性的抽象化逻辑,因而阿多诺的理论构成审视中国健身行业的另外一种理论视角。

二 消费主义浪潮下的中国健身运动

近代以来,身体在中国的表征都和社会文化的变迁息息相关,无论20

---

[1] 〔德〕马克斯·霍克海默、〔德〕西奥多·阿多诺:《启蒙辩证法——哲学断片》,渠敬东、曹卫东译,上海人民出版社,2006,第140页。
[2] 〔德〕马克斯·霍克海默、〔德〕西奥多·阿多诺:《启蒙辩证法——哲学断片》,渠敬东、曹卫东译,第217页。
[3] 〔德〕马克斯·霍克海默、〔德〕西奥多·阿多诺:《启蒙辩证法——哲学断片》,渠敬东、曹卫东译,第218页。

世纪早期的裸体画创作，还是80年代对选美比赛的重新引入，都和其时中国社会状况的现代转向密切关联。朱国华写道："'文革'后的身体书写，既意味着解放、他者与反抗，也意味着欲望的叫喊，在更大的方面，它贯彻着资本的逻辑，成了消费的对象。"① 最近兴起的健身文化则和当代社会服务行业的商业化拓展密切相关，身体的培养和训练是大众面向自身的消费，资本的逻辑深刻渗透到中国健身运动的整个历程中。当代消费文化的相关研究指出："消费文化使许多神话永存，'完美的身体'的理想化图像和物质性的'美好的生活'是其中的两个中心方面。"② 结合阿多诺文化工业理论的视野，资本如何在健身运动中建构通往"完美的身体"和"美好生活"的路径？

首先，以中国最早开展健身房运营的品牌之一"一兆韦德"的营销为例。通过公司主页可以看到，为了展现"年轻、时尚、健康"的健身宗旨，网页的背景、私人教练的个人履历、各种类别的团课的介绍等所有栏目均把健身教练的身体图像作为展示主题。③ 这些图像的特点在于结合最新的图片编辑技术，在暗色调的背景中突出人物不同部位的良好肌肉形态，呈现肌肉的棱角和线条，凸显低脂的身体造型，这是一种以身体图像促进消费的商品美学模式。参考豪格的论述："现在，商品美学是第三类东西了，它既不是使用价值，也不是价值，而是在价值的统治下，并且因此在表象的模式或美学抽象的模式当中的使用价值承诺。"④ 健身公司的商业美学模式的策略是以身体图像代替文字叙述，凭借图像的直观冲击力来凸显服务的专业性和有效性，教练的能力、课程的介绍等健身专业问题被抽象化为肌肉形体，构成了使用价值的许诺：大众只需要购买服务，就可以拥有图像所展示的健美造型。在商品美学的资本宣传模式中，健身运动理应关涉的身体经验的改善和身体机能的提升，被完全置换为对肌肉形体的向往。同

---

① 朱国华：《身体表征的现代中国发明：以刘海粟"模特儿事件"为核心》，《文艺争鸣》2019年第2期。
② Helga Dittmar, "What Is the Price of Consumer Culture? Consequences, Implications, and the Cage Within," *Consumer Culture, Identity and Well-Being: The Search for the "Good Life" and the "Body Perfect"*, Hove and New York: Psychology Press, 2008, p. 199.
③ 参见"一兆韦德"的官方网站：http://www.1012china.com/web/index.html，最后浏览时间2020年7月8日。
④ 〔德〕沃尔夫冈·弗里茨·豪格：《商品美学批评：关注高科技资本主义社会的商品美学》，董璐译，北京大学出版社，2013，第250页。

时,"一兆韦德"网站所展示的数十名健身教练的肌肉造型,具有无差别的一致性,均同时完美地兼顾了肌肉线条和厚度,构成了标准化的示范效应,但是,这种整齐划一的流水线式的造型标准忽略了每一个个体身体特性的差异,实际上很难在任何一家健身房的教练或者锻炼者群体中达到如此划一的效果,这明显是一种失真的图像建构。"一兆韦德"的营销策略在健身行业的资本运作上具有普遍性,这是文化工业式的运作模式,将大众异化为可供划一改造的物,将肌肉形体和个体精神相分离,以失真的图像作为示例建构了单一的标准化身体模型,并凭借身体检测设备的技术性量化数据的支持,意图以同一化的标准对潜在消费群体予以批量塑造。

参与健身运动的大众,在健身实践中面对资本的文化工业式的运作策略时,能否做出建基于自身身体经验的有效抵抗?就目前健身现状而言,参与者在很大程度上被禁锢在产业资本所建构的标准化身体类型及以此为基础的生活模式当中。通过对健身者的访谈反馈可以看到:"我第一次过来试练以后,教练给我测了体脂率、肌肉分布、新陈代谢率、三围什么的,很多指标,然后都记录在一个表里,相当于我的'档案'。然后隔一段时间,就测一次,看看锻炼的效果。"[1] 这是健身房教练对会员客户的典型管理模式:对参与者的多项身体数据进行技术测量,并且以体脂率和肌肉含量作为首要标准形成健康总评,以此作为动员参与者购买私教课程的重要依据。诚然,将技术手段用于检测身体状况是一种科技的进步,然而身体测评的体系具有明显的诱导性,初学者往往因为缺乏系统进行无氧身体训练的经历而在健康评价中处于较低水平。不仅如此,将身体予以数据化正是一种通过分割身体进行管理的手段,身体的各个部分构成和机能被转换为可直观比较的同质化数字。根据受访者的回应,他并没有意识到身体的数据化包含了资本所运用的同一性逻辑,而是将身体数据作为检测健身成效的唯一标准。

为了进一步提升健身效果,技术对身体数据的检测延伸到日常生活的衣食住行中,种类众多的运动健康类App具有检测卡路里数值的功能,可以实时展示每一项运动所消耗的能量值和每一种食物所包含的热量,为健身者安排日常生活提供参考。众多健身参与者为了实现减脂增肌的总体目标,严格按照卡路里的摄入和损耗状况安排一天的生活,在维持足量的蛋

---

[1] 高昕:《权力规训视域下的健身实践——以健身房为例》,《中国青年研究》2019年第12期。

白质摄入以促进肌肉增长的情况下,尽可能确保食物热量的总摄入值低于运动的总消耗。这正是一种技术理性走向异化的状况:一方面,数据监测并不具有绝对可靠性,身体消耗状况的个体差异无法在技术对于运动或食物的卡路里检测中得到考虑;另一方面,日常生活的各项活动如果仅仅被转换为卡路里数据的表征,那么个人对于生活的独特体验以及运动过程中的经验感受都将被摒除。因此,阿多诺关于身体的论述在今天看来依然一针见血:"散步变成了运动,食物变成了卡路里,这就好像生机勃勃的森林在英语和法语里叫做木头一样。"①

健身参与者如果盲目陷入资本所提倡的运动准则及自我约束规范的话,就将最终出现自恋和焦虑相交织的状况。一方面表现为对自身形体和健身能力的过度自信,在抖音、微信、微博等不同社交媒体上都可以看到,健身者不仅热衷于通过展示自我身体的方式来彰显健身成效,而且还喜好针对职业运动员的训练动作、形体结构乃至某次对饮食提出质疑;另一方面则表现为对于如何快速改善形体的焦虑,在各类健身论坛或者群组中可以看到大量关于改善某部位形体的提问,以及选购哪个品牌的蛋白粉产品更有效的讨论。然而,舒斯特曼所重点关注的身体训练的切身经验,以及身体机能的改善之于生活的积极作用,却甚少得到健身者的关注,他们实际沉溺于健身企业所确立的形体至上的逻辑之中。简言之,当前中国的健身群体不自觉地陷入文化工业所主导的"伪自由"的状况中,即阿多诺所论述的:"因此非自由将逐步吞并闲暇时间,而且大部分非自由的民众不仅没有意识到闲暇被吞并的过程,而且没有意识到自身就是不自由的。"②

三 身体经验的生命政治潜能

正如阿多诺所受到的批评,"他是如此地执迷于系统的、涵盖一切文化生活领域的社会控制观念,以致他根本就不可能承认社会团体具有某种创造性行为,而这种创造性行为是自发地从技术化艺术学会以新的形式揭示

---

① 〔德〕马克斯·霍克海默、〔德〕西奥多·阿多诺:《启蒙辩证法——哲学断片》,渠敬东、曹卫东译,第219页。
② Theodor W. Adorno, *The Culture Industry: Selected Essays on Mass Culture*, J. M. Bernstein eds., London and New York: Routledge, 2001, p.188.

所必须的。"① 然而尽管健身群体受到资本主导的文化工业的强有力的整合，但是不能因此而完全否认健身群体作为行动者具备的创造性能力，以及抵抗资本收编的可能性。伯明翰学派回应资本编码的解码策略可以为激活健身群体的抵抗潜能提供可能性，费斯克积极评价大众文化的进步潜能，他提出："在合适的社会条件下，它能赋予大众以力量，使他们有能力去行动，特别是在微观政治的层面，而且大众可以通过这种行动，来扩展他们的社会文化空间，以他们自己的喜好，来影响权力的（在微观层面上的）再分配。"② 那么，促成健身群体抵抗资本对身体的塑造并激活微观政治潜能的解毒剂来源于哪里？又如何发挥作用？

詹尼弗·马吉雷（Jennifer Smith Maguire）研究消费社会对身体的塑造时，指出："身体被构造成一个身份的对象，一个投资的场所，一个自我生产的手段，但往往会产生矛盾的效果，因为身体交换价值的合理化剥夺了身体文化的潜力，这种潜力来源于我们表现自我的能力所自然产生的愉悦。"③ 过度关注身体肌肉的外在形体，并由此将技术设备统计的卡路里数值作为组织生活的重要依据，实际是一种"身体交换价值的合理化"现象，建基于个体身体经验的潜能因而被剥夺。需要以舒斯特曼的身体美学理论作为参照，他写道："身体习惯的肌肉记忆，提供了一个比媒体字节编织的零碎事件更为持久的有机存在，因而不可能像数据文件那样被轻易地删除。"④ 舒斯特曼反对身体工具论，将身体视为不可分割的有机体，形体和精神世界、情感体验紧密结合，健身运动产生的身体体验并不能被理解为即时性的肌肉感觉，而是理应被看作个人日常生活经验的不可肢解的构成部分，和个体所处身的生活世界具有密切的相互影响的关系，因而健身训练过程中产生的身体经验包含了连接日常生活的通道。健身的身体经验为重新思考现代社会中的身体角色提供了新的思路，之前社会学理论聚焦的身体主要是一种外在的身体形象，被看作个体社会身份的表征，代表性观点如："身体正是由此成为我们的身份的来源，如果我们坚持在身体上面做

---

① 〔德〕阿克塞尔·霍耐特：《分裂的社会世界：社会哲学文集》，王晓升译，社会科学文献出版社，2011，第41页。
② 〔英〕约翰·费斯克：《理解大众文化》，王晓珏、宋伟杰译，中央编译出版社，2001，第190页。
③ Jennifer Smith Maguire, *Fit for Consumption: Sociology and the Business of Fitness*, London and New York: Routledge, 2008, p.208.
④ 〔美〕理查德·舒斯特曼：《生活即审美——审美经验和生活艺术》，彭锋等译，第197页。

'工作',我们就可以暗暗地提高我们的社会地位。"① 但是,健身所激活的身体经验是一种和个体身体机能相关联的经验形态,和个人所占有的经济资本、政治资本和文化资本均没有必然或直接的联系,因此,这种身体经验具有多元性和差异性的特质,为重构和再认识日常生活提供了新的可能。

这正是健身运动在社会学上具备的意义——逾越既有社会分层的功能。罗贝塔·萨沙特里(Roberta Sassatelli)指出:"因此,商品和人在一个特定领域的消费可能形成一个和现实相对分离的秩序,不仅部分过滤了外部的决定性因素(性别、阶级和种族),而且以一种自身特有的方式对上述因素进行重组,形成新的品位等级,个体新的稳定的人生规划,以及更广泛且持久的性情。"② 当前媒体和资本运营策略倾向于将健身运动塑造为中产阶级的标准化生活模式,不同自媒体所推送的健身主题文章的励志主角,绝大部分从事和中产阶级标签相匹配的职业,这不仅有助于鼓励对身体训练感到厌倦的参与者为会员卡续费,而且意图吸纳更多潜在消费群体为了获得阶层认同的满足感而参与健身,在这种视角下,健身运动容易被理解为对既有秩序的再生产。然而,假如参与者将健身目标从塑造标准化的外在形体转向身体经验的感知和改进,将可以激活身体经验的生命政治潜能,瓦解审美品位和阶层认同的等级区隔,这种作用机制如何发生?

首先,从身体经验在健身运动中的来源看,有三种产生渠道:一是以改善心肺功能为目标的有氧运动,例如跑步和团操;二是以提升力量为目标的无氧运动,例如利用移动或固定器械进行肌肉训练;三是有氧和无氧这两种运动方式的结合,例如划船机训练。由于参与者对不同运动方式的偏爱和其社会属性没有必然的联系,而且健身过程中身体经验的产生和变化根植于个体自身的身体机能的反应,因此身体经验具有原生性。此外,考虑到会员卡费用的普遍下降,以及新媒体的发展有助于运动方法和技巧的免费普及,聘请教练的费用可以尽可能得到减免,因而,在总体消费水平不断提升和健康问题日益受到重视的当前情况下,很多在校学生群体、劳工阶层等收入水平偏低的群体也参与到健身运动中来,而且自备的额外运动装备,例如运动服饰或运动手环,事实上较少涉及对身体经验的根本

---

① 〔英〕乔安妮·恩特维斯塔尔:《时髦的身体:时尚、衣着和现代社会理论》,郜元宝等译,广西师范大学出版社,2005,第157页。
② Roberta Sassatelli, *Fitness Culture: Gyms and the Commercialisation of Discipline and Fun*, Basingstoke and New York: Palgrave Macmillan, 2010, p.204.

性影响，因此健身房可以被视为一个汇集了多元性和差异性的原生身体经验的场域，收入水平或社会阶层等社会属性处于缺席的状态。

其次，将聚焦点转向健身房场域的内部，如果身体经验的感受和改善取代形体崇拜成为身体训练的主题，自恋和焦虑的心态就会转化为对于自我原生身体的重新理解，在参与者选择不同类型的训练内容，而且并不呈现明显的社会属性标识的运动环境中，跨行业和跨阶层的围绕身体经验的交流和互助，将具有形成哈特和奈格里所期许的"与他异性的相遇"① 的可能。这种建基于身体经验的交流将有助于将健身房转换为独立于工作伦理和社会身份的自治性场域，获得认可和尊重的人群是身体训练中的优胜者，占据中心的议题是如何更有效提升身体机能从而满足改善生活质量的需要，参与者得以短暂地摆脱日益受"996"模式主导的工作空间。

最后，正如舒斯特曼关于身体训练和公众生活关系的陈述："相反，通过增进身体的敏感性和控制力，创造出更健康的、更灵活开放的、更有理解力的、更有效率的个人，身体关怀的训练提供了一条通向更好公众生活的有希望的通道。"② 健身运动之于个体参加公众生活的积极作用，不是仅仅表现在资本所渲染的以肌肉形体为基础的更有魅力的外部身体上，也不是表现在以更高效率承担更多工作的职责上，而是表现在通过健身锻炼所激活的多元身体经验和以此为基础所发生的与他者的交流上，它在运动时段之外的公众生活中同样发挥积极的效应。身体经验的改善和提升将有益于个体以更好的精神状况和思考状态进入日常生活和公共空间，从身体经验的视角重新思考日常生活中的社会等级关系、审美品位的区隔和工作伦理观念。

在笔者采访的长期健身参与者的案例中，有受访者选择放弃稳定且高薪的编制岗位，考取高阶执照后转而开设工作室从事运动训练工作，同时兼任职业篮球队的体能教练；有受访者在参与长时间瑜伽训练之后转变为素食的环保主义者。这种转变正是根植于身体经验的生命政治事件，即在微观层面重新确立日常生活所秉持的价值观念和实践路径。健身运动有助于激活大众对身体经验的感悟和反思，从而在一定程度上抵抗以资本为主导的工作和技术对生活空间与价值观念的垄断。

---

① 〔美〕迈克尔·哈特、〔意〕安东尼奥·奈格里：《大同世界》，王行坤译，第195页。
② 〔德〕理查德·舒斯特曼：《生活即审美——审美经验和生活艺术》，彭锋等译，第204页。

四 余论：身体美学之于批判理论的意义

通过批判理论和身体美学的双重理论视角可以看到，阿多诺所阐述的文化工业模式同样主导了中国商业健身运动的开展——将身体和个体相割裂的形体至上逻辑，通过资本的宣传，辅以技术工具，将健身群体的业余生活和身体训练转换为以卡路里数值为基准的数据流，从而使他们陷入自恋和焦虑相交织的异化生活模式中。同时，借助身体美学的理论视角可以重估身体经验的效用，通过健身运动所激活的身体经验具有的原生态属性，有助于促进健身参与者抵御文化工业模式的渗透，围绕身体经验的交流和协助将具备逾越工作空间与阶层区隔的生命政治潜能。借助对中国当代健身运动的案例分析，可以进一步思考身体美学理论对于批判理论进一步发展的意义。

近年来，以法兰克福学派为代表的批判理论之于中国语境的有效性，引起学界的反思。以批判理论的视角审视健身文化存在一定的局限性，例如林琳指出："特别是当生活中的部分情感诉求无法得到宣泄之时，'折腾'身体往往能成为一种有效的生理和心理补偿。而这种补偿效果又通过图像化，在互联网达到最大化。"[①] 这种研究范式揭示了主导健身文化的消费主义逻辑，结合新兴媒体的作用，健身运动进一步诱发了大众的自恋心态。然而，这种研究视角存在两个问题：其一是缺乏对健身群体所具备的自主性的发掘，尽管当前健身参与者对于身体的认识普遍陷入资本所确立的标准化模式中，但是个体参与身体训练的主动性并不能仅仅理解为对消费主义的迎合；其二是缺乏针对现实生活的状况提出实用性建议，在资本全球化的浪潮中，大众已经不可能生活在去资本化和去技术化的乌托邦里，如何在消费和运用技术设备的过程中提升生活品质和精神状态，是当代文化研究亟待回应的问题。爱好者对于健身运动的热情不能仅仅被理解为一种主动臣服的自我规训，它包含了非强制性的愉悦情感，有研究指出："乐趣对参与者的成功入门有着明显的影响，而这反过来又对整个健身行业的成功产生重要的影响。"[②] 相比于球类、登山或者徒步等其他类型的运动，健

[①] 林琳：《读图时代的健身文化》，《中国图书评论》2019 年第 3 期。
[②] Roberta Sassatelli, *Fitness Culture: Gyms and the Commercialisation of Discipline and Fun*, p. 121.

身的特别之处就在于可以在短时间内高强度激活身体经验,这是健身运动的愉悦情感来源。身体肌肉的经验根植于个人的生理结构,与收入、职业、地域等社会性身份的关系薄弱,通过众多访谈案例均可以看到,身体经验的感受和改善,将直接有益于个体的精神思考和生活状态的提升。换言之,健身运动所激活的身体经验将促进个体从自然身体的视角重新理解外部世界,走出消费主义至上的模式。

从这个角度出发,身体美学理论为批判理论提供了实用主义视角的微观抵抗路径。尽管身体美学在激进研究者看来是"资本主义意识形态的一种结晶"[1],然而正如舒斯特曼对于自身思想和马克思主义相同点的回应:"身体本应是主体通过各种快乐的行为得到愉悦的场所,不应将身体的作用限制为已经异化的或正在异化的劳动的工具。"[2] 批判理论的现实关怀恰是将个体属性从资本关系下的类存在转换为具备独立自主性和反思意识的主体状态,即扭转哈特所描述的境况——"个体的概念不是通过'存/在'而是通过'有'得以确立的;个体指向的不是'深度的'形而上学和超验的统一体,而是'表层的'拥有财产或所有物的实体"[3]。借助身体美学的视野,中国当代健身实践将有助于通过激活身体经验,将个体属性从根植于形体的"可测量性"转换为身体意识和理性思考相同一的"经验性",实现对生命政治潜能的激活,这正是身体美学之于批判理论的启示。

---

[1] 〔美〕约瑟夫·格雷戈里·马奥尼:《对舒斯特曼"身体美学"的马克思主义批评》,《文艺理论研究》2015年第6期。

[2] 颜芳、〔美〕理查德·舒斯特曼:《身体美学与中国:理查德·舒斯特曼教授访谈录》,《文艺争鸣》2020年第2期.。

[3] 〔美〕迈克尔·哈特、〔意〕安东尼奥·奈格里:《大同世界》,王行坤译,第5页。

"创伤"的情感体验与文学表达
——双雪涛地域文化小说论

喻 超[*]

摘 要 作为近年来崛起的"80后"青年作家,双雪涛的小说创作始终关注20世纪90年代后工业时代冷峻的东北。揭示历史遗留下来的创伤,并给予创伤体验下被遗忘的人以生命的尊严,是双雪涛文学表达的重要组成部分。这种文学表达在其小说的叙述中,往往是从时代巨变带来的个群生活遭际与精神心理状态的变化写起,继而与东北地域宏大的时代背景相勾连。双雪涛在写作中格外突出个体在失去集体庇护后的恐慌、颓丧与创伤的代际传递,从而使创伤叙述成为双雪涛小说地域书写的鲜明特色。

关键词: 东北地域 创伤 老工业基地 记忆

Abstract Novels written by Shuang Xuetao is always dedicated to expressing the cold situation of the Northeast in the post-industrial era of the 1990s. Revealing the trauma left over from history and giving dignity to the Marginalized people who have experienced historical trauma but have been forgotten are important part of literary expression of Shuang Xuetao. This kind of literary expression in his novels often starts with the changes in the life and mental state of individuals and groups brought about by the tremendous changes of the times, and then links it with the grand era background of the

---

[*] 喻超,华东师范大学中文系博士研究生。

Northeast region. In writing, Shuang Xuetao particularly highlights the intergenerational transmission of the panic, depression, and trauma of individuals after losing collective asylum, so that the trauma narrative has become a distinctive feature of the regional writing of the novels of Shuang Xuetao.

Key Words　Northeast China; trauma; old industrial base; memory

环顾近年文坛，双雪涛的出现仿若东北平原上的一声呐喊，这个沉闷、滞重中横空出世的年轻骑手，具有青筋暴出的蛮力和自信于洞悉历史真相的"狡黠"。"80后""沈阳人""东北老工业区"等，诸多标签中隐现着作者的身份意识和地域书写的自觉。从2011年手捧带有奇幻外衣的寓言小说《翅鬼》踏进文坛，到2015年凭借《平原上的摩西》声名鹊起，双雪涛的创作激情开始凝注东北，并迅速在当代文学地理版图中锚定了自己的一片文学疆域：20世纪90年代的后工业时代的冷峻的东北——沈阳—铁西区—艳粉街。他笔下呈现着大时代浮沉变幻中落魄的东北以及被时代戏弄了的故乡人，疾风骤雨般的文字背后裹挟着被时代弃置的创伤和隐痛。与其他"80后"作家沉溺于自我黏稠的情绪与造作的伤感不同，双雪涛选择直面现实的冷冽，将小说中关于地域的已被遮蔽、被遗忘的历史演变为创伤体验与记忆书写。在东北地域与东北文学逐渐失势而略显尴尬的今天，双雪涛的作品试图修正人们对东北的符号化认知，他介入现实生活的文字，是一种郁积已久喷薄而出的创伤情感的表达。

一　"边缘东北"：创伤叙述的缘起

根据文化记忆理论关于记忆场的阐释，记忆场所具有物质的、象征的和功能的三重含义，并且必须有历史、时代和变化参与的影响。[①] 从这一视角来观照双雪涛的东北地域书写，频繁出现并被赋予复杂意味的"艳粉街"是其创伤记忆的场域所在，通读双雪涛的小说，"艳粉街"俨然是其记忆的空间、舞台，它代表了作者的底层立场，也是作者感知地域历史状貌、言说时代风潮的重要载体。双雪涛曾在《走出格勒》中引用曼德尔施塔姆写

[①]〔法〕皮埃尔·诺拉：《历史与记忆之间：记忆场》，韩尚译，〔德〕阿斯特莉特·埃尔、冯亚琳编《文化记忆理论读本》，北京大学出版社，2012，第107页。

列宁格勒（圣彼得堡）的诗："我回到我的城市，熟悉如眼泪，如静脉，如童年的腮腺炎……"① 个体记忆的大门徐徐敞开：

> 我和我的父母搬进艳粉街的时候，是1988年。那时候艳粉街在城市和乡村之间，准确地说，不是一条街，而是一片被遗弃的旧城，属于通常所说的'三不管'地带，进城的农民把这里作为起点，落魄的市民把这里当作退路……好像沼泽地一样藏污纳垢，而又吐纳不息。②

"艳粉街"几乎聚集了双雪涛小说中所有关键人物，他们是因9000元择校费而被驱逐的李守廉（《平原上的摩西》）、从工程师沦落为更夫的张国富（《光明堂》）、靠卖玉米、茶蛋为生的下岗工人"我"的父母（《聋哑时代》）等。他们是"被城市遗弃的人"，活跃在光明堂、影子湖、红旗广场、红星台球社、春风歌舞厅等地方。"艳粉街"成为他们难以摆脱的身份标识，一切罪恶、指责、怀疑、污蔑都因这一出处而变得合理。而"艳粉街"又不同于另一东北籍作家阿成笔下的"中央大街"，后者是对一种地域风貌的自信展示，而前者则带有阶层的修辞意味，城市空间中共时性的存在被附上有关文明进步与否的线性指涉。可以说，理解了"艳粉街"，便理解了双雪涛的写作立场、叙述方式。

实质上，作为城市最落魄角落的"艳粉街"，最早出现在王兵的纪录片《铁西区》第二部分《艳粉街》（2003）中，英文翻译为Remnants，意思是"残余""残留物"。这与皮埃尔·诺拉所谓"记忆场所是残余物"③的观点不谋而合。在这里，人成为历史前进的遗留物，一种"在地流亡感"的情绪弥漫在城市上空。相较于纪录片对历史事实的确凿呈现，双雪涛的小说增加了更具阅读吸引力的虚构因子，"艳粉街"成为一个隐喻，它缩影着东北在市场经济发展中的命运，它是身份认同的核心被抽走后留下的伤疤。从"艳粉街"到铁西区，到沈阳，再到整个东北，双雪涛精准定位于点，在"艳粉街"的废墟、颓败、落寞中，我们窥视到东北工业时代的兴衰与这兴衰下的阵痛。历史通道的入口亦由此打开。

---

① 双雪涛：《平原上的摩西》，百花文艺出版社，2016，第192页。
② 双雪涛：《平原上的摩西》，第187页。
③ 〔法〕皮埃尔·诺拉：《历史与记忆之间：记忆场》，韩尚译，〔德〕阿斯特莉特·埃尔、冯亚琳编《文化记忆理论读本》，第99页。

为了更顺利地进入双雪涛的文学世界，我们有必要对近现代东北的动荡历史进行回顾。哈佛大学王德威教授指出，"东北"作为地理名词和文学表征，同时迸发于20世纪初，召唤东北也同时召唤了希望与忧惧、赞叹与创伤。[①] 如何理解东北的创伤似乎成为进入东北地域文化与文学的关键，它源于民族国家版图中偏于一隅的位置，在整个20世纪，它的伴随政治、经济、文化的动荡而起伏、更迭的被动性历史命运难以剥离。从地缘坐标的指认开始，山海关以北的地域统称为东北、关东或关外，字面上看，"关外"即"关在外面"。历史上，山海关与长城意味着中原农耕民族对北方游牧民族的防御，更意味着文化心理上的隔绝。特殊的地理位置生就地域体验，历史命运由此迥异于中原和东部沿海。从清代中期开始，它作为中原流民的庇护之所，到19世纪末20世纪初惨遭沙俄、日本的轮番侵略、殖民统治，新中国成立前的东北闭关自守、困兽犹斗，不可避免地跌入悲剧中，而贫瘠荒凉的文化生态亦使其无缘话语权威。历史的创伤烙印在集体的记忆当中。

东北受到全国的瞩目和推崇，从边缘地位一跃成为"伟大叙事"的载体始于新中国工业化建设中"共和国长子"身份的获取。历史上的动荡、松散、无根，且缺乏文化凝聚力的东北，获得了前所未有的尊严和地位，工厂对于东北人而言，意味着文化皈依与身份认同。

> 在整个50—70年代，东北不仅是新中国最重要的工业基地，社会主义工业化得以展开的元空间，而且是社会主义文化最主要的当代叙事空间……从第一辆国产汽车上路到第一架国产飞机升空到第一台国产机床启动运转，一直到"工业学大庆"成为最响亮的社会主义建设口号，在那三十年间，没有任何区域像东北一样成了如此众多、如此著名的当代英雄和英雄故事集中显影的舞台。[②]

[①] 王德威：《文学东北与中国现代性——"东北学"研究刍议》，《吉林大学社会科学学报》2019年待刊，参见张学昕《迟子建的"文学东北"——重读〈伪满洲国〉〈额尔古纳河右岸〉和〈白雪乌鸦〉》，《当代文坛》2019年第3期。

[②] 刘岩：《历史·记忆·生产——东北老工业基地文化研究》，中国言实出版社，2016，第2页。

广阔的工人阶级基础积淀出以草明小说为代表的工业文学。[1] 从中国第一部工业题材小说《原动力》的诞生，到书写沈阳铁路工厂的《火车头》，再到书写鞍山钢铁基地的《乘风破浪》，草明的现象级小说表征着工业文学里的东北曾在社会主义中国经济建设中领跑地位，佼佼者的姿态给予东北无上的尊严和骄傲。

质言之，计划经济时代实力雄厚的国有企业，赋予东北人强烈的身份意识。工厂的整合集群力量，给了他们主人般的归属感和存在感，甚至衍生为一种难以撼动的精神信仰，以致在市场经济浪潮冲击下下岗后依然保有执念和骄傲，"别看我卖茶鸡蛋，可我一辈子是共产党的工人"[2]。然而，东北因无法追赶时代前进的列车，在国企改革的大环境中难掩地位旁落的阵痛表情，创伤再启，并伴有掉队后的迷茫和虚无。"东北三省上百万人下岗……那时抢五块钱就把人弄死了，这些人找不到地方挣钱，出了很大问题。"[3] 曾经赫赫有名的铁西区，如今是破败、荒芜的棚户区；曾经骄傲的共和国工人，如今是被他者化了的社会不安分子。工人子弟双雪涛的创作自觉最初便与大时代的宏观背景相连接。

值得注意的是，双雪涛并非孤身一人摇旗呐喊。近年来表现东北老工业基地"铁锈"气息的作品集束性地出现，艺术实践较早汇聚于电影文本中，《铁西区》《白日焰火》《钢的琴》用冷静克制的镜头语言呈现了冰天雪地的东北、衰败的工厂与街区、废墟中百无聊赖又惶恐不安的下岗工人。电影《钢的琴》中，那具被炸毁的烟囱意味着国有企业主导东北时代的终结，思维老化的工人群体终将无力扭转被市场淘汰的命运而集体退场。影视作品一经推出，文学创作就应声而起，双雪涛、班宇、贾行家、郑执等新生力量重拾现实主义创作原则，尝试用小说激活记忆、对抗遗忘。其中，双雪涛的小说最为引人注目。双雪涛的精到之处在于，无论带有寓言性质的《翅鬼》，还是以迷宫式叙事见长的《平原上的摩西》，无论具有自传体意味的《聋哑时代》，还是信守理性精神和现实感的《飞行家》，都源于个体生活经验与本土历史经验的结合，在游走于日常生活感性浮层的基础上戳破历史的真相，他回避宏观历史环境的描写，却时刻关注底层的残酷与

---

[1] 逄增玉：《工业题材小说中的"草明现象"》，《文学评论》2012年第5期。
[2] 双雪涛：《聋哑时代》，北京十月文艺出版社，2016，第108页。
[3] 许智博：《双雪涛：作家的"一"就是一把枯燥的椅子，还是硬的》，《南都周刊》2017年6月3日。

真实，思考地域的文化创伤、时代发展的隐痛，以及基层群体的命运与尊严。

长久以来，人们对东北的认知是从20世纪30年代"东北作家群"的作品中得来的，如愚昧麻木的生死场、胡匪纵行的野江湖，以及当代史中茫茫林海雪原和天然原始的"北极村"世界。20世纪90年代后的东北，正如研究者刘岩所总结的，其主流美学又限定于赵本山集团的通俗化自嘲叙事中，直至被外界进行一种符号化的定义。双雪涛的出现让我们看到了东北在诙谐幽默下无法对抗命运的无奈、漫天冰雪覆盖下寒彻骨髓的期待，以及被商品经济列车遗弃后难以自持的疼痛。如果将双雪涛的小说纳入东北工业题材创作的脉络中为其寻求定位，我们就会发现传统工业题材小说中的"整全叙事"以及将工业生产的恢宏场景作为"前置文本"的美学原则，在双雪涛的作品中都发生了变化——工业背景转为故事的底色，对人心人性的营构成为重要的主题。当然，这与作者所处的时代语境有关，但作为工人子弟的双雪涛更多地表现了对这一历史经验的反思，他试图通过回溯性的讲述来还原一个真实的东北，当真实可感的生活片段得以浮现后，沉寂的历史被重新激活，"创伤"在这里成为双雪涛带领读者前往历史通道的关键词。

二 恐慌：集体性伤痛的心理表征

"创伤"（trauma）一词最初指肉体上的伤痛，源于《圣经·路加福音》中耶稣讲述的一则寓言故事，撒玛利亚路人心怀慈悲用油和酒倒在无人看管的伤者的伤处上，并照顾他。[①] 其后，以弗洛伊德为代表的一批心理学家用"创伤"来解读人的精神、心理和文学中的人性。直至今日，"创伤"在文艺理论中演变为一种对群体性的自觉的文化心理的概括。根据杰弗里·亚历山大的理解，文化创伤具有社会属性和社会思想文化的记忆特征：

> 当个人和群体觉得他们经历了可怕的事件，在群体意识中留下难以磨灭的痕迹，成为永久的记忆，并根本且无可逆转地改变了他们的

---

① 《圣经》（和合本），中国基督教三自爱国运动委员会，2007，第126页。

未来，文化创伤（cultural trauma）就发生了。[1]

作为特殊的时代记忆，东北老工业基地颓败后的瓦砾和废墟成为双雪涛回望历史创伤的聚焦点，当"时代盛景变成幻梦一场，安稳的生活顷刻崩塌，信仰与艺术被宣判有罪"[2]时，创伤就成为烙印在集体记忆中难以磨灭的痕迹。《平原上的摩西》中，李守廉左腮的伤疤、李斐残疾的双腿，以极其刺眼的方式提醒着时代留下的伤痕，而作品不断出现《旧约》中《出埃及记》的故事，某种程度上暗指东北工业时代落幕后的集体性伤痛。当无法走出与人生相连的创伤记忆时，恐惧就开始滋生并逐渐形成一种潜在心理状态。

双雪涛的很多小说都是从整束童年的创伤体验开始的，个体记忆构筑了文学想象的空间。值得玩味的是，小说中的少年大都是12岁，李斐随父亲从胡同走出继而卷入凶杀案那年是12岁（《平原上的摩西》），"我"在煤电四营"负尸衔笔"救老拉时是12岁（《走出格勒》），张默目睹廖澄湖发疯那年是12岁（《光明堂》），"我"同父母流落街头后寄居在车间六七平方米的隔间时也是12岁（《无赖》）。结合作者的生活经验，双雪涛是1983年生人，12岁那年是1995年，这个年份指向了东北的国企改革，随后工人下岗进入了最高潮，作者一家正是这万千个失去工作的家庭中的一员。这一年是双雪涛很多小说的叙述起点，作者清晰地勾勒出了一个完整的记忆框架：由个体记忆出发逐渐回溯到唤起读者认同的集体记忆，既有国企改制的宏大背景，又有"文革"历史的潜在影响，作为历史的见证者，人们对未来产生了焦虑和恐慌。反观双雪涛小说呈现出的谋杀、枪战、溺水、胆寒的梦境、难解的悬案，这些无不是恐惧的种种外显和证明。

一方面，在双雪涛的所有小说中，充满恐惧感的悬疑叙事所占比重较大。从《天吾手记》中"有点拧巴"地穿插进犯罪情节和悬疑的叙事元素，到《平原上的摩西》中营造叙事迷宫来表现一个阴差阳错的悲剧故事，再到《跷跷板》《北方化为乌有》《走出格勒》中将悬疑直指被遮蔽的历史经验（甚至历史本身，这就是一桩难解的悬案），等等，在这一过程中，双雪涛逐渐摆脱掉了用悬疑来增强小说猎奇性的方式，向迷雾般的历史记忆无

---

[1] Jeffrey C. Alexander, "Towards a Theory of Cultural Trauma," Jeffrey C. Alexander (ed.), *Cultural Trauma and Collective Identity*, University of California Press, 2004, p.1.
[2] 董晓平：《〈飞行家〉：边缘人的回归与逃离》，《山东社会科学》2018年第11期。

限靠拢。《走出格勒》中写道:"这里不是列宁格勒,这是一个遗失的世界。"① 双雪涛试图呈现的正是那个遗失的已然失掉安稳的世界,他拂去历史迷雾,澄清集体记忆的真实面貌。正如米兰·昆德拉所言:"小说存在的理由是要永恒地照亮生活的世界,保护我们不至于坠入到对存在的遗忘。"②

另一方面,悬疑表象下是个体失去集体庇护后的惊慌表情。它显露在为了摆脱下岗工人"干瞪"的威胁而不惜杀人藏尸的刘庆革身上。《跷跷板》中充满童真趣味的跷跷板下埋着一具无名尸体,这使童年记忆蒙上了更深的恐怖阴影;《光明堂》里,生活在工业废墟中的柳丁为进京寻母挥刀杀死林牧师,而水下审判的情节则增强了恐惧感和窒息感,这种惊慌的表情还闪现在那个会诗朗诵的女青年眼中;《北方化为乌有》里,工厂破产,意欲揭发厂长侵吞国家财产的老刘被害死,目睹情人被勒死的女青年走上了复仇之路;等等。这些充满血腥味的记忆与废弃钢铁的腐败气息融为一体,是对那个"遗失的世界"的艺术概括,是历史创伤烙印的外显,也是一种对挥之不去的恐惧感的表达。

此外,为了更清晰地表现这种恐惧心理,双雪涛将深不可测、毫无定向的水作为恐惧感的物质赋形。把双雪涛与早期的沈从文相比,可能有助于我们理解双雪涛对水的独特认知。沈从文在《我的写作与水的关系》一文中历时性地梳理了水在自己生活与创作中的意义,在沈从文的文学观念中,水是其生命意识的一种呈现。③ 双雪涛亦擅长写水,却在水中附上强烈的负面情感。如《天吾手记》写个体如何被抛向深潭:"潭水像背叛一样冰冷……我只好用手抱住自己,好像所有潭水的重量都压在了我的身上。"④ 到了《长眠》中,则不仅仅是个体遭遇背叛后的冷遇,而是集体陷落后的恐怖,玻璃城子没有免于整体塌陷的命运,"我看见整个村庄沉没了,目力所及全都变成了一片汪洋"⑤。因此,在双雪涛的小说里,水指向恐惧,代表着凶象、失控、生命陷落、人性迷失。

以小说《光明堂》为例,将作品中诸多人物扭结在一起的是频繁出现的"影子湖"。它镶嵌在"艳粉街的中部,如果从天空中俯瞰,有点像暴风

---

① 双雪涛:《平原上的摩西》,第197页。
② 〔法〕米兰·昆德拉:《小说的艺术》,董强译,上海译文出版社,2004,第23页。
③ 沈从文:《边城·湘行散记》,接力出版社,2014,第22页。
④ 双雪涛:《天吾手记》,花城出版社,2016,第236页。
⑤ 双雪涛:《平原上的摩西》,第140页。

的眼,平静的中央"①。"影子湖"如同历史陷阱的隐喻,它将张国富、廖澄湖、赵戈新、张默、柳丁、姑鸟儿都拖进水里,命运扭结之处,皆是悖谬与恐慌。小说结尾用魔幻超验的手法在湖底开启了一场有关历史命运的审判。在这里,廖澄湖在"文革"中受难的事实、赵戈新谋杀林牧师的真相、柳丁进京寻母的原因等,依次呈现,既荒诞不经又真实笃定,而坠落后的"心生恐惧""不知去处",既是叙述者在虚实之间对隐秘内心的流露,又是作品中个体在失掉秩序的空间中内心破碎、迷惘、虚无、颓丧的生存状态的表征。

诚然,恐慌是一种集体性伤痛的心理表征,但主动性的抗击亦是双雪涛小说的重要主题。如果说《跷跷板》《北方化为乌有》《走出格勒》等作品用犯罪和悬疑来表现个体在失去集体庇护后茫然无助的恐慌状态,那么《长眠》《飞行家》则展示了人生无常和不确定性中普通人的反击。前者表现的是"不得不如此"的无奈,饱含着被时代左右并戏弄的悲怆,如《走出格勒》中,"我"父亲因为偷了同事的两副新扑克牌,就在监狱里待了三年,而在这之前,父亲是一个喜欢读武侠小说、能写诗的工人;后者专注于对时代的激烈博弈,有明显的抗争意味,如《长眠》中讲述了一个叫玻璃城子的小镇正在塌陷,这让人想起《平原上的摩西》中李斐搬家后坍塌的炕,安稳的生活世界解体后,李守廉选择通过犯罪去抗议不平、寻求正义,而小米也做出为保护玉石苹果以一己之力对抗全镇人的选择。

这种对抗性在小说《飞行家》中的二姑夫李明奇身上最为显著。与《长眠》中的集体下陷不同,《飞行家》表现的是个体升空。1979年,李明奇醉酒后登上岳父高立宽家的屋顶,发表了令人振奋的演说,畅想飞行梦的背后是时为宠儿的工人阶级和时代共舞的骄傲与自信。小说的精彩之处并不在于此,而在飞行梦持续到三十年后的结尾处。结尾中李明奇终究还是飞走了,乘坐着热气球,带着自己三十年前设计的已被堆放在库房里的降落伞,一个不得志的浪漫主义者以最决绝的方式挥手告别。在这里,小说逾越了以往作品一味对历史疼痛的渲染,而表现为一种全新的应对姿态,轻盈又不乏挑衅意味地撩拨着历史的裙摆。对此,评论者方岩有一段精彩的论述:

---

① 双雪涛:《飞行家》,广西师范大学出版社,2017,第63页。

事过境迁之后，先进工作者变成了社会弃儿，不变的只有个体的持续迷醉及其顽固的飞行梦，它矗立在那里醒目而刺眼，以一种极其尴尬的方式提醒，历史随心所欲而又极其功利地对人的角色和身份进行赋予和篡改。①

撇去对宏大历史背景的指涉不谈，单从个体的自处策略来看，李明奇做出了超越父辈的举动，他没有像父亲李正道那样在被时代戏弄后选择自杀，而是执着于对抗的姿态，即使无法反击，也要潇洒地告别。从这个角度来看，双雪涛在《飞行家》中直面恐惧、举重若轻地完成了对历史的反讽。

概言之，整体性的倾覆和伤痛带来的是安全感的缺失，当群体在彷徨失措、恐惧不安下找不到释放压抑的出路时，报复性的犯罪、偏执的暴力就成为一种反向的自我证明。因此，双雪涛小说的悬疑叙事所营造的恐惧感，既是对后工业时代东北现实情形的艺术概括，又是对失掉安全感后个群隐秘的创伤记忆的揭示。可以说，双雪涛的小说是用有限度的虚构表现着灰色暗沉、四顾迷惘的东北。

三 "往何处去"：创伤的代际传递及出口

双雪涛的大部分小说有着确定的时空装置，即 20 世纪 90 年代冷峻、窘迫不堪的东北。② 实质上，在这一看似"突然降临的"封闭的时空内，隐现着三重时代话语的经验和判断，正如《聋哑时代》里李默一家搬进祖辈留下的那套 70 平方米的老楼房中，代际间的历史承继、经验影响是无法割裂的。作者并不明显表现祖辈在"文革"期间的遭遇，也不将父辈的下岗生活图景作为故事的主要线索，这些若隐若现的历史背景被置于小说的底部，它潜藏于水下，却时时刻刻提醒着作为子辈的"我"从哪里来，归属何方，往何处去。小说的表层意蕴似乎是将王兵《铁西区》镜头下的落魄东北付诸文学形式，以揭示被下岗群体的困窘与伤痛，但时代逼视下"父的颓丧"和"母的出走"所造成的历史创伤的代际传递，才更能戳中小说的某种精

---

① 方岩：《诱饵与怪兽——双雪涛小说中的历史表情》，《当代作家评论》2017 年第 2 期。
② 杨立青：《双雪涛小说中的"东北"及其他》，《扬子江评论》2019 年第 1 期。

神内核。

首先，失败的父亲往往成为书写的起点。倘若将双雪涛小说中的父辈形象进行综合的概括的话，那便是，因不可抗拒的原因，他们从按部就班的幸福的工人瞬间沦落为靠卖茶蛋维持生计的人，肉体和精神相继被摧垮后，等待着的是疾病的折磨和死亡的降临。"从工程师到看门人到终年卧床只用了三年的时间"①，然而，真正摧毁这一群体的并非物质上的贫困和作为归属认同的有机社群的瓦解，而是尊严被抽走后的自暴自弃。《光明堂》里，父亲失业，母亲出走，整个家庭陷入精神毁灭中：

> 夜晚待在家里，是极难熬的时光，窗户的缝隙里已经有了霜迹，炕是凉的，父亲穿着棉裤和棉鞋，歪在炕上喝酒，方桌上只有一只白梨，他小心地用小刀剜着，然后把刀横在嘴边，卷进梨去。②

父辈在残存的身份想象与阶级荣耀中消磨余生，而子辈延续着父辈的创伤，代际传递由此开始。子辈正是在父母突遭的变化和细微的生活细节中感知到了时代的巨变，并从父辈那里继承了沉重的身份枷锁——工人阶级的子弟是扶不上墙的。③ 家住铁西区"艳粉街"，就等同于家住阴暗、破败和时刻有犯罪嫌疑的胡同，这个胡同里到处是"每天无所事事，细长的脖子，叼着烟卷，也没饿死"④ 的青年，他们是新一代的零余者、无所事事之人。在这里，双雪涛对工人后代的生存状态给予莫大的关怀。

其次，即使写到成功的父亲，小说也让其被创伤记忆紧紧箍住，生活在时代阴影的折磨中。如《平原上的摩西》中的庄德增。1995 年工厂危机后，庄德增带着会计和销售员南下，成为最早逃离出去的一批人，当他如背叛者一样返回家乡时，不得不面对已被毁容的李守廉的质问。红旗广场上"好像我故乡的一棵大树"的主席像被拆，而"我是否有故乡"的困惑则指向归属感丧失后的伤痛。小说中埋着一条隐匿的历史线索，庄德增是"文革"期间失手打死中文系教授的凶手，虽然在从"文革"时期到改革时期的过渡中，庄德增看似安稳地度过动荡，但是妻子游离出走、儿子违背

---

① 双雪涛：《聋哑时代》，第 37 页。
② 双雪涛：《飞行家》，第 25 页。
③ 双雪涛：《聋哑时代》，第 32 页。
④ 双雪涛：《聋哑时代》，第 55 页。

父愿的现实，使其似乎成为这场盛宴中的孤家寡人。红旗广场上的驻足缅怀是庄德增内心煎熬的行为表征，代际遗留下来的创伤始终在蔓延，恰如李斐残废的双腿，是子辈再难以站在时代浪潮中搏击的悲怆影射一样。《平原上的摩西》在叙述上从父亲庄德增起，到儿子庄树终，从庄德增在人造湖上约会傅东心，到庄树同样在人造湖上从李斐口中获知真相，是一个不乏吊诡意味的生命轮回。这一过程中，在隐喻着"平原"的湖面上，"摩西"始终没有出现。

可以说，"摩西"的深层寓意便是对父亲的渴望。关于小说《平原上的摩西》，评论界曾就"谁是摩西"展开过讨论。作家张悦然较为倾向傅东心，因为只有她一人具有阅读《出埃及记》的能力，而批评者金理则偏向庄树，理由是庄树经历了如"摩西"一般的开悟过程。华东师范大学黄平教授认为，傅东心这一人物"带有鲜明的功能性而显得概念化"，庄树只是"觉悟了意义，但他不是意义的给出者"，二者都不足以承担起小说的确定性价值，他得出的结论是李守廉是真正践行摩西出埃及故事的人。"李守廉始终在沉默地承担着不间断的崩溃，工厂的崩溃，共同体的崩溃，时间的崩溃"[①]，在这里，李守廉肩负着双重角色的使命：一方面是捍卫正义、给予子辈力量的父亲，一方面是试图修复破碎、反抗欺辱的"摩西"。但对于这个最具"摩西"意义的人物，双雪涛给出的解释是：

当我写到第四、五个人物时，就已经决定放弃李守廉作为叙述者的声音……他的沉默一方面是我的无力，我没有能力把他的声音写好；另一方面，他是一个不用说话就可以塑造的人物。[②]

如此看来，李守廉这一父亲的指代，并不具有"摩西"的形象内涵，小说中无法找到所谓"领受神指派的任务"之人。通读双雪涛的所有小说，《光明堂》里具有拯救意味的林牧师被杀死，《长眠》中保护玉石苹果的老

[①] 黄平：《"新的美学原则在崛起"——以双雪涛〈平原上的摩西〉为例》，《扬子江评论》2017年第3期。关于学界对"摩西"的讨论，研究者黄平在此文中做了详细的梳理和分析。本文在此基础上得出结论：小说中无人能担此角色，"摩西"只是作者对"父"的渴望和希冀。

[②] 鲁太光、双雪涛、刘岩：《纪实与虚构：文学中的"东北"》，《文艺理论与批评》2019年第2期。

萧无法下葬,与其说作者试图塑造"摩西"一样的人物,不如说作者始终站在平原上呼唤"摩西",一个空洞的呐喊,一种苦涩的希冀。

就父亲形象而言,在 20 世纪中国文学史中,父亲始终经受着时代变革下的种种考验。面对五四新思潮的冲击,他们曾表现得暴虐、专制、麻木、冷漠,成为倦怠于追赶时代又阻碍子辈前行的滞后者,如鲁迅《伤逝》中的父亲、冰心《斯人独憔悴》中的父亲;当革命局面已成定势、举国响应政治政策时,文学作品中的他们又表现得游移不定、保守落后,如赵树理《小二黑结婚》中的二诸葛、柳青《创业史》中的梁三老汉;而到了新时期文学中,父亲则成为子辈集体讨伐和解构的对象,如王蒙的《活动变人形》揭开了父亲的最后一块遮羞布。[①] 在改革浪潮下成长起来的"80 后"青年作家的作品里,父亲似乎在绵软黏稠的叙述中已然缺席,最鲜明的例证是郭敬明的《悲伤逆流成河》,小说中父亲的形象自始至终都没有出现。双雪涛作为"80 后"作家中成名较晚但有独特而丰富的生命体验的写作者,他对父亲展开了不同于其他"80 后"作家的思考,即并非停留在父子关系这一文学想象的表层,而是对父辈整整一代人假想的体面、可怜的自尊、延宕的创伤、被遗忘的宿命等生存哲学或生命样态进行了深刻反思。

实质上,双雪涛在处理父亲这一群体面貌时,常常被两种观念所撕扯,不乏矛盾和纠结心里。一方面,他对这群"被时代戏弄成性"的人给予了批判,尤其是看到子辈被一种颓废气息所感染而生活在代际惯性中时,作者流露出的往往是急于逃脱故地的烦闷表情;另一方面,当意识到父亲并没有"摩西"一样的神力后,身为工人阶级后代的双雪涛就开始在父辈身上开掘可供继承的遗产,继而表现出对这一群体难以割舍的眷恋之情。"我觉得那代人是有力量的,即使是沉默的,比我们要有生命力,比我们笃定"[②],这是双雪涛对父辈一代的重新认识。历史创伤并不是父辈留下来的唯一继承物,伴随而来的还有"带有特定群体属性的荣誉、自尊、质朴以及朴素的道德意识"[③]。《走出格勒》中,父亲将书写历史的"钢笔"交到"我"的手中,意味着"我"将继承这一群体曾经的荣耀,重拾被挤压掉的

---

① 贾植芳、王同坤:《父亲雕像的倾斜与颓败——谈 20 世纪中国文学中的"亵渎父亲"母题》,《中国现代文学研究丛刊》1996 年第 3 期。
② 张悦然、双雪涛:《时间走廊里的鞋子》,《收获》微信专稿,2015 年 3 月 2 日。
③ 李雪:《城市的乡愁——谈双雪涛的沈阳故事兼及一种城市文学》,《当代作家评论》2016 年第 6 期。

自尊，打破群体性的失语状态，让尊严和自由在绝境里逢生。这是双雪涛对父辈遗产的重新挖掘，也是他较之以往"80后"作家在父亲形象塑造上的超越。

我们再回到双雪涛的成名作《平原上的摩西》上，小说引用《出埃及记》中耶和华对摩西的指示：哀号何用？告诉子民，只管前进！① 双雪涛的小说往往充溢着浓郁的宗教气息，但蕴含拯救意味的"摩西"始终没有出现，于是"往何处去"成为子辈面临的问题，他们在破碎、动荡的时代街头踟躇，随即选择抵抗四处弥漫的历史创伤，为自己铺就一条全新的道路。《大路》是双雪涛所有小说中并不引人注意的一篇，里面的一段书写或许能够指出子辈所应往的去处：

> 我在漠河铺路，铺了很多条，通向不同的地方……我看见很多人虽然做着正常的工作，而实际上和我过去一样，生活在乞讨和抢劫之间，而我则在专心铺路。②

当遗忘在北方的高墙内悄声蔓延时，当群体性的创伤难以消弭而隐匿在下一代人身上时，子辈唯一能做的就是寻找可供前行的力量，这份力量需要从父辈身上汲取，需要重整历史留下的经验资源，需要自我根植于脚下的大地，以此感知"神性"的召唤。所以，双雪涛在看似封闭的时空装置中，有着多重历史层次的勘测与延展，在代际承继的遗产和创伤中，作者努力寻找到一条"摩西出红海"般的道路，那便是"哀号何用？""只管前进！"而这，需要由"子一代"来完成。

结　语

双雪涛在《长眠》中，引用《圣经·旧约·约伯记》中的一句话作为题记："惟有我一人逃脱，来报信于你。"这让人想到，日本作家大江健三郎同样引用过这句话，他在谈及文学创作时，将此作为小说写作的最基本的准则。作家如何才能以肩住一切沉重现实的伟力来感知复杂世界的变化、

---

① 双雪涛：《平原上的摩西》，第15页。
② 双雪涛：《平原上的摩西》，第183页。

传递历史的真实声音，成为身兼使命的"报信者"？双雪涛的创作实践似乎让我们看到了久违的希望和答案。他是较早关注20世纪90年代东北老工业基地历史记忆的作家，他从锈迹斑斑的工业废墟中走来，谛听着颓废荒凉的生活底色下掩藏的微弱声音，感知群体被遗弃的痛苦，并给予一群籍籍无名的人以生命的尊严和不被遗忘的权力。他尝试用小说的方式，来触摸"更大的东西的裙尾"[①]，所谓"更大的东西"即已被遮蔽和被遗忘的真实的历史与现实。从这个意义来看，"80后"作家双雪涛确乎具有了成为优秀作家的雄心与底气。并且，双雪涛的出现对当代文学界发出了这样的信号：东北籍作家正在以新的集群方式踏入文坛，他们意欲展现一个真实的东北，激活一段沉潜的记忆。

---

① 何晶：《双雪涛：介入时代唯一的方法，就是把小说写得像点样子》，《文学报》2016年11月10日。

《文化研究》稿约

　　《文化研究》集刊创办于 2000 年,每年出版 4 期,主要以专题形式呈现国内外文化研究领域的最新成果,既包括对西方文化研究理论的译介,又包括对国内重要文化现象的个案研究,常设栏目有城市空间研究、记忆研究、媒体文化研究等。自 2008 年起,本刊连续入选南京大学中文社会科学引文索引(CSSCI)来源集刊,自 2014 年以来连续三次获得社会科学文献出版社"优秀学术集刊奖",在国内文化研究领域拥有良好口碑和重要影响。本刊始终坚持以稿件质量作为唯一用稿标准,从不收取版面费,并常年面向国内外学界同人征稿,希望不吝惠赐大作,共同推动文化研究事业在中国的发展。

　　本刊投稿邮箱为:wenhuayanjiu2000@163.com.

《文化研究》编辑部

图书在版编目(CIP)数据

文化研究.第42辑,2020年.秋/陶东风,周宪主编.--北京:社会科学文献出版社,2021.5
ISBN 978-7-5201-8601-8

Ⅰ.①文… Ⅱ.①陶… ②周… Ⅲ.①文化-研究-丛刊 Ⅳ.①G0-55

中国版本图书馆 CIP 数据核字(2021)第 119699 号

文化研究（第 42 辑）（2020 年·秋）

主　　编／陶东风（执行）　周　宪
副 主 编／胡疆锋　周计武

出 版 人／王利民
组稿编辑／宋月华
责任编辑／吴　超

出　　版／社会科学文献出版社·人文分社(010)59367215
　　　　　　地址：北京市北三环中路甲 29 号院华龙大厦　邮编：100029
　　　　　　网址：www.ssap.com.cn
发　　行／市场营销中心 (010) 59367081　59367083
印　　装／三河市龙林印务有限公司
规　　格／开本：787mm × 1092mm　1/16
　　　　　　印张：16.75　字数：274 千字
版　　次／2021 年 5 月第 1 版　2021 年 5 月第 1 次印刷
书　　号／ISBN 978-7-5201-8601-8
定　　价／99.00 元

本书如有印装质量问题，请与读者服务中心 (010-59367028) 联系

▲ 版权所有 翻印必究